河南省"十四五"普通高等教育规划教材

小学全科教师培养系列教材

总主编 陈冬花 李跃进 刘会强 李社亮

教师礼仪

主　编　赵玉青
副主编　赵　菲　沈湘豫

南京大学出版社

图书在版编目(CIP)数据

教师礼仪 / 赵玉青主编. -- 南京：南京大学出版

社，2024.8. -- ISBN 978 - 7 - 305 - 28368 - 0

Ⅰ. G451.6

中国国家版本馆 CIP 数据核字第 20248AA717 号

出版发行　南京大学出版社
社　　　址　南京市汉口路 22 号　　　　　邮　编　210093
书　　名　**教师礼仪**
　　　　　　JIAOSHI LIYI
主　　编　赵玉青
责任编辑　曹　森　　　　　　　　　编辑热线　025 - 83686756

照　　排　南京南琳图文制作有限公司
印　　刷　南京新世纪联盟印务有限公司
开　　本　787 mm×1092 mm　1/16 开　印张 13　字数 292 千
版　　次　2024 年 8 月第 1 版　2024 年 8 月第 1 次印刷
ISBN　978 - 7 - 305 - 28368 - 0
定　　价　49.00 元

网址：http://www.njupco.com
官方微博：http://weibo.com/njupco
官方微信号：njupress
销售咨询热线：(025) 83594756

编 委 会

前　言

　　"仓廪实而知礼节，衣食足而知荣辱。"礼仪，自古以来就与人类社会的演进共生共荣，它源于人们在满足物质生活需求后，对精神层面丰富和提升的自然追求。

　　评价一个国家的文明程度，不仅要看其经济的繁荣程度，更要看国民的礼仪修养。一个国民普遍尊重礼仪的国家，必然是充满爱与包容的，人们彼此尊重，互相理解，营造出积极进取的社会氛围，从而推动整个国家文明的稳步前行。

　　礼仪无处不在，渗透在生活的点滴之间，从言语行为到待人接物，从外表装束到精神风貌，无不反映个人的教养与品味。无论对个人成长还是社会进步，礼仪都起着积极的推动作用。对于个人，学习礼仪有助于塑造更好的自我形象，增强自信心，提升人际交往的技巧。同时，礼仪也能引导人们形成正确的价值观、道德观和荣辱观，使他们在追求个人利益的同时，也能顾及他人感受和社会的整体利益。对于社会，广泛推广和实践礼仪不仅能促进社会的和谐与稳定，减少冲突和矛盾，而且还能促进社会文化的传承与创新，为社会的持续发展注入持久的活力和动力。

　　对于教师来说，礼仪具有独特的意义。德高为师，学高为范。教师不仅是知识的传播者，更是道德的模范，他们的言谈举止如同一面镜子，深深地影响着学生。一位优秀的教师，不仅需要明白自己肩负的教育责任，更要理解"教育无小事，教师无小节"，意识到自己的道德品质、生活态度和日常行为，都在潜移默化地塑造着学生的品格。

在编写时，考虑到礼仪教师或教育工作者的需要，每章的教学目标不仅有知识能力目标，也设置了课程思政目标，并与课后思考题呼应。章节重点也以知识导图的方式呈现出来，脉络清晰，一目了然。章节起始均以简短的名言引发思考，并呈现了大量案例供读者反思对照。全书内容主要包括四个方面，即教师礼仪概述、教师形象礼仪、教师工作礼仪和教师交往礼仪。它旨在帮助读者掌握现代礼仪的基础知识，学会如何以教师的身份恰当地待人接物，建立在社交和职业环境中的基本礼仪准则，进而塑造出优秀的教师形象，同时培养深厚的教师职业素养。内容详尽且贴近实际，易于理解和应用，期望能为广大的教育工作者，以及正在准备投身教育行业的师范生提供有价值的指导和协助。

本书是集体智慧的结晶，由南阳师范学院赵玉青拟定、编写提纲，南阳师范学院赵玉青编写前言和第一章、第三章、第六章、第十章，信阳师范大学赵菲编写第二章、第四章、第五章，南阳师范学院沈湘豫编写第七章和第九章。赵玉青负责全书的策划、组织和统稿工作。

本书在编写过程中参阅了不少学者的学术观点和文本资料，特此说明并致以谢意！

尽管在撰写过程中我们做了很大努力，但由于才疏学浅、水平有限，书中内容存在不足和缺陷在所难免，敬请专家、同行及广大读者批评指正。

编　者

目 录

第一章　教师礼仪概述

知识导图

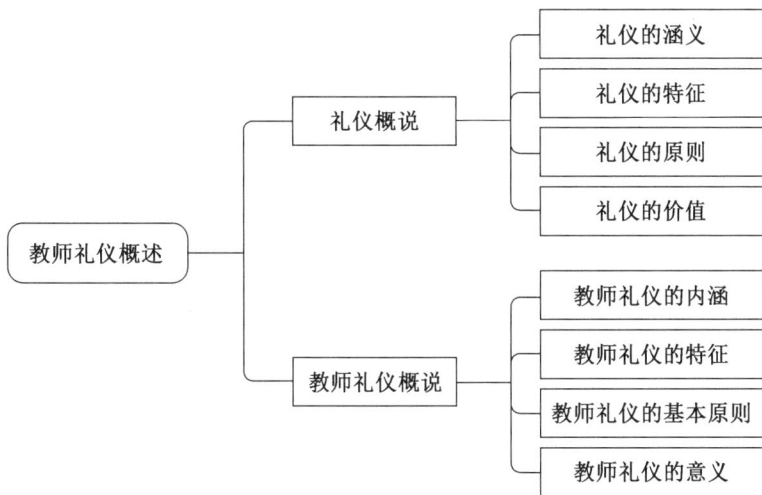

学习目标

1. 了解礼仪的涵义、特征和原则。
2. 理解教师礼仪的特征和基本原则。
3. 理解学习教师礼仪的意义。
4. 谨记教师肩负的重要使命，自觉提升自身修养和行为规范的意识。
5. 理解教师礼仪蕴含的尊重、责任与道德观念，培养对教育事业的敬畏之心和敬业精神，树立正确的职业价值观。

案例导入

曾子避席

曾子是孔子的弟子。有一次他在孔子身边侍坐，孔子问他："以前的圣贤之王有至高无上的德行、精要奥妙的理论，用来教导天下之人，人们就能和睦相处，君王和臣下之间也没有不满，你知道它们是什么吗？"曾子听了，明白老师孔子是要指点他最深刻的道理，于是立刻从坐着的席子上站起来，走到席子外面，恭恭敬敬地回答道："我不够聪明，哪里能知道，还请老师把这些道理教给我。"在这里，"避席"是一种非常礼貌的行为，当曾子听到老师要向他传授知识时，他站起身来，走到席子外向老师请教，是为了表示他对老师的尊重。

教师个人的范例，对于青年人的心灵，是任何东西都不可能代替的最有用的阳光。

——俄国教育家　乌申斯基

教师不仅是知识的传导者和守护者，也是文明的躬行者与垂范者。教师礼仪作为教师职业道德修养的重要组成部分，对学生的人生观、世界观、价值观以及言行、心理等方面都会产生潜移默化的影响。良好的教师礼仪，是教师人格魅力的展现，是尊重与关爱的传递，更是教育教学中不可或缺的隐形力量。

第一节　礼仪概说

人之有礼，犹鱼之有水矣。

——晋代医学家　葛洪

礼仪是人类文明的重要组成部分，它涵盖了人们在社交、工作、生活中应遵循的各种规范和准则。礼仪的产生和发展体现了人类社会不断摆脱愚昧、野蛮和落后，不断开化、进步与兴旺的过程。

一、礼仪的涵义

《礼记·曲礼》中说："道德仁义，非礼不成；教训正俗，非礼不备；分争辨讼，非礼不决；君臣、上下、父子、兄弟，非礼不定；宦学事师，非礼不亲；班朝治军，莅官行法，非礼威严不行；祷祠祭祀，供给鬼神，非礼不诚不庄。"说明礼具有因俗制宜的功能和精神威慑的力量，因而从一开始便受到统治者的重视，成为国家施行统治的精神力量和行为规范。国家的一切活动，以遵礼为号召，以行礼为标榜，用礼来规范政治、军事、司法、教育、宗教、社会和家庭的各种活动，约束着人们的言论和行为。

古今中外，人们对礼仪的理解各有不同。

首先，礼仪是人们在社会生活中的道德准则。荀子说："礼者，人道之极也。"意思是，礼是做人的极致准则，遵循礼是成为一个真正意义上的人的关键所在，是实现人性完善和道德高尚的重要途径。荀子还说："礼者，节之准也。"礼还能够调节人们的欲望和行为，使人们的行为符合一定的规范和节度，避免过度和失当。这说明礼仪在社会生活中的重要性。

其次，礼仪是人们在日常生活中的行为规范。孔子告诫弟子："非礼勿视，非礼勿听，非礼勿言，非礼勿动。"强调了人们应该对不符合礼义的行为和现象保持克制和回避。"非礼勿视"要求人们不看不符合道德规范的事物，避免视觉上受到不良的影响；"非礼勿听"是让人们不去听不适当的言语，防止受到不良信息的干扰；"非礼勿言"提醒人们说话要符合礼义，不说不恰当、不道德的话；"非礼勿动"则表示行为要遵循礼的要求，不做出违背道德和规范的举动。这些都表明礼仪在一定程度上成为日常生活的行为规范。

再次，礼仪是各种仪式的总称。日常生活及工作中有各种各样的仪式，如升旗仪式、会议仪式、上课仪式、庆典仪式、剪彩仪式、结婚仪式等，都要按照一定的程序来进行。

从现代汉语角度看，"礼"的本意是敬神，引申为敬意的通称，主要是表示敬意的态度；"仪"是礼的动作或方式，是外在形式。"礼"和"仪"既有区别又有联系。一方面，"礼"是内在的，正所谓"礼由心生"，是人们对自己、对他人的尊重、敬意的态度，而"仪"是外在的，是人们通过一定的动作、形式等来表现"礼"。"礼"是"仪"的本质或内容，"仪"是"礼"的现象或形式。另一方面，"礼"和"仪"密不可分，即内在的"礼"只有以外在的"仪"的形式表现出来。只有"礼"和"仪"的完美结合并表现出来，才是完整的礼仪。礼与仪的结合形成了人们在社会生活和工作中关于仪容仪表、仪态举止、言语谈吐及相应仪式等方面约定俗成的律己敬人的规范。在社会生活中，人人以礼相待，互尊、互爱、互谅，并成为自觉的行动，这是社会文明进步的表现。

而今天我们通常所说的礼仪更多的是指一种待人接物的行为规范，是一种交往的艺术表现，是人们受历史传统、风俗习惯、宗教信仰、时代潮流等因素影响而在长期的社会交往中形成的行为模式。

礼仪既为人们所认同，又为人们所共同遵守，是在建立和谐关系的基础上，各种符合客观要求的行为准则和规范的总和，具体表现在礼貌、礼节、仪表、仪式等方面。

礼貌，是指人们在彼此交往过程中表示尊敬、重视和友好的言谈和举止。比如，我们经常会用"这个孩子真有礼貌"来表扬一个孩子主动与客人打招呼的举动。礼貌是以尊重他人、不侵害他人利益为前提，表达人与人之间和谐相处的意念和行为。例如，尊老爱幼、尊师重教、乐于助人、热情好客等。

礼节，是指人们在日常交际活动中，相互表示尊重、祝愿、问候、致意、慰问等待人接物方面的形式。例如，拜会、握手、馈赠、吊唁等。

仪表，是指人的外表、穿着，它主要指美的外在形象，引申为人的精神状态。例如，容貌、服饰、表情、姿态、风度等。

仪式，是指在一定场合举行的具有专门程序和形式的社会活动。例如，升旗仪式、开学典礼、毕业典礼、奠基仪式等。

所以，礼仪是人们在社会交往活动中，为了相互尊重，在仪容、仪表、仪态、仪式、言谈举止等方面约定俗成的、共同认可的行为规范。

二、礼仪的特征

"十里不同风，百里不同俗。"不同国家，不同民族，不同地域，礼仪规范并不相同。即使是同一国家，同一民族，在不同的历史时期，礼仪的内容都会存在差异。尽管如此，其基本特征却是一致的，主要体现在以下几个方面：

（一）传承性

礼仪，是一种文化修养，是人类在长期共同生活和交往中，为维持正常生活秩序而逐渐演变或约定俗成的。在这个过程中，传统礼仪中那些烦琐、保守、与社会发展不适应的内容被不断摒弃，只有那些体现了人类精神文明和社会进步的精髓才得以世代传承。比如，生活中我们常说的"来而不往非礼也"，说话要谦恭、和气、文雅，仪态要大方、恭敬、从容，仪表要端庄、得体、简洁，对待他人要真诚友善，敬长、尊师、亲友之道等。古往今来，这些优良的传统在古代适用，在当今社会同样也适用，并且已经成为人们生活中的一种习惯和规范。所以，无论世事如何变迁，一些好的思想观念、礼仪传统，总是会代代相传。

（二）民族性

有了传承后，民族性也被体现了出来。由于地域的不同、民族的不同、文化背景的不同，礼仪带有本地域民族的自身特点，这就形成了礼仪表现形式上的民族性，也被称之为差异性。每一个民族的礼仪都是这个民族历史发展的产物。如西方很多民族讲究平等，儿子直呼父母的名字是一个非常正常的礼仪现象。但是在我国若出现这种现象，则视为不敬、不孝。又如在交往中有一种手势，大拇指和食指组成圆圈，其余手指伸展，意思是"OK"，这种手势在美国表示"赞同""了不起"，但在巴西则是指责别人行为不端。由此可见，礼仪除了具有一定的固定形式与规范外，还会因时、因地、因对象的不同而"入乡随俗"。这说明礼仪反映着各个民族自己的历史传统、文化背景、价值观念和行为规范。

（三）共同性

礼仪的共同性是指人人都要遵守礼仪。虽然有民族性，但是在任何一个社会里，无论多少个民族，都必然存在一些社会全体公民都必须共同遵守的礼仪形式。如果没有全民都共同遵守的礼仪形式，不同阶层的人就无法进行交往，整个社会生活也就无法正常运转。同时，礼仪是社会公共道德的重要组成部分，是在人类共同生活的基础上产生和发展起来的，是调节同一社会中全体成员之间关系的行为规范，因此，礼仪是社会中各民族、各阶级、各党派、各社会团体和各阶层人士都应共同遵守的行为准则。人类的观念和追求在某些方面是有共同性的。礼仪是社会交往中衡量他人和自己是否符合社交规范的共同标准和尺度，任何人要想在社交中表现得合乎社交礼仪，就必须无条件地遵守礼仪规范。凡是符合礼仪规范的行为，就为大家所接受；凡是不符合礼仪规范的，就会引起大家的不满和反对。在现代社会，由于不同国家、不同地域、不同民族之间的交往范围不断扩大，礼仪的共同性特征日益明显。礼仪已经跨越了国家和地区的界限，为全世界人民所拥有，成为全人类的共同财富。

（四）简易性

礼仪的简易性是指礼仪在人们的社会生活和交往中易于被理解和接受、易于实现。礼仪作为一种道德规范，是人们的行为准则中最简单、最普及、最易于实行的标准，是人们普遍应当做到且不难做到的最低限度的行为要求。礼仪简单易行，便于操作,才能在社会生活和交往中被广泛应用。礼仪的易学易行,使其具有十分广泛的群众性,得到了广大群众的认可。

(五) 发展性

礼仪不是一成不变的,它作为一种社会发展的产物,会随着社会的发展不断完善,以符合时代的要求。一方面,某一阶段被公认的礼仪准则、规范,随着历史的发展,有的被肯定,有的被否定,同时,一些新的内容又补充进来,不断推陈出新,使礼仪适应时代发展变化的要求。另一方面,随着对外交流的扩大,世界经济全球化和信息化的到来,各国、各地区、各民族之间的交往日益密切,各自的礼仪也相互影响、相互渗透、相互取长补短,使各国、各民族的礼仪在历史传统的基础上不断被赋予新的内容。因此,随着时代的发展变化,各国、各民族的礼仪也不断发展完善,任何国家、民族的礼仪都体现着时代的要求和时代的精神,这是社会的进步、历史的必然。

(六) 变异性

随着时代的发展,在传统文化的基础上不断推陈出新,体现着时代的要求与精神,所以礼仪规范不是一成不变的。如在我国,握手替代了作揖,鞠躬替代了跪拜,如今节假日给亲朋好友打个电话,发个短信,或者通过微信朋友圈祝福等,这些都反映了礼仪的变异性特点。

(七) 规范性

礼仪是人们在交际场合中待人接物所必须遵守的行为规范。"必须遵守",就是不能依据个人的意愿改变,它已经成为人们彼此交往的"通用语言",成为衡量他人和自己是否自律、敬人的标尺。如果人们能自觉地遵照并维护这一准则,那其行为便符合礼仪要求,如握手时共同伸右手、开会时把手机调到静音或震动模式等。礼仪一旦约定俗成,必须遵守,具有强制性和规范性。

三、礼仪的原则

礼仪是约定俗成的行为规范,涉及生活和工作的方方面面。但只要掌握了一些基本的原则,复杂的问题也就简单化了。讲礼仪应遵循以下四条原则:

(一) 尊重原则

礼仪的核心是尊重,诚如孟子所言"尊敬之心,礼也"。所以,礼仪的实质只有一个字:"敬"。"敬"字应该包含两层含义:一是"尊敬",尊敬长辈、尊敬师长,尊敬他人就是尊敬自己;二是"敬畏",敬畏制度、敬畏法律、敬畏生命,有了敬畏之意,才会守住道德底线。尊重的原则要求人们在社交活动中,与交往对象要相互尊重、相互谦让、和睦相处。在生活实际中体现在:尊重上级,是一个人的天职;尊重下属,是一个人的美德;尊重客户,是一种常识;尊重所有的人,是一个人的教养。人际交往中,不管年龄大小、职务高低都应当受到尊重。对待他人要有敬重的态度,不可失敬于人,不可伤害他人的尊严,更不可侮辱他人的人格。特别是对待自己的下属和晚辈,即使他们做错了事,虽可严厉批评,但切不可表现出任何的不屑和鄙视,否则也会失去他人对自己的尊重。如果遇到对方有意伤害个人尊严时，要坚决维护自己的尊严。所以人与人之间相互尊重，是人际关系中讲究礼仪的基本出发点。尊重原则也就成了礼仪最核心的原则。

（二）遵守原则

礼仪是社会生活的行为准则，它反映了人们的共同意识，世界上各民族、各阶层、各党派、各国家都应当自觉维护、共同遵守礼仪。尤其在公共场所，更加要遵守礼仪规范，否则，将受到公众的批评和指责。例如，乘滚动扶梯时左行右立，十字路口红灯停绿灯行等。在日常交往过程中，尤其是拜访他人或求人办事，要遵时守约，诚恳待人。作为教师，遵守上课时间，尊重课堂，对学生负责，为学生做出榜样。

（三）适度原则

"度"指的是一定事物保持自己质的数量界限，超过这个界限，就会引起质的变化。在人际交往中，情感的表达也有一个适度的问题，要把握好各种情况下的社会距离及彼此间的感情尺度：待人既要彬彬有礼，又不低三下四；既要殷勤接待，又不失庄重；既要热情大方，又不轻浮谄谀。凡事过犹不及，社交也是如此，礼仪运用得过了头或不到位，都不能正确地表达敬重之情。比如握手，毫不用力，会使人产生一种被冷淡或不被看重的感觉；用力过大，会令人觉得粗俗；只有用力适中，才会表现得热情真诚。无论是谈吐还是举止，如果过于严肃拘谨，则无法形成轻松融洽的气氛；但是，如果大方过了头，则难免引起他人的反感。所以，运用每一种礼仪都要注意时间、地点和对象，注意把握分寸，适可而止。同样的礼仪，有人运用起来赏心悦目，充满美感，有人却让人觉得变了味、走了样，其原因往往就在于没有掌握礼仪的适度原则。

（四）自律原则

礼仪应"从我做起"，先规范和修正自己的言行。在学习、应用礼仪时，要自我要求、自我约束、自我检视。加强自身修养，完善个人人格。古人常将"慎独"二字挂在书房，时时提醒自己要谨小慎微。不断地自律会形成习惯，进而习惯成自然。养成了良好的习惯，消除了自我约束的感觉，自律也会成为自觉。

四、礼仪的价值

经济的发展和生活的富足，必然会引起人们对礼仪的重视。春秋名相管子说："仓廪实而知礼节。"直到今天，教育界不少人对 17 世纪英国教育家洛克的"绅士教育"思想仍有共鸣，究其原因无非是洛克培养的绅士是有道德、智慧、礼仪与学问的人。因此，要实施素质教育，礼仪教育是一门必修课。当今，中国在世界范围内的影响力越来越大，经济总量稳居全球第二。"仓廪已实"，大力推行礼仪教育、提高民族素质正当其时，意义重大。

（一）礼仪能够满足人的心理需要

美国人本主义心理学家马斯洛于 1943 年提出了需要层次理论。认为人有五种基本需要：生理需要、安全需要、归属和爱的需要、尊重需要、自我实现需要。这些需要属于不同层次,构成一个需要的"金字塔"。马斯洛指出,只有低级需要基本满足之后,才会出现高一级的需要,也就是说,人的基本需要是由低级向高级发展的,具有连续性。

生理需要是维持人类自身生存的基本需要,如衣、食、住、行等需要。它是人类最原始、最基本的需要。在生理需要得到满足之后,人就会产生安全需要,如避免职业病和事故、摆脱失业威胁及对某些社会保障的需要。再上一层需要,归属和爱的需要是社交需要,如满足归属感、希望得到友爱等。尊重需要可分为内部尊重及外部尊重,前者指希望自己有实力,后者指对地位、威望的需求。自我实现的需要是个人的最高需要,要求实现个人抱负,施展才能。马斯洛认为,上述五种需要是按次序逐级上升的。当下一级需要获得满足之后,追求上一级的需要就成为行动的动力了。

尊重需求既包括对成就或自我价值的个人感觉,也包括他人对自己的认可与尊重。有尊重需求的人希望别人按照他们的实际形象来接受他们,并认为他们有能力,能胜任工作。他们关心的是成就、名声、地位和晋升机会。当他们得到这些时,不仅赢得了人们的尊重,同时其内心因对自己价值的满足而充满自信。不能满足这类需求,就会使他们感到沮丧。

而礼仪的核心即是对人的尊重。所以从马斯洛的需要层次理论分析,人们需要尊重,自然就离不开礼仪。

从人的需要的角度看,无论是人的高层次需要,还是低层次的需要,为了获得满足都需要一定的条件。在人类社会中,一个人如果不懂礼貌,不重礼节,不注意仪态仪容,也就很难得到他人的尊重,自我的发展也会受到限制。知礼貌、守礼节,无疑是其中的重要条件,特别是较高层次需要的满足,更离不开对礼仪规范的遵守。

(二) 礼仪能够使人体验到人的尊严

孟子说:"今之学者,是谓能养,至于犬者,皆能生养,不敬,何以别乎?"人与动物的区别就在于人懂得尊敬别人,也懂得尊重自己,即自尊和他尊。

当人们首先对别人表示尊重时,也会赢得别人的友好和尊重,从而感受到人的尊严。凡是认同、遵从礼仪规范的人都能在礼仪实践中体验到人的尊严。人的尊严是人格的支柱,只有人格尊严的觉醒,才能使人意识到自己与动物的区别,从而使人更具人性,才能把现在社会的伦理规范和道德转化为能持久发挥作用的内在机制。例如,礼仪是讲究等级秩序的,下级对上级、晚辈对长辈、主人对客人等都要恭敬;但反过来,上级对下级要礼贤下士,长辈对晚辈要关怀爱护,客人对主人要客随主便,礼仪中的任何一方都要把对方放在一个很重要的位置。

(三) 礼仪能够反映人的思想道德修养

一个社会的文明程度越高,就越重视礼仪,全民的礼仪水准也就越高,反之亦然。一个不懂得尊重别人的人,也是一个不懂得尊重自己,不可能受到他人尊重的人。在社会生活中如果不讲道德,不讲礼仪,稍有矛盾即唇枪舌剑,剑拔弩张,这个社会就很难进步与发展,因为它腐蚀着人们的灵魂,产生巨大的内耗,涣散凝聚力,直接影响人们的正常劳动与创造,影响社会的安定团结。

可以说,一个不讲道德和礼仪的民族或国家,是一个不文明的民族或国家。这样的民族或国家,其内部是不可能安定团结和稳步发展的。如果社会上每一个人都能讲道德、讲礼仪、谦恭友善,营造温馨和谐的氛围,就能妥善处理个人之间、个人与社会之间的种种关系,极大增强凝聚力,同心协力,团结奋进,更有利于社会的稳定与发展。

(四) 礼仪能够激发人对美的追求

俄国著名文艺批评家别林斯基说:"美和道德是亲姊妹。"德国哲学家康德说:"美是道德的象征。"追求美,会使人精神美好,心地纯洁,情感和信念端正。礼仪形象就是从审美的角度来感染人、吸引人,使人在潜移默化中陶冶性情,净化心灵,从而影响到他的思维方式、行为态度和行为方式,达到人格的完美,这是礼仪的魅力所在。

任何礼仪规范都包含着审美的要求,反映着人类共同的审美情趣和欣赏习惯,无论哪个国家、地区和种族的礼仪,都推崇外在形象和形式的美。这种对美的追求,源于人类的精神需求。爱美之心,人皆有之。

随着社会的发展,美越来越被人们重视,它是精神生活中必不可少的部分。礼仪对人的言谈、举止、仪态、仪表都有形象和形式上的规范,这一切综合地体现在一个人的气质、风度和魅力上。它们并非指人的某一个动作,而是指人的全面生活姿态给人的综合印象,包括思想、品德、性格、情操等内在品质,以及言谈、举止、仪态、仪表等外在素质。

无数事实证明,礼仪对一个社会的净化与美化起着积极的作用。礼仪所形成的一种具有较强约束力的道德力量,使每一位社会成员能够自觉按社会文明的要求,调整自己的行为,唾弃不文明的陋习,最终将自己的言行纳入符合时代之礼的轨道,以顺应社会发展的潮流。

第二节　教师礼仪概说

> 要学生做的事,教职员躬亲共做;要学生学的知识,教职员躬亲共学;要学生守的规则,教职员躬亲共守。
>
> ——陶行知

教师是履行教育教学职责的专业人员,承担教书育人、培养社会主义建设者和接班人、提高民族素质的使命。所谓教师礼仪,是指教师在从事教育教学活动,履行职务时所必须遵守的礼仪规范和行为方式。

一、教师礼仪的内涵

振兴民族的希望在教育,振兴教育的希望在教师。在整个历史的进程中,教师的角色随着社会的进步和学校的发展而演进,是社会生产力的分工与进步的必然产物,也是人类社会进步的重要表现,因此,教师礼仪在不同历史时期其要求也是不同的。

原始社会是人类教育史的起点,教师还在发展的萌芽时期,因为这个时期的生产力水平极其低下,生产关系也特别简单。人们共同劳动,共同生产,没有等级观念,没有阶级。这个时期,父母、兄长、部落首领等通过口耳相传的方式,把丰富的生产实践经验和社会生活技能传给新的成员,教育还未从劳动生产当中分离出来,并未形成教师这个职业。

随着时间的推移,到了奴隶社会时期,社会在不断进步与发展,整个社会的生产力水平不断提高,逐渐出现了阶级和等级的观念,文字应运而生,这些为学校的产生奠定了物质和文化基础。于是,一些人从生产劳动中脱离出来专门从事教育,形成了最早的教师。当时的统治者高度重视教育,并且垄断了教育资源,他们要教育活动按照统治者的意愿进行,形成了学在官府、以吏为师、官师合一的局面。这个时期的教师不但要进行教学工作,为国家培养所需要的人才,还要帮助统治者管理国家。所以这时的教师社会地位较高,受人尊重,教师礼仪也主要体现在传授的"六艺"和道德方面。六艺,是指《周礼》中六种基本才能:礼、乐、射、御、书、数。礼,礼节,即现在的德育;乐,音乐;射,射箭技术;御,驾驭马车的技术;书,书法,包括书写、识字等;数,算法、计数。由此可见,自古以来,对一个人修为的要求,除"礼"占有主导地位外,也很强调人的全面发展。所以,当时传授"六艺"的老师更是德高望重,多才多艺。

春秋战国之际,社会政治急剧变革,战乱纷纷,"礼崩乐坏"。此时,"官学"教育不能适应新的时代要求而衰落下去,掌握一定知识和文化的人沦落到社会的底层,成为私学教师,因此私学逐渐兴起。特别是以孔子为代表的儒家思想影响最为深远,教师礼仪也主要是以"仁"来为人处世。

13—16世纪,整个社会比较稳定,生产力进一步发展,生产关系逐步得到改善,国家也基本实现高度统一,封建教育制度日趋完善,这些教育制度对以后我国教育的发展有着深远影响,教师的地位也逐步得到提高。教师既承担着传播儒家学说和道德、讲授古典文学和儒家经典的职责,也要回答学生不懂的问题以释疑解惑,所谓"传道授业解惑"正是这一时期教师形象的最真实写照。教师礼仪也在迅速丰富和发展,但此时教师的官吏之风较重。

17—18世纪,西方国家开始了工业革命,而中国则处于闭关锁国的状态,生产力水平远远落后于西方国家,中央集权的封建制度进一步发展,在教育领域得到了强化。到清朝时期,由于长期的封建思想压制,出现了实学教育,学校逐渐从官府中分离出来,教师从官吏中完全分离出来,教育开始普及,从贵族教育转变为全民教育。教师的角色得到了强化,开始接受专业的培训,并掌握了一定的学科知识和学科教学方法,教师的社会地位日益凸显。至19世纪,中国受到西方列强的冲击,被迫打开国门,此时的教师不仅要传承文化,还要担负起拯救国家的职责。中国的教育也在不断去粗取精,力争"中西并举"。特别是五四运动以来,蔡元培等当时教育界的主要代表主张学生的思想应该得到充分、自由的发展,教师教育学生要懂得学生的身心发展规律,用适当的方法去教育培养人,根据不同的特点采取不同的教育教学方法,成为一位引导者。陶行知主张"教学做合一",一言概之就是实用主义教育,重视生活教育的作用。教师在自我教育的同时,还要树立民主作风,向群众和学生学习。

新中国成立之际,教育管理的专门机构也成立了,教育进入了一个新的历史时期,为教育的发展奠定了坚实的基础,提供了强有力的保障。随着改革开放的逐渐深入,科学技术、创新能力、个人综合素质越来越重要,人们对教育也越来越重视,全社会盛行"尊师重教"之风。教师是学校工作的主体,不仅是科学文化知识的传播者,而且是学生思想道德的教育者。现代教育对教师提出了更高更新的要求,迫使教师更全面地提升自己的综合素养以适应时代的需求,教师礼仪也就显得越来越重要。

二、教师礼仪的特征

教师礼仪除具有礼仪的基本特征外,还有其特定的适用范围、特定的适用对象。因此教师礼仪与其他礼仪相比,既有礼仪的共性又有其特殊性。

1. 教师礼仪的示范性

教师礼仪的示范性指教师的榜样作用。它是由教师职业特定的社会功能所决定的。教师的示范作用体现在教育活动的各个方面。教师是教育教学活动中最活跃、最积极、起主导作用的因素,对学生的影响是最直接、最强烈的。社会对受教育者的期望,要首先经过教师的内化,然后再由教师运用一定的教育手段,影响和感染教育对象,从而形成教师在教学活动中的示范作用。教师的思想品德、学识、才能、语言风格、行为习惯等许多劳动手段与教师自身是一体的。同时,因为教师与学生之间的教育和教学活动是双向活动,所以,在这方面,教师还将受到学生的严格监督。

德国著名教育家第斯多惠说过,教师本人是学校里最重要的师表,是最直观最有教益的模范,是学生的榜样。他还说,要是自己还没有培养和教育好,就不能发展、培养和教育别人。教师的示范作用,是强有力的教育因素。当他能够自觉运用时,其教育影响最大、最广、最深远。直到学生毕业后也不会消失,仍将继续影响学生的工作、家庭,乃至一生。如鲁迅青年时在日本仙台师从藤野先生学习解剖学,藤野先生的无私而严格的作风对他产生了深远的影响。

2. 教师礼仪的审美性

教师礼仪的审美性,主要是指教师职业的礼仪文明对学生以及他人的影响,表现为教师行为、教师活动、教师外在形象等的美观能给他人以一定的教育影响力和精神上的满足感。

教师的职业需要教师注意仪表形象的感染力。教师的仪表形象,主要包括教师的服装和必要的配饰,也包括必要的美容要求。女性教师可以化一点职业淡妆,修饰一下自然外表,表达一些健康的美感。男性教师,也需要经常梳洗和整理头发,保持有一定职业特点的发型。从教师服饰的一般要求上来看,讲究服饰的审美效能就是一种礼仪要求。穿着什么颜色、什么质地面料、什么样的款式都必然反映出教师的审美趣味,也反映出教师对各种社会场合的礼仪认识和礼仪态度。

教师的职业需要教师注意仪态形象的感染力。教师的仪态形象，指教师坐、立、行的身形姿态、面部表情、举手投足等方面的一些规范性和审美性的要求。站有站相、坐有坐相，从从容容、落落大方，常常是人们对教师仪态形象美的一般描述。

教师的职业需要提高语言美的能力，这是一个较高的要求，必须做到"言之有礼"。教师语言是教师教育活动的根本性途径，所以也是传授礼仪文化的主要途径。

教师的所有活动，从教师的行为体态规范化训练，到服饰多样化与规范化统一，到对校园庆典活动、各种社交活动文化性和艺术性的要求，都在展现教师礼仪审美的时代魅力。

3. 教师礼仪的统一性

教师礼仪是一种内在道德要求和外在表现形式相统一的行为规范。教师礼仪的内在要求是指教师在与他人交往的过程中，要互相尊重、诚恳和善、谦恭而有分寸。教师礼仪的外在表现形式是指礼仪的内在要求在教师的语言、行为、仪态等方面的具体表现。对教师礼仪的理解仅仅停留在表层是远远不够的，没有内在的文化修养、道德品质、精神气质和思想境界等，外在的形式就失去了根基。但我们在强调教师内在美德的决定性地位的同时，也不能否定外在形式的重要作用。正如英国教育家洛克所说的那样："没有经过琢磨的钻石是没有人喜欢的，这种钻石戴了也没有好处。但是一旦经过琢磨，加以镶嵌之后，它们便生出光彩来了。"教师内在的良好道德情操、文化修养通过一定的外在形式表现出来，才能在教育生活中具有实际的意义和作用。

三、教师礼仪的基本原则

教师礼仪的原则是指教师处理人际关系的出发点和指南。教师不仅要学习和掌握礼仪的规则，而且要懂得和遵循礼仪的基本原则，这样，在未来的教育教学活动中才可以更加自觉、更加自然得体。一般来说，教师礼仪的基本原则有尊重原则、自律原则、诚信原则、随俗原则、教育原则和宽容原则等。

1. 尊重原则

尊重是教师礼仪的情感基础，是建立友好关系的纽带和处理各种人际关系的准则。只有人与人之间彼此尊重，才能保持和谐、愉快的人际关系。尊重包括自尊和尊敬他人，以尊敬他人为主。自尊就是要自己尊重自己，保持自己的人格和尊严。一个具有自尊品质的教师，必然注意自身修养，自强不息，因而也会赢得学生、同事和领导的尊重。尊敬他人就是对他人以礼相待，尊重他人的人格、感情、爱好、价值及其所应享有的权利和利益，对人要诚心诚意，做到宽厚、宽容、大度。尊重交往对象，平等待人，对任何人都要做到一视同仁，给予同等程度的礼遇，不能因人而异、厚此薄彼、区别对待。尊敬他人的精神应渗透于教师礼仪实践的方方面面，掌握了这一点，就等于掌握了礼仪的灵魂。

2. 自律原则

自律就是自我约束，时时处处用礼仪来规范自己的言行举止。教师礼仪的自律原则要求教师树立良好的道德信念和行为准则，并以此约束自己的行为，自觉按照礼仪规范去从事教育活动，将良好的礼仪规则内化，使之成为个人素质的一部分，而无须外界提示和监督。教师在与学生、同事交往中，要求别人做到的自己应首先做到，不断提高自我约束、自我克制的能力，做到自律自觉。不论是在领导面前，还是在学生面前，教师都应"慎独"，自觉遵守礼仪。

3. 诚信原则

真诚是做人之本，也是教师的立业之道。人与人相交贵在交心，人与人相知贵在知品，人与人相敬贵在敬德。真诚向来是为人所称道的道德，而虚伪则最遭人厌弃。真诚待人，可广结人缘，拥有众多的同行朋友和社会友人，与学生相处就会感情融洽，即使有点误会或隔阂也能消除，正所谓心诚则灵。虚假处世，只会糊弄一时，终不会长久，必定相交者寡。在礼仪及其规范的遵循上，如果态度是真诚的，即使不会仿效礼仪对象的做法，也会获得对方的了解和尊重，例如外国人到中国不会用筷子，我们并不会认为这是失礼的行为，而会认真地教他们使用筷子。教师运用礼仪时，务必诚实无欺、言行一致、表里如一，做到"诚于中而形于外""惠于心而秀于言"，使美的心灵与美的仪表、谈吐、举止形成一个有机的整体。只有如此，教师在运用礼仪时所表现出来的对交往对象的尊敬与友善，才会更好地被对方理解和接受，才能充分展示出自己美的风采。

4. 随俗原则

随俗原则是指教师必须遵守礼仪对象所在地域、所属民族的礼仪规范。不同的文化背景产生不同的礼仪文化，不同的民族，其风俗习惯、礼仪文化各有千秋。随俗原则的作用在于教师与不同民族或不同地区的人进行交往时，对遵从何种礼仪规范有一个共同认可的选择标准。遵守随俗原则，无论是对处于客体还是处于主体的礼仪当事人来说，都是顺理成章的。遵循所到地域的礼仪规范，是一切礼仪当事人无法推卸或回避的义务，也是获得礼仪成功的重要保证。如果能做到这一点，就可以得到所到地域的人的认同、赞赏和欢迎，并且在各方面产生巨大的促进作用。

5. 教育原则

"师者，人之模也，无德者，无以为师""德高为师，学高为范"，这是人们对教师的期望。但长期以来，在教师的职业道德建设上，我们对教师职业道德强调得多，对教师的行为规范强调得少，扎扎实实的行为训练则更是缺乏，使得一些教师不知道该如何把教师职业道德规范转化为身体力行的职业道德实践。有的教师在课堂上从未对学生微笑过；有的把训斥、讽刺、挖苦、体罚或变相体罚学生与对学生的严格管理等同起来，造成学生身心方面的伤害，甚至造成无法挽回的严重后果。维护和体现人的尊严是礼仪的价值所在。教师礼仪的核心是对学生的尊重和关爱，一句亲切的话语、一张洋溢着微笑的面孔，对学生都是一种巨大的激励和鼓舞。所以，礼仪不仅是教师自身良好职业道德修养的表现，更重要的是，礼仪使教师职业道德成为一种重要的教育力量或教育要素。在学生心目中，教师是智慧的代表、高尚人格的化身，教师的一言一行所传递的思想、性格、品德对学生有着熏陶与感染作用。长期工作在学校的人都有这样一个体会,教师的行为作风,对学生的才识品学、素质风格以及集体面貌的影响极为深刻。教师进取心强,受其熏陶,学生也会充满积极进取的精神;教师待人诚恳,作风民主,和蔼可亲,能听取学生意见,学生中也会充满团结向上的气氛;教师兴趣广泛,多才多艺,学生也会重视自己兴趣、爱好的培养和特长的发展;教师的素质在某一方面不尽如人意,学生就会无法避免地出现某种相应的遗憾等。苏联教育家马卡连柯认为,教育者对被教育者的作用首先是品格的熏陶、行为的教育,然后才是专门知识和技能的训练。礼仪恰恰是教师把这种"首先"和"然后"连接在一起的桥梁和纽带。

6. 宽容原则

宽容是人际交往中的一大美德,是一个人、一个民族成熟的表现。很多伟人都留下了关于宽容的至理名言,如孔子说:"有朋自远方来,不亦乐乎?"宽容原则,指的就是对异己事物的一种容忍。宽容就是心胸坦荡、豁达大度,既要严于律己,更要宽以待人。宽容心怀、宽容意识是现代人应具备的基本素质。教师要具有宽容的品德,容忍自己的同事有不同的教学方案和教学模式,容忍不同的学科有不同的教学要求,容忍不同的学生有不同的偏好和兴趣,教文科的不能说文科比理科好,教理科的也不能认为文科不实用。对学生不要求全责备、斤斤计较,甚至苛求、咄咄逼人。教师要以宽广的心胸、豁达的态度、大方的仪态善解学生、体谅学生,体现自身良好的人格魅力。

教师对学生的宽容要注意以下几个问题。首先,教师要充分尊重学生的个人生活、学习习惯,只要这些习惯不违反校规、校纪,不危害自己和他人,教师就不应该强迫学生改变自己的习惯。其次,教师应该明白,任何学生都是一个普通人,即便他在学习上很有天赋,作为一个成长中的孩子,肯定也会有孩子常见的问题。教师应该采取的措施是努力帮助学生,使他们认识到问题的所在,而不是一见学生有错误就随便指责,甚至侮辱学生。除了要做到以上两点要求,教师还应该努力养成宽容的习惯。比如,多替学生着想,思考怎样才能使他们保持轻松的学习状态;怎样才能很好地帮助学生解决所遭遇的困惑;学生误解自己时,怎样才能让学生明白自己的好意而不是恶意报复,等等。这些都是宽容原则中比较高的要求,教师在教学过程中应该逐渐培养。

四、教师礼仪的意义

礼仪之所以被广泛提倡,之所以受到社会各界的高度重视,主要是因为它对社会、对个人具有多方面的重要功能。对教师来说,学习教师礼仪规范,提高自己的修养,培养自己良好的气质风度,也具有重要意义。

1. 树立教师的职业形象

礼仪是显示教师的人格修养、文化背景等道德风范的窗口。礼仪可以帮助教师塑造一个总体的职业形象,包括外在形象和内在形象。外在形象是教师所表现出来的言谈举止、行为服饰等视觉形象,内在形象则是教师人品、格调、气质、风度等人格形象。前者表现后者，而后者深刻地影响前者。

大方得体的衣着、亲切和蔼的谈吐等符合教师职业要求和礼仪规范的行为举止，既能表现教师端庄、自信的魅力，又能体现教师勤奋、严谨的治学态度和积极进取、奋发向上的精神风貌。而衣着随便、不修边幅，甚至在讲课时把手插在衣兜里，语言粗俗，批评学生时不注意场合等，则很难使学生产生好感。礼仪对于教师形象的塑造功能还表现在良好的气质对教师精神风貌的影响。气质和风度不是靠一身华贵的服饰就能够打扮出来的，而主要取决于广博的学识和丰富的阅历，正所谓"腹有诗书气自华"。教师要在与他人的交往中表现出开朗、达观、尊重、谦逊、友好、体谅、机敏、聪慧的精神风貌，这样的形象才富有吸引力。外表举止文雅、态度端庄、表情自然、面带笑容，是通常情况下都很受欢迎的教师形象。

2. 维护教师的职业尊严

苏联教育家马卡连柯曾经说过，以轻蔑和傲慢的态度来对待自己的学生，就会使学生跟自己疏远，因而破坏教师自身的威信。而没有威信就不可能成为一个成功的教育者。学生丧失了对教师的信任，必然抵消教育的效果。有的学生不喜欢某门课程的原因并不是课程本身存在什么问题，很多情况下是不喜欢任课的教师。要使学生接受教师的教育，首先要使学生从情感上接受教师，这是符合教育规律的。在这个问题上，有些教师存有片面的认识，他们以为知识渊博就是一个好老师，只是严肃的外表就能维护教师的职业尊严，其实恰恰相反。在一次教学评估会上，某学校的学生给教师提出的意见和要求是："希望老师讲课要面容和蔼，常带微笑，注意服装整洁。"由此可见，教师得体的仪表、优雅的举止、和蔼的态度，都是维护其职业尊严所不可缺少的内容。

3. 协调教师的人际关系

教师与同事、学生、家长进行交流时，要讲究礼仪。因为只有讲究礼仪，共同用礼仪来规范彼此的交际活动，才能更好地表达对对方的尊重之情，增进相互之间的了解和友谊。如果不讲究礼仪，即使教师心里很尊重对方，想得到对方的好感，也不会给对方留下好的印象，因为人与人之间的相互观察和了解，一般都是从礼仪开始的。人际关系的融洽离不开一定的情感因素，而一定的情感表达必然要通过一定的礼仪形式。热情的问候、友善的目光、亲切的微笑、文雅的谈吐、得体的举止等，都可以唤起人们沟通的欲望，彼此建立起好感和信任。这些看似不起眼的礼仪形式，就像一条无形的纽带，拉近了教师与同事、学生、家长之间的心理距离，营造了愉快、和睦的人际关系氛围。

社会心理学学者通过大量的实验证明，在交际活动中存在着一种"相似性吸引"的心理现象。也就是说，人们若在文化背景、生活状态、社会地位、职业特长、风俗习惯等方面互相接近，就容易在心理上、感情上、行为上趋于融合，产生共鸣和信任，进而凝聚感情并建立起友谊。正因为如此，教师如能懂得不同场合交际礼仪的知识，就更容易与交往对象打成一片，使对方觉得你熟悉他们、理解他们、尊重他们，从而把你当成自己人，乐于和你交往。相反，如果教师不懂得有关的礼仪知识，就有可能被某些社交场合隔离开来,即使参与了进去,也显得与周围的人格格不入。经验表明,有"礼"走遍天下,无"礼"寸步难行,这个"礼"便是礼仪、礼节和礼貌。礼仪知识的学习和礼仪行为的训练,可以使教师在交往活动一开始就比较顺利,就能引起对方的注意,并进一步将这种注意转化为对教师人格的美好想象,从而在交往双方之间建立起信任,形成良好的对话气氛,使交往双方从心理上接受交往内容信息的传递,保证交往活动的进行,如彬彬有礼的谈话方式经常能起到事半功倍的作用。要使语言文雅优美,教师就必须做到说话和气、态度谦虚谨慎,并善于认真倾听,此外,若能注意到谈话时的多边关系,那么就能通过语言进行多方的思想交流,增进相互了解,使人际交往产生协调和谐的效果。相反,粗野、恶俗的语言,既使人反感,又不利于双方的有效沟通,还伤害彼此的感情。俗语说:"良言一句三冬暖,恶语伤人六月寒。"便是这个道理。

4. 提升教师的人格魅力

著名心理学家阿尔波特雷曾提出六条健康人格的标准:① 具有自我广延的能力,有许多朋友、许多爱好,能积极参加各项社会活动;② 具有与他人热情交往的能力,能够和他人建立起亲切温暖的关系;③ 在情绪上有安全感并且能够接受自己;④ 在知觉、思想与行动上能够充分配合外界,不加歪曲;⑤ 有自知之明,对自己的长处和短处有比较客观的了解;⑥ 有一致的人生哲学。可以看出,健康人格标准和现代礼仪要求有许多一致的地方,或者说良好的礼仪教育和礼仪修养将有助于教师达到健康人格标准。

得体的仪表、优雅的举止、和蔼的态度,不仅能够充分展示教师的个性风采,有助于教师发挥才能和获得学生的尊重与好评,而且能够增强教师的人格魅力。有位学生在评价自己的老师时是这样说的:"老师着装得体,举止言谈大方、合宜,性格开朗、热情,真诚地对待每一位学生。走上讲台带着真诚的微笑,吐字清晰,用语准确且嗓音洪亮、铿锵抑扬,使我们听得真真切切。我深深地为您的谈吐和学识所折服。作为一名优秀教师,您已超越了职业限制,已完全把教学作为人生的一大乐事,不只是传道、授业、解惑了。在教学中您教会了我们如何做人,如何做一名高尚、完善的人。我喜欢上您这样的课。"可见,良好的礼仪修养对提升教师的人格魅力有着非常重要的价值。

5. 加快教师的事业成功

教师只有讲究礼仪,才会有良好的人缘。良好的人缘,会给教师提供信息,提供机遇,促进教师的事业成功。现代教育心理学理论认为,只有在教育者与受教育者双方"心理需要"相吻合、"心理交流"相沟通、"心理相容"的条件下,才能顺利达到教育的目标。亲其师,才能信其道。如果学生觉得教师理解他们、信任他们、关心他们,他们也会理解教师、尊敬教师、信任教师,进而敞开心扉,接受教师的教导,听取教师的见解,把教师所传授的价值观念、道德标准、文化知识接受下来,并转化为自己成长、发展所需的内在信念和意志,用以指导自己的行为。所以,要使教育富有成效,教育者和受教育者之间必须实行有效的沟通,建立起师生间"心理相通"的教育渠道。如果教师在教育教学中，不讲究礼仪，教育态度、教育方法没有人情味，全然不顾学生的个性和尊严，对学生无兴趣，缺乏理解、爱护和应有的尊重，教育方式呆板、生硬，违背学生身心发展规律，则会导致教育教学的失效，成为教师事业成功的绊脚石。

6. 促进学生的健康发展

教师遵守礼仪规范能有效地使学生在心理上产生一种被尊重、被理解的良好情感体验，使教育者与受教育者的关系变成带有心理亲和力的友谊交往，从而促进学生的健康发展。教师符合礼仪要求的行为举止，常以潜移默化的方式影响、教育着每一位学生，使他们在无意识模仿之中逐步形成尊重他人、与人为善的道德品质及良好的行为习惯。教师讲课面带微笑，衣着整洁，姿态优雅有风度，语言举止文明有礼，与学生说话时亲切和蔼，还能激发学生的学习积极性和参与教学的热情。反之，会使学生丧失学习的兴趣和积极性。有位学生在谈到这个问题时说："老师走上讲台，一脸厌倦的神色，面部表情呆板，姿态松懈，我们一看心里顿时也泄了劲。"

学生的自尊、自信是靠他人的尊重来维持的，特别是教师。其实不只是学生，根据美国著名心理学家马斯洛需要层次理论，获得社会、他人承认和尊重是人类普遍的心理诉求。教师过于严厉、粗暴的批评与训斥，不负责任的冷嘲热讽，首先摧毁的是学生的自尊和自信。一个涉世不深、对人生与社会缺少深刻理解和认识的青年学生，一旦丧失了做人的尊严和自信，对他们自己以及社会意味着什么，每一个有职业良心的教师都应该是清楚的。全国著名优秀教师魏书生的教育经验中，极为重要的一条就是把对教育的忠诚、对学生的爱，化为尊重学生的具体实践。他从未严厉、粗暴地批评、训斥过学生，而是通过"优点扩大法"使许多后进生找回了自尊，找回了自信，走上了健康发展的道路。

课后习题

1. 什么是礼仪？它有哪些特征？

2. 如何理解礼仪的价值？

3. 学习教师礼仪的意义是什么？教师如何提升自身修养和规范意识？

第二章　教师仪容礼仪

知识导图

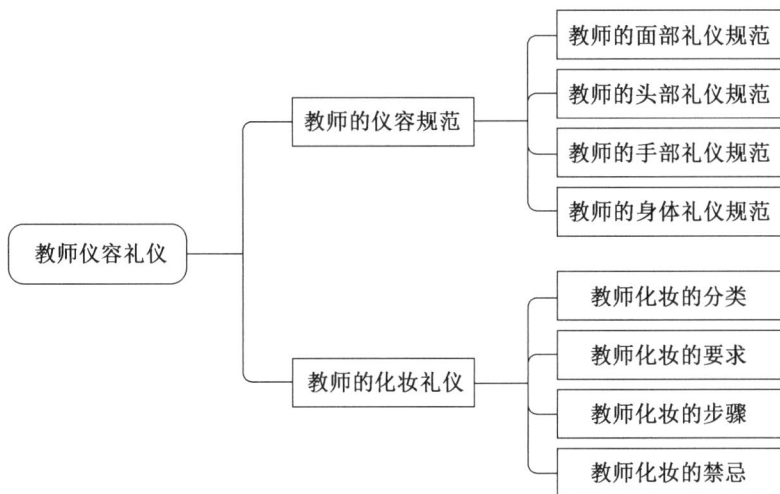

教师仪容礼仪

教师的仪容规范
- 教师的面部礼仪规范
- 教师的头部礼仪规范
- 教师的手部礼仪规范
- 教师的身体礼仪规范

教师的化妆礼仪
- 教师化妆的分类
- 教师化妆的要求
- 教师化妆的步骤
- 教师化妆的禁忌

学习目标

1. 了解教师注重仪容礼仪的重要意义。
2. 理解教师仪容规范的相关原则。
3. 掌握教师化妆礼仪的步骤与技巧。
4. 在仪容礼仪的学习中,培养学生职业认同感,使学生热爱生活,增强自信心。
5. 结合化妆原则,学习仪容之美,感受仪容之美,传递仪容之美。

案例导入

　　李老师是某学校的一位年轻老师,工作努力,为人朴实,教学能力不错,在该校中属于学历较高者,领导皆对他报以很高的期望。来学校一年后,部分学生并不喜欢他,甚至在领导那里提意见,要求换老师。问题出在哪里了? 原来,李老师是一个胡子拉碴、不修边幅的人,上课时总喜欢手插兜,指甲里也黑黢黢,头发经常油腻,衣服也不干净,完全不顾个人形象,而且他喜欢吃有刺激性口味的食物,如大蒜、大葱等,跟学生说话特别"带味儿"……

野哉！君子不可以不学，见人不可以不饰。不饰无貌，无貌不敬，不敬无礼，无礼不立。

——《大戴礼·劝学》

教师的外在形象对学生的影响是不容忽视的。心理学的研究表明，人的整体外在形象会深深地影响他人的认可、判断和接纳程度。教师的讲课状态、衣着打扮、面部形象都会对学生产生不同的影响，若打扮得体、自然大方、形象良好，就容易被学生所接受，反之，则容易引起学生的反感，甚至厌恶，"其身正，不令而行；其身不正，虽令不从"，说的就是这个道理。从这个意义上来说，教师拥有良好的外在形象和拥有渊博的学识、出众的才华、丰富的教学魅力同样重要，可以快速获得学生的信赖与尊重，对学生的影响意义重大。

第一节　教师的仪容规范

人应当一切皆美，外貌、衣裳、灵魂、思想。

——契诃夫

仪容，泛指一个人的容貌，具体由发饰、面容及所有未被服饰遮盖的皮肤组成。仪容作为教师仪表的重要组成部分，在教育活动中起着至关重要的作用，拥有着不同层次的内涵，第一层是仪表自然，第二层是仪表修饰，第三层是仪表内化。其中，第三层是最高境界，需要通过自然和修饰进行体现。作为教师，个人的面部形象及仪容展示需要呈现出干净整洁、落落大方的特点，所以在进行个人仪容整理时，通常需要注意面部、头部、手部和身体等方面的礼仪规范。以下内容男女教师通用。

一、教师面部礼仪规范

面部，是首先映入人脸的部分，一个人的面部如何，会影响他人对自己的判断及印象。教师的工作环境大多是学生，所以想要给学生留下一个好印象，必须注重自己面部状态，保证自己精神状态良好，这不仅是对他人的尊重，也是对自己的尊重。

（一）面部的清洁整理

教师整体的面部需要保持干净利落的特点。面部包括脸部、眼部、鼻部、牙齿、口腔等。脸部需要每天清洗，并使用适合的洗面产品，如洗面奶、洁面乳等，辅以适当的按摩手法清洗干净，保持脸部整洁光润；检查眼周是否有眼睛分泌物，及时清理；修剪鼻毛，鼻毛不外现，清理鼻孔内分泌物；勤刷牙，保持牙齿白皙，及时检查牙齿健康，是否发黑、发黄，吃完饭后勤漱口，检查有无残留物，保证口腔清新干净，无异味；检查耳朵是否干净,是否需要修剪耳毛等;男教师应有意识地将胡须修剪整齐,或随身准备一个便携式剃须刀,有需要时,及时将胡须修剪到位,保证整洁的形象。

小贴士

> 吃完大蒜后,可以喝一杯牛奶或酸奶,有效祛除蒜味,或是嚼口香糖、用漱口水等方式,可以避免尴尬呦。

(二)面部的护理保养

要保持面部的良好状态,需要对面部进行适度的护理,如使用面部保养产品,对面部进行保养维护,彻底清洁完面部之后,及时补水,并涂保湿霜,防止皮肤干燥。根据自己皮肤的性质选用相宜的护肤品。油性皮肤,面部油亮有光泽,肌纹粗,毛孔明显,易生粉刺,但不易起皱纹,宜选用使皮肤表面清洁的化妆品,如粉状粉底。干性皮肤,外观洁白细嫩,油脂分泌量少,毛孔不明显,不易长粉刺,但脸部无光泽,易起小皱纹,应选含有保湿成分的化妆品,如液状粉底。中性皮肤也称正常皮肤,油脂分泌量适中,皮肤表面油滑滋润,富有光泽,是比较理想的皮肤,可选择中性化妆品。混合性皮肤,额头、鼻子、下巴部位偏油性,其他部位偏干性,可混合使用适合油性和干性的化妆品。当然,随着季节和年龄的变化,皮肤的性质也会有所变化。一般在夏季皮肤偏油性,在冬季皮肤普遍偏干性,皮脂分泌量相应减少。随着年龄的增长,皮肤的油脂分泌会逐渐减少,年轻时呈油性或中性皮肤,中年以后会逐渐转向中性或干性皮肤,并出现瑕疵,这时可选用膏状粉底等相宜的化妆品。

有需要时,可以一周使用两到三次面膜产品进行护理,晚上睡觉前对面部进行彻底清洁并认真保养,有助于第二天的良好状态。总之,干净的面部会给人以清新的感受,务必引起重视。

二、教师头部礼仪规范

头发作为仪容当中的重要组成部分,显得尤为重要。头发的清洁程度极大地提高了个人的整体形象,所以不管男教师还是女教师,都务必保持头发的清洁与整齐,并注意美观大方、自然得体的特点。

(一)头部的清洁整理

蓬头垢面不是个人的最优选择,不仅是对自己的不尊重,也是对别人的不礼貌,教师应高度重视头部的清洁与整理。选择适用的洗发产品,进行清洁,并在洗发产品之上辅以护发素、发膜等护发产品对头发进行护理,动作轻柔,不要用力拉扯,以免造成不必要的头发损伤。日常梳头时,需要把头发轻轻梳开,切忌大力拉拽头发,一旦头发有打结,可慢慢拨开,从发根到发尾完全梳开,防止头发过分杂乱。头发的卫生状态可以用无出油、无大量头屑为判断标准,防止头发过度不整洁。

（二）教师的发型选择

教师职业特性决定了教师的发型不可随意选择,奇特的颜色、奇怪的样式都不符合教师的发型规范。教师在选择个人发型时应本着自然大方、清新美观的特点,除了要彰显职业形象,还要符合个人的气质、性格、年龄等要素,体现出整体的美感。

男教师的发型发式,一般要求干净利落,整洁自然,不宜过长,但最好也不要剃光头;基本的要求是"前发不覆额,侧发不掩耳,后发不过领"。通常需要半个月修剪一次头发,至少也要保证一个月修剪一次,长度以小于6厘米最佳,能够体现男教师的稳重清爽即可。

女教师在选择发型时,总体上保持美观整齐。可以烫发,可以直发,也可以是短发,根据个人情况而定。

⏰ 小贴士

在选择发型时,可以和个人的脸型相协调统一。

椭圆形脸,是东方女性的标准脸型,可以选择任意发型。

方形脸,发型应趋于圆形,不要有棱角,用刘海儿遮住前额,两侧的头发可以稍长一些,最理想的是采用增多颅顶发,用翻翘的前发来掩饰方形脸的棱角。男生最好不要剪"板寸",否则看起来像是扑克牌。

长方形脸,适合留有刘海的发型,可以用适当刘海来遮盖前额,使脸看上去丰满些,不可采用中分,会凸显脸型的长度。

倒三角形脸,发型应尽可能隐藏过宽的额头,双耳下面发容量适度增多,增加脸下部的丰满度。

菱形脸的,可以使两侧头发加大厚度,尽量避免直长发,最好以"波浪式"为主,这样整体比较轻松丰满。

脸型不同,发型也可不同,要找到最适合自己的那款发型!

三、教师手部礼仪规范

教师的第二张脸,就是双手,双手与教师整体工作内容密切相关。在教学过程中,双手承担着为学生板书、给学生指示、指点以及书写、握手等功能,反映了工作习惯,体现出工作态度,同时,双手的干净整洁是反应教师个人基本素养的无声语言。它不仅是工作的需要,同时也是保持个人卫生的一种需要。

（一）双手的清洁整理

清洁双手尽量以水、香皂或洗手液为主,其他清洁产品也可。教师要保证手部的洁净,防止因手部卫生出现的伤病。在洗手时,可参照相关医生提出的七步洗手法(如图2-1):取适量洗手液于掌心,(1)掌心相对揉搓;(2)手指交叉,掌心相对揉搓;(3)手指交叉,掌心对手背揉搓;(4)弯曲手指关节,在掌心揉搓;(5)拇指在掌中转动揉搓;(6)指尖在掌心揉搓;(7)旋转揉搓腕部直至肘部。

七步洗手法

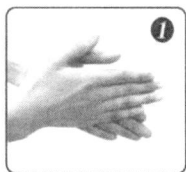

1. 掌心相对,手指并拢相互揉搓

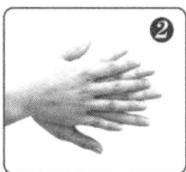

2. 手心对手背沿指缝揉搓,交替进行

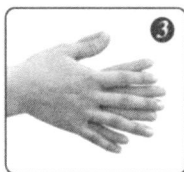

2. 掌心相对,双手交叉沿指缝相互揉搓

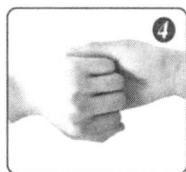

4. 弯曲各手指关节,双手相扣进行揉搓

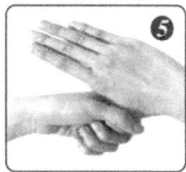

5. 一手握另一手大拇指旋转揉搓,交替进行

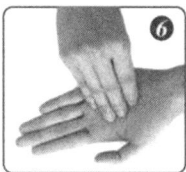

6. 一手指尖在另一手掌心旋转揉搓交替进行

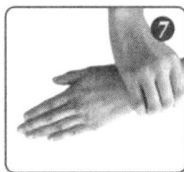

7. 螺旋式擦手腕,交替进行

请注意:
- 每步至少来回揉搓五次
- 尽可能使用专业的洗手液
- 洗手时应稍加用力
- 使用流动的洁水
- 建议使用一次性纸巾或已消毒的毛巾擦手

图 2 - 1　七步洗手法

手部的清洁除了双手的干净,还有指甲的整齐,指甲内不要有污垢,不刻意蓄长指甲,要经常修剪,并进行打磨,防止指甲太利伤到其他人,长度与指头平齐,忌太短,适度即可。

不涂抹彩色指甲油,新时代女性教师往往喜欢做指甲、贴甲片,很多教师的指甲颜色、样式不符合教师身份,过于夸张、闪烁,应当摒弃,可以选择适度的裸色系指甲颜色进行修饰。因教师需长期进行黑板书写、批改作业,尽量减少使用延长甲,防止影响自己的正常工作,同时,也减少学生上课对教师指甲的关注。

(二)手部的护理规范

手部的养护可以从以下几个方面出发。

1. 学会使用护手霜

双手经常接触水、阳光、其他污染物等,容易变得皮肤干燥粗糙,在每次洗完手后要涂上护手霜,补充水分。在选择护手霜时,如果手背有紧绷或者刺激性的感觉,宜使用一些性质温和、含有甘油成分的护手霜;如果皮肤出现红疹发痒等过敏性的症状时,宜选用含有薄荷、黄春菊等舒缓成分及矿脂、甘油等滋润剂的护手霜。

2. 学会做简单的手部护理操

手部护理操简单有效。具体可以分为五个步骤:① 甩手腕,将双手快速地在身体前面甩动 10 秒钟,放松手部,促进血液循环。② 握开拳,将双手握拳在胸前,快速地握紧,保持五秒,再快速地打开,舒缓手部。③ 弹手指,双手模仿钢琴演奏者弹钢琴,使每一个手指都得到锻炼,从大拇指开始依次单个弹下去,重复多次,锻炼手部的控制能力和协调能力。④ 压手指,十个手指大大张开,对掌指腹相对,掌心分开,用力对抗,直到指关节有酸胀感为止,有利于拉伸关节的筋膜。⑤ 退手掌,两手在胸前合掌,左手腕用力推向右边,右手腕用力推向左边,分上下左右四个方向,增强手腕的灵活性。

3. 调整日常饮食并经常按摩手指

平时注意多吃富含维生素 A、维生素 E 及锌等的绿色蔬菜、鸡蛋、牛奶、瓜果、胡萝卜等食物,防止身体缺钙,检查手部指甲是否无光、断裂等影响手指美观,吃含钙量高的食物,如奶产品、豆制品等。

按摩手指,促进循环,辅助按摩膏或者橄榄油等,用拇指抓住另一手的手指两侧,轻轻从指根按摩到指尖,左右交替进行。

四、教师身体礼仪规范

教师的工作需要常常和学生面对面接触,指导作业、谈心谈话等,如果教师不注意自己的身体味道或身上污渍,很容易引起学生的不适和反感。所以教师自身洁净才能给学生树立良好榜样,这不仅是展示个人魅力,同样对别人也是一种礼貌。

(一)身体的清洁整理

在条件允许的范围内要常常洗澡,祛除异味,常换洗衣服、换洗鞋袜等,身体干净清爽,无明显异味。在上班之前,对自己的身体进行检查,树立良好的个人形象,从头部到脚部,是否有污渍、附着物或是其他灰尘,尤其是肩膀旁的头皮屑、头发等细碎东西。

保持手臂的洁净,在进行教学和公务活动时,教师的腋窝不能裸露在身体之外,不能让腋毛外现,否则就会很失礼,尤其是女教师,更应注意这一点。

在腿部、脚部卫生方面,要勤洗脚、勤换袜,保证脚部的气味舒适,勤修剪脚指甲,尤其是男教师,要特别注意自己的脚部味道。夏天来临时,要注意腿部、脚部的遮掩。

(二)身体的保养规范

对于身体的保养,可以在洗完澡后涂抹适合自己肤质的身体乳和保湿霜,防止皮肤干燥有裂纹,在涂抹时,可以从上到下,从手部到腿部的顺序,教师的精致亦是个人自信、热爱生活的体现。

对于异味,有些教师希望掩盖,除了经常洗澡之外,还可辅助香水,但请注意,尽量选择味道清新清淡的香水味道,浓烈的香水不太适合教师身份,尤其是女教师,防止气味太大引起学生和其他人的不适。

小贴士

香水使用时,请注意以下几点:

使用请勿过量;

探病时请勿喷洒香水;

用餐时,香水宜擦于腰部以下;

将香水喷于头发上是错误的方式，因为香水中的酒精易破坏发质，若与发胶混合也易产生异味；

请勿将香水喷洒于白色衣物上面，以免留下污渍；

请勿将香水喷洒于珍珠饰品、毛衣及皮衣上；

腋下及汗腺发达的部位，请勿使用香水，应该用止汗露/膏；

夏日气温较高，尤其南方比较湿热，最好使用清淡气味的，如自然的花香、果香、柑橘香；

在潮湿闷热的夏季，应该少量多次地使用香水；

白天使用较清淡的香水，到了夜晚若有约会，再补充较浓的香水。

教师的形象一直是高大威严的，在学生心中，教师想要维护这种形象，必须严于律己，对自己的个人形象有要求、有原则、有底线，每一处细节都显得至关重要，对学生具有榜样作用，教师保持清爽干净的模样，才是学生爱戴的样子。

第二节　教师的化妆礼仪

美是道德纯洁、精神丰富和体魄健全的强大源泉。

——苏霍姆林斯基

教师的职业特点决定教师的仪容形象也是一种巨大的教育资源和教育力量，是教育的无声教材，也是学生对课堂和知识的第一印象。

当面对一个面容姣好、靓丽健康的教师时，学生从内心油然生出对教师的喜爱，所谓"亲其师，信其道"，学生会从喜欢老师，进而喜欢她/他所教的课程，教师的形象是一种特殊的教育语言，给予学生最真实的教学感受，教师的形象如何，学生会潜移默化地感知到教师的课程如何。良好的教师形象，包括精致的妆容，能够在学生心中树立起榜样的力量。学生们会在潜移默化中受到熏陶，学会注重自身的形象管理，培养良好的审美和礼仪观念。所以教师应该学会适度的化妆，修饰自己，让自己和学生都拥有一个良好的状态进入工作和学习。

一、化妆的分类

化妆，就是通过运用不同的化妆用品和特定的化妆工具，采用专业的技能和方法对人的面部五官及身体其他部位进行渲染、修饰、描画、整理，以达到增强视觉印象来掩饰不足、突出神采、美化形象或改变容貌的目的。

可通过化妆改善人物原有的"形、色、质"，增添美感和魅力，化妆作为一种艺术形式，出现在大众生活中。

化妆不是女性的专属哦，更无性别的限制，现如今的社会在一些场合化妆也是一种礼仪。

化妆根据具体的用途可分为以下四类：

（1）生活妆：生活化妆分为淡妆和浓妆，主要是弥补不足、美化容颜、展现个人风采，运用范围最宽、最常见，适用年龄也最广，在人们日常工作、生活、休闲等时刻来美化个人，做简单修饰；

（2）写真摄影妆：写真摄影分为证件照、写真照、形象照、全家福、婚纱照、时装杂志、淘宝模特妆等等，是化妆一大领域，与摄影相辅相成；

（3）舞台妆：舞台妆分为儿童舞台妆和成人舞台妆，如晚宴妆、T台走秀妆等，妆容偏夸张，注重舞台效果，需要与表演内容相贴合；

（4）影视化妆：影视妆分为剧组跟妆、明星御用化妆、特效化妆、时尚类化妆，具体为明星、艺人等所处环境等相符合。

作为教师来说，在工作岗位适用于生活妆，淡妆为宜，特点是简约、清丽、素雅，切不可浓妆艳抹，脂粉气十足。得体的化妆，不仅让自己变得更加美丽，光彩照人，更受学生欢迎，而且有助于让自己拥有良好的状态，身心愉悦，工作动力十足，因此提倡教师进行适度的化妆，将美的形象展现在学生面前。

二、教师化妆的要求

（一）化妆要适度

教师的化妆是为了增强个人魅力，体现对他人的尊重，不能过犹不及。如果浓妆艳抹，不仅会极大地分散学生上课的注意力，而且还可能使学生盲目模仿，给学生造成不良影响。清新、淡雅、自然、整体协调才是教师的化妆原则，不论是口红还是眼影部分，都需要做处理，表现出知性的美，知书达理的温柔。

（二）化妆要适时

化妆要特别注意时间原则。上班前最好要把化妆完成，上班时不要化妆，防止影响他人工作，也影响自己的工作时间和工作状态；倘若气色不好，需要补妆，可以在中午休息时，进行妆容的修补；若有晚宴，需要增加妆容，可在晚宴开始前，进行补妆。具体的化妆时间要尽量选择不被其他人打扰、不影响正常工作时进行。

（三）化妆要适宜

教师的化妆要做到适宜，既是对自身形象的精心塑造，也是对学生的尊重和负责。通过适宜的化妆，教师能够以更好的形象出现在学生面前，为教育教学增添独特的魅力。

1. 化妆要与年龄相适宜

教师应根据自己的年龄特点选择与之相符的妆容,对于年轻教师来说,要自然、不浮夸,给人以青春朝气和不加修饰之感,在化妆时突出两颊和嘴唇处。在技巧上,应清淡自然、似有若无,切忌浓妆艳抹,失去自然美,清新、得体是年轻女教师化妆的目标。对于中年女教师的化妆,中年正是保青春延缓衰老的关键时期。这一时期的女教师除了要注意皮肤的保养之外,还应借助化妆,强调淡雅的气质。

具体操作时,则应视五官的不同情况强调优点、掩饰缺点。选择稍带粉红色调的粉底,以增添面部的青春气息;香粉则应是淡紫色调的,可令皮肤色泽更柔、更白。涂抹胭脂时,宜面对镜子做微笑状,找出脸颊鼓起的最高处施以胭脂,胭脂的色调宜与口红眼影的颜色相近,以求妆容一致和谐。由于中老年女性面部普遍布有皱纹,因而中老年女教师的化妆重在掩饰。中老年女教师可选用稍暗色调的粉底,在有皱纹地方轻轻涂抹,应沿着皱纹纹路的走向轻涂,垂直涂抹粉底会使之存留于皱纹之中,使皱纹更为明显。为了进一步掩饰皱纹,中老年女教师可以降低皮肤的亮度,用质好细腻的香粉扑面。中老年女教师的化妆宜突出自然、优雅之感。

2. 化妆要与服饰相适宜

在生活妆中,体现在眼影和口红的选择上,如果所穿衣物及配饰比较艳丽,那妆容选择可靓丽些,口红可选唇彩质地,色号可选橘红、玫红等,显得整体青春洋溢;如果所穿衣物及配饰颜色较深,妆容可日常些,口红可选哑光质地,色号可选红棕色、莓果色等,显得稳重内敛;如果所穿衣物是大红色,那么妆容可大气些,口红可选正红色,显得有气场。化妆没有统一的标准,只要和自己的穿搭相宜即可。

3. 化妆要与教学对象、所在场景相适宜

幼儿园和小学低年级教师的妆可稍浓艳,以适应幼儿感观色彩的要求,增加师生间的活泼、亲切氛围。小学高年级和中学教师,除任教艺术类学科的教师适当灵活外,一定要注意化妆的自然高雅。另外,带领学生做户外活动(体育课、郊游等)的教师,一定要注意化淡妆,并慎用眼影和睫毛膏,因为一出汗很容易脱妆,产生不雅之感。

并不是所有场景都适合同样的妆容,要根据所出席的场合选择适合的妆容,

如果是教学地点,应该整体大方得体;如果是生活地点,可以随性自如;如果是宴会典礼,需要隆重规范。作为教师,应该学会去甄别不同场合下,所需要转换的个人状态,即可做到有的放矢。

小贴士

请各位教师注意,坚决不能在办公地点和大众环境下化妆、补妆,这是不礼貌且失礼的行为。

三、教师化妆的步骤

古代女子化妆时步骤既繁复又精细。"唐朝美人"是这样产生的:

（1）敷粉，古人化妆的第一个步骤是敷铅粉，和我们现在画底妆是一样的，都是为了凸显自己肤白貌美，毕竟"一白遮百丑"。

（2）施朱，类似于现代的腮红，是提升气色的重要步骤，就是常见的"胭脂"。

（3）画眉，画眉涂唇据说会让人显得格外精神，画眉也是格外重要的，眉毛样式也是变化多端，唐朝女子画眉材料多是螺子黛。

（4）贴花钿，又称"点额黄"，是用丝绸、彩纸、金箔、云母片等材料剪成的样式各异的装饰物，因为这个装饰物大多是花朵样式，故称之为"花钿"。

（5）点面靥，又称"妆靥"。靥指面颊上的酒窝，因此面靥一般指好施于两侧酒窝处的一种妆饰。

（6）描斜红，形如月牙，色泽浓艳，分列于面颊两侧，鬓眉之间，其形象新颖，立意稀奇。

（7）涂唇脂，古代称口红为"口脂、唇脂"，就是今天口红的原型。唇脂颜色多为朱红色、绯红、樱桃红色，但也有特殊的颜色如紫色、黑色。

古代的化妆和现代的化妆步骤其实大同小异。

化妆不仅仅是一种艺术形式，更是一种技巧，化妆的手法、技巧不同，所呈现的效果也不同。对于日常妆，我们需要了解一下具体的化妆操作步骤，如图 2-2。

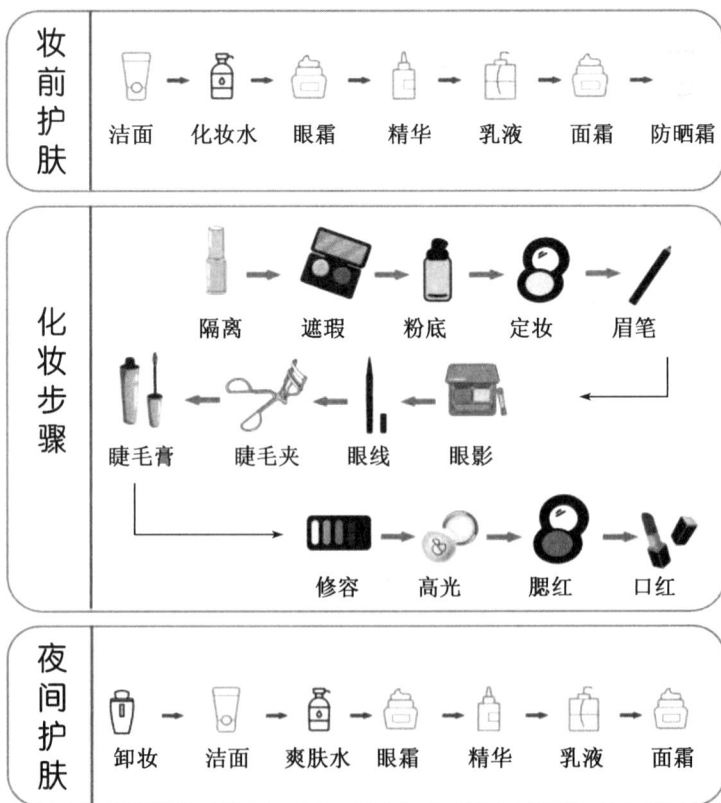

妆前护肤：洁面 → 化妆水 → 眼霜 → 精华 → 乳液 → 面霜 → 防晒霜

化妆步骤：隔离 → 遮瑕 → 粉底 → 定妆 → 眉笔 → 眼影 → 眼线 → 睫毛夹 → 睫毛膏 → 修容 → 高光 → 腮红 → 口红

夜间护肤：卸妆 → 洁面 → 爽肤水 → 眼霜 → 精华 → 乳液 → 面霜

图 2-2　常用化妆步骤

（一）洁面护肤

根据个人的具体肤质选用适合的洗面奶清洁面部和颈部皮肤，水温不宜过高。洁面后，涂上护肤类化妆品，如爽肤水、精华、乳液、护肤霜、美容霜等。顺序为先涂水，加精华，再上乳液，最后涂霜。涂抹时可以向上向外打圈按摩，防止皮肤下垂，让肌肤吸收水分保持水润的状态，为上妆做好准备。另外，在涂抹护肤品后，要先上防晒，可以用防晒霜或防晒乳，太阳的紫外线是对皮肤最大的刺激，皮肤容易晒黑，产生晒斑和皱纹，所以不管是晴天、阴天、雨天，护肤的重要一步就是防晒。防晒霜的使用能够有效预防黑色素的产生，将皮肤与紫外线隔离开来。之后再用隔离霜，一则润泽皮肤，二则起隔离作用，防止带颜色的化妆品直接进入毛孔，形成色素沉淀。

小贴士

隔离霜是保持妆感、隔离空气污染的重要步骤，可以根据个人的肌肤状态选择不同颜色的隔离霜，目前常用的有三种颜色：（1）紫色，具有中和黄色的作用，适合偏黄肤色；（2）绿色，中和面部过多的红色，比如脸部红血丝、痘痘、鼻翼泛红等；（3）白色，用来大面积提亮肤色，统一改善肤色不均。

（二）打底妆

粉底霜或是粉底液的颜色一定要匹配、接近自己的真实肤色，不能有太大的变化，新手切忌过白的粉底，上脸容易发灰，就显得不太自然，好气色也没有展现出来。上粉底霜的手法可以是将粉底霜抹在额部、鼻梁、两颊、下颚等处，用手指顺着毛发生长方向均匀地涂开至整个面部，也可使用粉扑、美妆蛋或者底妆刷，会使皮肤推得更加细腻、柔润。上底妆时，可捎带着在脸颊和脖子的衔接处也涂抹下，这样不会形成"只有脸白"的尴尬。

遮瑕可分局部遮瑕：针对黑眼圈，选橘粉色中和青黑色，颜色略深于皮肤；针对斑点、痘印，选略深的肤色；针对泪沟、法令纹，选浅肤色，提亮凹陷造成的阴影。新手两色或三色遮瑕，不推荐彩色遮瑕，需要调和操作难度大；遮瑕膏一定要在手背上揉开，刷子少量蘸取铺在瑕疵处，以免造成卡粉；遮瑕涂上后不要用美妆蛋大面积拍开，这样会减弱遮瑕力，遮瑕膏边缘和皮肤衔接好即可。

（三）施定妆

粉底上好后，可用粉饼蘸少量粉末均匀、轻柔地按压面部，起到定妆的作用，这一步主要是为了后面在进行具体勾化脸部其他细节时不脱妆。如果粉扑使用不好，也可使用大的散粉刷，在脸上以打圈的方式，依次从额头、鼻子、下巴、两颊等部位扫过去，一定注意鼻翼两侧和嘴角两侧也要清扫，防止妆面花掉。

（四）画眉毛

画眉前一定要修眉，新手容易被本身不适合的眉形"误导"，导致眉形越画越糟。

眉笔适合用来勾勒眉形,眉粉容易画出雾眉,呈毛茸茸的感觉,根据需求选择适合自己的眉妆产品,眉毛的颜色一定要与头发的颜色相协调一致。画眉时,眉头要浅,否则会很生硬;画完颜色太深、不自然,用眉梳稍稍用力梳理一下就可以了,如果觉得还是不满意,可借助染眉膏,将自己的眉毛颜色进行轻微变化,看起来更加和谐统一。

小贴士

画眉可采用三点定位化眉法,眉头,位于鼻翼和内眼角的垂直延长线上;眉峰,位于鼻翼和瞳孔外侧的延长线上(一般在眉头至眉尾的2/3处);眉尾,位于鼻翼和外眼角的延长线上,眉尾一般略高于眉头。

(五) 化眼妆

这一步非常重要,眼睛是心灵的窗户,眼妆的好坏很大程度上影响了整体妆容的优差,首先,要对着镜子设计与整个面部相协调的眼妆的方案。在眼妆的顺序中,先眼影,再眼线,最后睫毛膏。涂眼影前一定要打底,眼妆显脏一般就是因为打底没做好以及晕染不充分,用眼影刷蘸取浅色眼影沿着眼窝打底;然后较深色眼影在双眼皮褶皱内加深,叠加晕开;最后在靠近睫毛根部的地方涂上最深的眼影,这样可以体现眼影的层次感,增加眼妆的效果。

画眼线以增加生理睫毛的合理浓密程度,增强眼睛的神采。画眼线的原则是:宽形脸,眼线短粗;瘦长形脸,眼线细长。画眼线的方法是使用眼线笔紧贴睫毛根部由内眼角向内眼角方向描画,上眼线比下眼线重些。如果眼线实在画不好,那就用眼线笔在睫毛根部轻点,有美瞳线效果,眼睛更有神。

睫毛一定要夹翘,上翘的睫毛能放大眼睛、释放眼神光,操作上还不容易翻车;涂睫毛膏之前,先在纸巾上把刷头上多余的睫毛膏擦掉,然后用睫毛刷沿睫毛根部向外Z字形刷,这样不容易刷出"苍蝇腿"而显得睫毛太粗,不根根分明,影响整体效果。

(六) 打腮红

使用粉扑打腮红是为了修饰美化面颊,使人看上去容光焕发。具体为面对镜子微笑,找到脸部最突出的颧骨部分,根据脸的形状用腮红刷从颧骨内侧向外侧刷开。要注意的是少量多次蘸取腮红,切记不要大范围去扫刷,防止次数过多而造成大红脸蛋,像猴子屁股一样,不太雅观。涂好腮红之后,应再次用定妆粉定妆。

(七) 修容

修容分为两部分,一部分是高光,新手建议亚光高光,不容易手重,能提升立体感;珠光高光能提升妆容通透感,毛孔粗的人不建议大面积涂抹,容易显毛孔;高光打在眉骨、眼头、鼻梁、额头等高光区域;长脸鼻梁高光不要整条提亮,只在山根、鼻头这些关键的地方提亮就很微妙。

另一部分是阴影。阴影力度把握不好会显脸脏,所以要注意力度;鼻子阴影,颜色重点在山根、鼻头,不要从眉头到鼻头连成一整条;下颌线阴影从下颌骨下方向上打,衔接会更自然;上庭长、发际线高的人阴影带过发际线位置,头发看起来会浓密很多。

(八) 修饰唇

唇部的颜色是整个妆感的提亮部分,所以唇部的修饰也要精心勾化。粉底前先涂润唇膏,涂口红时再抿掉,嘴唇状态好唇妆更有质感;先用唇笔描出唇型,然后填入色彩适宜的唇膏,使口红生色;如果想要咬唇妆,口红涂在嘴唇内侧,然后读一遍"八百标兵奔北坡",一个自然的渐变唇就画好了。教师可以根据自己的年龄、衣着、眼妆风格等来选择具体的唇色和口红。

四、教师化妆的禁忌

1. 白天工作时间,不宜化浓妆

不宜使用大量浓香型的香水和香粉,把自己弄得香气四溢,在电梯和教室等通风不良的地方容易令别人感觉不适。外出旅游或参加剧烈运动时,最好不要化浓妆。

2. 不在公共场所化妆

在众目睽睽之下化妆是非常失礼的。这样做既可能妨碍他人,也不尊重自己。确有必要化妆或进行修饰的话,要在单独的空间或到洗手间里化妆。

3. 不在男士面前化妆

有些女教师常常在办公室里当着男同事的面化妆,自己可能满不在乎,然而,古人云"女为悦己者容",这样可能会使男同事把这看成有意与其亲近的信号,以至于产生不必要的误会。因此女教师化妆一定要避开男士,这一段"距离"是必不可少的。

4. 不要非议他人的妆效

由于民族、肤色和个人文化修养的差异,每个人的妆面不可能都是一样的。就我国来说,北方的女士往往偏爱浓妆,南方的女士则喜好淡妆。又如美国的一些老太太喜欢把脚指甲涂得鲜红,东南亚一些国家的女士喜欢嚼槟榔,从而把牙齿染成黑色。对此我们不要少见多怪,也不要以为自己的化妆才是最好的。对外教和外宾的化妆尤其不要指指点点,也不要同外宾切磋化妆术。

📖 **课后习题**

1. 妆前的清洁需要注意哪几个方面?
2. 教师的化妆要求及禁忌是什么?
3. 什么样的教师是学生所喜欢的?

第三章 教师仪表礼仪

知识导图

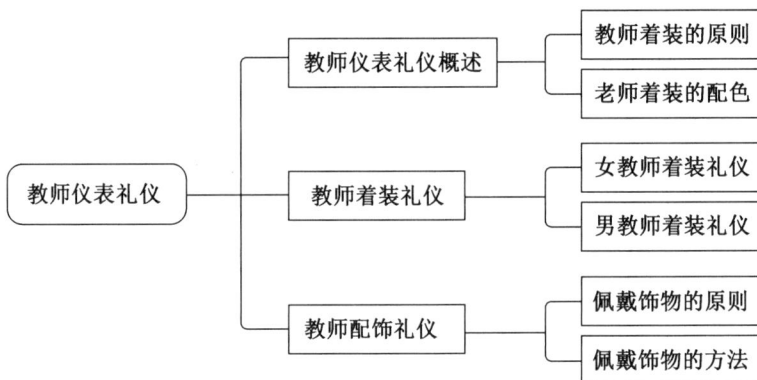

学习目标

1. 能够根据不同的场合,选择合适的着装和配饰。

2. 掌握男、女教师的着装要求。

3. 学习教师着装的配色和饰物的选择,并在实践中加以应用。

4. 关注文化传承和创新,理解服饰中的传统文化元素,增强文化自信。

5. 培养审美意识和创新能力,在遵循基本礼仪规范的基础上,能展现仪表的个人特色,适应时代发展的需求。

案例导入

春秋时期有一位大臣名叫赵宣子,他是晋国之臣。彼时晋灵公在位,晋灵公年纪尚轻,很是不听话,不知好好爱护民众。赵宣子为人忠诚,常常直言进谏,劝诫他的君主。结果晋灵公竟起了歹心,派遣杀手鉏麑去刺杀赵宣子。

当时早朝的时间很早,鉏麑赶在早朝之前就到了赵宣子的家中。结果一瞧,赵宣子起得甚早,他已将整个朝服穿戴得整整齐齐,正襟危坐,正在闭目养神。而他这般仪表、威仪,令鉏麑看后非常感动,说道:"这个赵宣子在无人所见之处都如此恭敬,想必在有人之时也非常认真,对待他人也定然非常谦逊、恭敬。"所以他认为这样的人绝对是国家的栋梁之材,自己不能杀他。杀了他,自己便是不忠。然而这是晋灵公交代给他的任务,倘若他没有完成,就显得自己不守信用,于是鉏麑当场对着一棵槐树撞头自尽了。

> 良好的仪表犹如一支美丽的乐曲，它不仅能够给自己提供自信，也能给别人带来审美愉悦；既符合自己的心意，又能左右别人的感觉，使你办起事来信心十足，一路绿灯。
>
> ——戴尔·卡耐基

仪表礼仪是礼仪中的重要组成部分，主要是指人在不同社会活动中穿着服饰方面的礼节与规范。一个人良好的气质风度是人的内在心灵美和外在仪表美、行为美的和谐统一。

在人际交往中，仪表不仅能体现人们的文化修养，还可以反映其审美取向。衣着得体，不仅能赢得他人的信赖，给人留下良好的印象，还能够提升与他人交往的魅力。

第一节　教师仪表礼仪概述

> 一个人的着装打扮就是他教养、品位、地位的最真实的写照。
>
> ——莎士比亚

什么是仪表？从广义上来说，某人的仪表，是指这个人外在容貌、表情、举止、服饰等给人的总体印象。这里讲的仪表礼仪更多的指着装与饰物礼仪。

教师的着装体现着教师的文化修养和审美情趣。一位衣着整洁、得体、庄重又富有时代感的教师往往容易为学生所接受，有利于营造良好的课堂环境，促进学生高效学习。教师一旦走进校园，登上讲台，就扮演着一个"传道、授业、解惑"的师长角色，其服饰不仅对自己起着重要的修饰作用，对学生也起着潜移默化的榜样和示范作用。教师是孩子们的榜样，必须注意着装礼仪。

一、教师着装的原则

（一）TPO 原则

人们选择服装的关键是要让服装与穿着的时间、地点及仪式场所相符合。这三点称为 TPO 原则，即时间（Time）、地点（Place）、场合（Occasion），这是服饰礼仪的基本原则之一，也是教师着装礼仪的一项重要原则。

1. 服装与时间协调

时间既指每一天的早、中、晚三个时间段，也包括每年春夏秋冬的季节更替、人生的不同年龄阶段以及不同的年代。讲究时间原则就是要求着装要充分考虑时间因素。服装的款式受到一定的历史时间的制约。在不同的时间、不同的季节及不同的年代，对服装的要求是不一样的。

首先,服装的款式要注意时代的变化,也就是说教师的着装要顺应时代的潮流和节奏。过分落伍或过分新奇都会让学生另眼相看,拉大与学生的心理距离。

其次,服装的款式要注意季节的差异。教师要考虑到一年四季不同的气候变化对着装的生理和心理影响。自然界在一年四季中会有温度的变化,为了保持人的体温恒定,服装就要随天气和温度的变化而发生变化。比如夏天的着装要考虑散热,冬季的服装则要考虑防寒保暖。

另外,大自然的色彩在不同的季节也会有不同的变化,如果人们的服装色彩发生相应的变化,也就更显得绚丽多姿。夏季烈日炎炎,骄阳似火,气温很高,使人容易烦躁,因而教师服饰的色彩宜以冷色和浅色为主,给人凉爽的感觉。同时,由于气温高,人体易出汗,在面料的选择上,宜用吸湿性好、透气性强的纯棉、纯麻和丝绸面料。在款式上,为了便于人体散热、易穿脱,多采用宽松的款式。教师冬季的着装则应以保暖、轻快、简练为原则,要避免因穿着单薄寒冷而使面色发青、嘴唇发紫,损害自己的整体形象。

2. 服饰与地点相配

地点指地方、场所、位置等。着装要因地制宜,在校内、校外,在城市、农村,都要有所区别,同时因为不同国家、不同民族有不同的文化背景、地理环境、历史条件、风俗人情,所以我们在服装上也要尊重礼仪对象的思想情感,方便让他人接受。因此教师在着装上也要注意,置身于不同的环境时,就应该有不同的服饰穿戴,要注意所穿戴的服饰与周围环境的和谐。

3. 服饰与场合相配

不同的场合有不同的服饰要求,只有与特定场合的气氛相一致、背景相融洽的服饰穿着,才能产生和谐与美的审美效果。

(1)工作场合的着装

上班穿的服装要与职业相协调,不管我们从事哪一种职业,工作时都必须穿着得体、大方的职业服装,即工作服。这些服装的设计是以工作环境、工作内容及对象为前提的,以方便工作人员进行各种操作。如果一位从事体力劳动的男士,工作时穿一身西装,既不协调也不方便;一位女教师在讲台上穿着低领口露后背的服装,则会有失庄重。

另外,工作时不宜有过多的装饰,以免影响自己和他人工作。教师在工作时的着装一般要注意整洁、大方,不需过分引人注目,尤其不宜穿暴露过多的服装,也不宜穿需要经常整理的服装。因为如果讲课时反复整理自己的装饰,不仅容易分神,看上去也显得不尽职尽责。

(2)庄重场合的着装

庄重场合主要是指参加会议、庆典、仪式、外事接待等庄严隆重的活动场所,在这些场合,一定要按规定着装,参加者一般是穿着比较严肃正式的服装。男士可穿中山装、西装或民族服装,女士可穿各式套装、长裙等,要从服装上显示出自己庄重高雅的气质和教养,不宜穿 T 恤衫、牛仔服、便服,更不能穿短裤、背心。一般来说,在这些场合,参加者不宜穿夹克衫或超短裙。

2001 年 2 月 19 日,首届国家科学技术奖励大会隆重举行。这一天,对于水稻之父袁隆平先生来说,是一个意义非凡的日子。一向衣着朴素的他,罕见地穿上了正装,庄重地打上了领带。

在平日的生活里,袁隆平先生极其节俭。他身上常穿的格子衬衫,价格仅仅 35 元一件;而他手中使用的签字笔,也不过是两三元一支的普通记号笔。当得知要赴京参加首届国家最高科技奖颁奖典礼时,他没有特意去定制昂贵的礼服,而是在商场中挑选了一件打折处理的西服,仅仅花费了几百元。

袁隆平先生穿着西装去参加颁奖典礼,虽然穿的是区区几百元的打折服装,却展现了一个伟大的科学家对颁奖典礼场合的尊重和重视。

（3）喜庆场合的着装

通常是指节日或纪念日、亲友欢聚、联欢会、舞会,或婚礼、庆祝会的着装。这些活动场面有大有小,有室内也有室外,但总的来说,都具有气氛活跃、情绪高昂、欢快喜庆的特点。为了和这种气氛相协调,参加者在服饰上要选择鲜艳、明快、时尚一些的服装。

（4）悲伤场合的着装

主要是指参加葬礼、祭扫陵墓以及慰问逝者亲属时的着装。这些场合的气氛一般都比较肃穆,参加者的心情都比较悲痛、沉重,为了表示对死者的尊重和对亲属的同情,参加者在着装上务必要素雅、严整。可穿黑色或其他深色、素色服装,而装饰物如头巾、围巾、头饰等,亦应为素花素色,不化妆或者淡妆为宜。切忌大红大绿、五颜六色、华丽时髦。

（5）休闲场合的着装

就是独处或体育锻炼、旅游、上街购物等场所的着装。休闲装属于非正式场合的着装,主要是那些宽松、无领、舒适的服装,还包括运动装、牛仔装、沙滩装等。

此外,睡衣睡袍只适宜在家里穿,即使是在修养地和疗养院,也不可穿睡衣睡裤走来走去。

（二）整洁原则

无论在什么场合,服装的整洁干净是第一位的。穿的衣服再高档,再彰显个性,如果有污渍,皱皱巴巴,不仅没有美感,还会给人留下邋遢、不修边幅的坏印象。时尚的代言人香奈儿曾说:"你不可能要求我通过你邋遢的外表去深入了解你的内心。"可见穿着干净整洁有多重要。

（三）整体原则

正确的着装应考虑自己的年龄、体型、脸型、肤色以及周边的环境等诸多因素,各个因素相互配合,形成和谐统一的整体。着装时还应注意细节与整体效果的检查,跳线的丝袜、脱落的装饰纽扣,都有可能破坏整个着装效果,所以,这些微小的细节都值得我们在出门前仔细检查。

(四) 个性原则

意大利影星索菲亚·罗兰说:"你的衣服往往表明你是哪一类人,它不仅代表你的个性,还能展现出你的兴趣爱好、心理状态等。"每个人都应该穿出专属于自己风格的衣服,在合适的前提下,穿出自己的个性与风格,这样才能彰显魅力。

另外,从衣着搭配的整体而言,鞋子比裤子重要,裤子比上衣重要,打底衫比外衣还重要。选择衣服时更应依据自己的年龄、职业、形体条件进行选择,而不是盲目跟风,东施效颦。教师要根据自己的教育对象来选择衣着,小学低年级或幼儿园的教师应选择线条明快、色彩鲜艳的款式,这样有利于吸引少年儿童的注意力,启发孩子们爱美的天性。大学教师选择服装款式的范围相对宽泛一些,可以更具个性化。整体而言,无论面对哪个阶段的学生,教师的衣着都应该干净、整洁,大方中体现优雅,得体中体现内涵。

联合国儿童基金会曾经做过一个实验:让一名 6 岁的小女孩先后打扮成两种截然不同的样子,并让她一个人待在公共场所,来观察人们是怎么对待她的。

第一次,实验人员让小女孩穿上整洁漂亮的衣服,一个人站在格鲁吉亚首都第比利斯的街头。很快,小女孩引起了路人的注意,许多人纷纷前来询问她是否迷路,需不需要帮助。

第二次,小女孩被打扮成邋遢的样子,衣衫褴褛、满脸污垢地站在同样的位置。然而,这次没有一个人停下脚步询问她的情况。

第三次,实验人员给小女孩穿上漂亮的花裙子,让她在餐厅里走来走去。无论男女老少,都对她报以微笑,夸她可爱,还有很多人愿意主动和她聊天,甚至邀请她坐在一张桌子上。

第四次,小女孩穿上脏衣服后,再次出现在这家餐厅。餐厅里的人都很嫌弃她,甚至有顾客请服务员把她赶出去。小女孩感到非常难过,实验不得不中断。

以貌取人其实是一种常态,人们在短时间内接触他人时,往往只能依靠对方外在的穿着打扮、举止神态等直观信息来形成初步印象,进而确定与其交往时的态度和交往方式。在西方,有人对人的形象设计进行过专项调查,发现 76% 的人根据外表判断人,60% 的人认为外表和服装反映了一个人的社会地位。

二、教师着装的配色

从视觉效果上讲，服装的色彩在人际知觉中是最敏感的。随着人们的认知能力、审美意识以及社会认同水准、服饰文化的发展，不同的民族给各种不同的色彩赋予了相同或相近的社会含义，人们应尽量按照这种共同认识标准去选择适当的色彩认同和搭配方式，以适应和满足公众的审美要求，符合服饰礼仪的标准。

（一）色彩的基本知识

不同的色彩是由色相、明度、纯度、色性的不同而呈现出来的。色相，就是色彩的名称，如红、黄、蓝等。明度，是指色彩的明暗度，即同一种颜色深或浅的区别。颜色越浅明度越强，越深则明度越弱，比如白色明度最强，黑色明度最弱。纯度，是指颜色的饱和度而言，纯度越高，色彩越鲜明。色彩达到饱和度时，呈现出的是正色，反之，色彩中含灰色越多，纯度就越低，也就是人们习惯说的"色不正"。色性，是指颜色的冷暖，如红、黄给人以温暖的感觉，被称为暖色，蓝、绿、白给人以冷的感觉，被称为冷色。而对比色则是指两种互相排斥的颜色，如红与绿相配，会使人感觉红的更红，绿的更绿，这就是说这两种颜色对比度强。

（二）色彩的象征意义

不同的色彩能引起知觉者不同的心理效应，有着不同的象征意义。红色是最能引起人们兴奋和快乐情感的颜色，象征着生命、火焰、热烈、活泼与浪漫；黄色显得高贵、华丽，引人注目；蓝色象征着智慧、宁静、冷静，给人以高远深邃的感觉；绿色是一种清爽宁静的色彩，象征着生命活力与和平，能使人想到青春、活力与朝气；紫色是一种华贵、充盈的色彩，可给人以高雅脱俗的感觉；黑色代表庄严和肃穆，象征着冷淡、高贵、孤傲、典雅，也可以代表哀伤、恐怖与黯淡；白色代表着纯净、祥和、朴实等，象征着清高、纯洁和坦荡，给人以明快、无华的感觉。

（三）服装的色彩搭配

服装色彩的相配应遵循一般的美学常识，服装与服装、服装与饰物、饰物与饰物之间的色彩应色调和谐，层次分明。服装色彩在统一的基础上应寻求变化，在变化的基础上寻求平衡。一般认为，衣服里料的颜色与面料的颜色、衣服中某一色与饰物的颜色均可进行呼应式搭配。

1. 相近色搭配

运用相近的色彩进行搭配与组合，就是用色谱上相邻的颜色进行搭配的一种方法，如红与黄、黄与绿、白与灰、绿与蓝等，运用相近的色彩配色，自由度比较大、难度也较大，但只要匠心独运，就会使服饰颜色既丰富多样，又柔和协调。

2. 对比色搭配

各种色彩都有与之相对应的色彩，如黑与白、红与蓝、黄与蓝、黄与紫、绿与紫等，都是常见的对比。从本质上讲，一对对比色实际上是由两种相互排斥的颜色组成的，如运用得当，可以相映生辉，给人以清新、明快、耳目一新的感觉。如女士穿上一件黑色的真丝旗袍,再配以洁白的珍珠项链或白色的钻石胸针时,白色首饰就会更加醒目、更加迷人。

3. 同色搭配

即由色彩相近或相同,明度有层次变化的色彩相互搭配造成一种统一和谐的效果。如墨绿配浅绿、咖啡配米色等。在同色搭配时,宜掌握上浅下深、上明下暗的原则,同时,若服装有花色或纹理,需要遵循上花下不花、外花内不花的原则。这样整体上就有一种稳重踏实之感。

4. 三色原则

当运用相反的色彩进行配色时,应遵守服饰礼仪的"三色原则",也就是说在正式场合,所使用的服饰配色包括西服套装、衬衫、领带、腰带、鞋袜等在内的一切服饰,都不应超过三种颜色。因为从视觉上讲,服饰的色彩在三种以内较好搭配,而且比较协调,否则就会显得杂乱无章,缺少美感。

(四)配色的禁忌

由于民族习俗和历史背景的差异,信仰的事物及忌讳的内容也不尽相同,某个事物在这个国家被认为是美好的,而在另一国家却可能被认为是不祥的象征。颜色的禁忌就是这些奇风异俗中的一种。

很多民族和国家都有自己喜欢或者禁忌的颜色。颜色可以象征喜怒哀乐,我国以红色为喜庆、热烈、高贵的颜色,因此传统新娘穿红衣服,而在西方国家,新娘的婚纱则是白色,以此象征爱情的纯洁、忠贞。近年来随着改革开放的不断深入,我国也出现了新娘穿婚纱的习俗。另外,不少国家和民族都以黑色作为丧服的颜色,因为黑色显得严肃、庄重,穿黑色丧服可以表示对死者的爱戴和尊敬,但在西方,新郎的结婚礼服却用黑色。在我国,有些少数民族对黑色异常厌恶,比如蒙古族把黑色视为不祥之兆,认为它意味着不幸、贫穷等。俄罗斯人也忌讳黑色,有些人连黑色的动物、饰品也极其讨厌。许多国家都喜欢绿色,把绿色当做生命的象征,甚至用在国旗上。但日本人和埃及人却忌讳绿色,认为绿色是不吉祥的。

第二节 教师着装礼仪

从人们对服装的选择,可以窥测到他的文化水平和道德修养的底蕴。

——郭沫若

教师的服饰风格不仅要庄重、典雅、整洁、大方,更要给学生留下成熟、稳重、练达、干净的印象,教师服饰传递的信息应该始终是积极向上的。

一、女教师着装礼仪

一般来说,女性的服装比男性的更具有个性特色,但是要注意自己的教师身份,发挥好教师的榜样和导向作用,在校园不要穿得过分性感、艳丽、奢华。服饰价格不求高,但是要协调,合理搭配,无论是颜色、款式还是饰物、手包等,都要注意细节,体现教师高雅、大方、端庄的风度。

女教师的服装可分为工作场合服装与社交场合服装。女教师在工作场合时,应着职业服装,职业装具有实用性、审美性和象征性等基本特征,能够体现出作为一名人民教师的责任、义务以及职业素养,使教师产生庄重、自尊的心理。女性的职业装可以选择这几种类型:西服套装(裙)、无领女性化套装(裙)、连衣裙、传统中式服装等。女教师的社交场合服装可选择礼服和便服。

(一) 工作场合着装

1. 经典的西服领套装(裙)

西服领套装的领型是见棱见角的,这种直线以及直角的设计给女教师带来干练、利索的感觉。这类服装适合上课时穿着,更适合学校组织评优课、教研活动时穿着。西服领套装有大领型和小领型之分,大脸型的人适合选择大领型,小脸型的人适合选择小领型。

2. 无领的女性化套装(裙)

无领套装的领型有"V"字领、"一"字领、圆领、方领等。领型的多样性不但给我们带来了选择的宽泛性,还能使我们显得柔美、有亲和力。宽泛性选择是指可以根据脸型选择领型。比如,"V"字领比较适合圆脸的人,方领比较适合尖脸的人,"一"字领比较适合长脸的人,圆领比较适合方脸的人。

3. 连衣裙

连衣裙是女性服装中常见且备受喜爱的款式,风格丰富设计多样,能适应不同的场合,满足个人喜好。

连衣裙的整体性强,无需搭配上下装,节省搭配时间和精力。连衣裙可选择的材质和图案也很丰富,能充分展现教师个人的风格和个性。通过不同的设计和剪裁,连衣裙还可以掩盖身材的不足之处,突出优点。更重要的是,连衣裙适用的场合也比较多,根据款式和材质的不同,可在工作、聚会、度假等场合穿着。

4. 传统的中式服装

中式服装的立领、镶边、盘扣等体现着中国人特有的庄重、谦和与细腻。随着社会的发展,中式服装也产生了很多的变化,比如,领型、袖口、衣服的长短变化等。这种变化打破了传统的中规中矩,使人们更乐于接受。

(二) 职业着装的注意事项

(1) 西装配裙子的职业套装更能显露女性的高雅气质和独特魅力。西装上衣应长短适中,以充分展现女性腰部、臀部的曲线美,如果配裤子,则可将上衣做得稍长些。无论配裙子或裤子,一般采用同一面料做套装,以加强整体感。西装的"V"字形领口要高低适中,胸部和腰身都不要有紧绷感。前襟不翘,后身不撅,前后身处在一个水平线上。

（2）女式西装款式多样，教师要根据自己的年龄、体型、皮肤、气质等来选择；要讲究皮鞋、袜子、皮包、饰物、发型与西服的协调搭配；女教师在挑选西装时，选择基本色最好，如黑色、褐色、灰色等，且以条纹、碎点的图案比较好。

（3）衣服合身，不过大或过小。在学生面前不穿低腰裤和露脐装，上衣最短齐腰，西服裙子最短到小腿中部；要合体典雅，体现服饰美。

（4）衣服不透，内衣不外现。穿吊带衫时，文胸的吊带不论是什么颜色、质地，都不可露出来，更不可露出好几条带子来。穿西装时衬衫应不透明，内衣不要从领口露出，西装内需穿衬衫，不直接把连胸式衬裙或文胸当衬衫穿在里面。

（5）鞋子和袜子在西方被称为"脚部时装"，可见其重要性。在正式的社交场合，一般遵循"前包趾，后包跟"的原则，穿黑色半高跟皮鞋，即使在炎热的夏季，正式工作场合也尽量不穿露趾凉鞋，另外，不穿鞋跟太高、太细的高跟鞋，以免走路时步伐不稳，影响形象。穿西装时一般不搭配旅游鞋、布鞋及凉鞋。

一般来说，袜子配长裤时，以坐着时不露出腿为准。因此在穿着裤装时最好穿中筒袜以上长度的袜子。如果穿着裙装，则更应当讲究搭配的丝袜，颜色以肉色、黑色最为常见，一般身着时装时不搭配短丝袜，或是长度不及裙摆的丝袜。挑丝、有洞或自己用线补过的袜子，都不能在正式场合穿着，可以在工作场所预备一双袜子，以备袜子被钩破时用来替换。另外，不在公众场合整理自己的袜子。

（三）社交场合着装

女教师在社交场合的着装应得体、大方、优雅，同时展现一定的职业素养和个人风格。

在较为正式的社交场合，如学术研讨会、教育界的重要聚会等，可选择简约的服装，如简单时尚的套装、中长款连衣裙等。颜色以低调的纯色为主，如黑色、深蓝色、深灰色等，材质可选用丝绸或优质的聚酯纤维，剪裁合身，突出腰线，展现端庄稳重。搭配中低跟的皮鞋，以及简约的配饰，如小巧的耳钉、精致的项链等。

若是参加较为轻松的社交活动，如朋友聚会或休闲的交流活动，可以选择色彩明快但不过于张扬的服装，如T恤、碎花连衣裙等，长度适中，款式可以稍显活泼，比如A字裙或伞裙。搭配舒适的平底鞋或低跟凉鞋，再配上一个小巧的手提包，既能展现亲和力，又不失教师的优雅气质。

二、男教师着装礼仪

男教师的着装也分为职业服装与社交服装。职业服装即工作服装，应适合职业的性质、工作环境，要实用又便于活动，能给人美观整洁之感，能振奋人心，增强职业自豪感。男教师的社交服装分为正装和便装。正装主要是西装和中山装，便装则多种多样。

（一）男教师着装的要点

1. 西装的选择

西装，严格来讲是来自西方国家的一种制式服装。如今在交际场所穿着西装的人越来越多,它的穿着十分讲究。

从选择、搭配的角度来讲,西装有正装西装和休闲西装的区别,最大区别在于色彩、款式和面料这三个方面。

(1) 色彩

从色彩的角度来讲,正装西装的基本特点是单色、深色,一般是蓝色和灰色居多,有时候也有咖啡色和黑色,但是黑色西装一般是当作礼服穿着的。而休闲西装,可以是单色的,可以是色彩明亮的,还可以是多色的,宝石蓝色、灰蓝色、浅蓝色、咖啡色,或者是粉色、绿色、紫色、黄色,比较随意。

(2) 款式

正装西装是套装,所谓套装,就是上下装色彩一样、面料一样、款式风格一致;而休闲西装则是单件。另外,休闲西装一般都是明兜,正装西装则用暗兜,是有盖的。

(3) 面料

正装西装一般都是纯毛面料,或者是含毛比例比较高的混纺面料。这种面料悬垂、挺括及透气性都比较好,显得外观比较高档、典雅,当然价格也比较贵。而休闲西装的面料有麻的,还有皮的、棉的,甚至有真丝的。

教师服装的面料最好不要太繁杂,应以简洁、朴素、得体为主,不必追求时髦,服装的面料以混纺为好,显得质地好、挺拔、有光泽感,易洗易干。

穿西装,常根据不同的场合和季节选择不同颜色。重大礼节性场合着深色西装,上下班、娱乐和会友时则穿浅色、暗格或小花纹套装。从肤色角度考虑,中国人在社交场合,宜选择深蓝、深灰、黑灰色西装,这些颜色不仅端庄儒雅,而且能将面色衬托得更有光彩。

2. 西装的穿着

(1) 鞋袜要配套。我们常说"西装革履",可见穿西装讲究穿皮鞋,而且最好穿黑色皮鞋,将布鞋、凉鞋、拖鞋、旅游鞋拿来配西装,则非常不合适。

(2) 穿西装时,最好配以黑色或其他深色的袜子,千万不要穿白色袜子。西方社会讲究穿皮鞋必须打鞋油,如果黑鞋油沾到白袜子上则会影响美观,而且黑皮鞋不能配白袜这一习惯一直沿用至今,现在已成为一种国际惯例。从美学角度来讲,黑鞋与白袜的搭配既不协调也不美观。白袜子配黑皮鞋,颜色对比度强,白袜子很显眼,很容易引起对方注意脚部,不雅观。黑皮鞋配黑袜子为最佳搭配,如果没有黑袜子,可以选择与黑色最接近的深色袜子。

(3) 穿西装要扣好纽扣。对排扣的西装,衣扣必须全扣上,不能敞怀。单排两粒扣西装,只能扣上面那粒扣。单排三粒扣西装,可只扣上面两粒扣,也可只扣中间那粒扣。将单排扣西装的扣子全扣上是不对的。

另外,穿西装时,上衣、背心与裤子的纽扣,都有一定的系法。在三者之中,又以上衣纽扣的系法讲究最多。一般而言,站立时,特别是在大庭广众之前起身而立,西装上衣的纽扣应当系上,以示郑重其事。就座之后,西装上衣的纽扣则大都要解开,以防其变形走样。但是,当内穿背心或羊毛衫,外穿单排扣上衣时,站立之际可以不系上衣的纽扣。

穿西装背心,不论是单独穿着,还是同西装上衣配套穿着,都要认真地扣上纽扣,而不能任其随意敞开。在一般情况下,西装背心只能与单排扣西装上衣配套。背心的纽扣数目有多有少,但大体上可分为单排扣式与双排扣式两种。根据西装的着装惯例,单排扣式西装背心最下面的那粒纽扣应当不系,而双排扣式西装背心的纽扣则必须全部系上。

(4)在西裤的裤门上有的是纽扣,有的则是拉锁。一般认为,前者较为正统,后者使用起来更加方便。不管穿何种样式的西裤,都要时刻提醒自己,将纽扣全部系上,或是将拉链认真拉好。参加重要的活动时,还须随时悄悄地对其进行检查,西裤上的挂钩,亦应挂好。

(5)男士穿西装时,一定要悉心呵护其原状。在公共场所里,千万不要当众随心所欲地脱下西装上衣,更不能把它当作披风一样披在肩上。需要特别强调的是,无论如何,都不可以将西装上衣的衣袖挽上去,否则,极易给人以粗俗之感。在一般情况下,随意卷起西裤的裤管,也是一种不符合礼仪的表现。

(6)要拆除衣袖上的商标。在西装上衣左边袖子上的袖口处,通常会缝有一块商标,在正式穿西装之前,一定要将它们拆除。假如西装穿过许久之后,袖子上的商标依旧停留于原处,好似有意以此招摇过市一样,难免会见笑于人。

(7)西装要熨烫平整。想要身上的西装看上去美观、大方,就要使其显得平整而挺括,线条笔直。要做到这一点,除了定期对西装进行干洗外,还要在正式穿着之前,对其进行认真熨烫。

(8)西装长裤的长度要适中,以裤脚接触脚背为妥。

(9)要慎穿毛衫。除了衬衫与背心之外,在西装上衣之内,最好不要再穿其他任何衣物。在冬季寒冷难忍时,只宜稍作变通,穿上一件薄型 V 形领的单色羊毛衫或羊绒衫。这样既不会显得过于花哨,也不会妨碍自己打领带。不要穿色彩、图案十分繁杂的羊毛衫或羊绒衫,也不要穿纽扣式的开领羊毛衫或羊绒衫,更不能同时穿多件羊毛、羊绒的毛衫、背心,甚至再加上一件手工编织的毛衣,这样会影响西装的穿着效果。

(10)穿西装时口袋里要少装东西。为保证西装在外观上不走样,就应当在西装的口袋里少装东西或者不装东西,上衣、背心与裤子均应如此。除了西装上衣左上侧的外胸袋可以插入一块用以装饰的真丝手帕,不要再放其他任何东西,尤其不可以放钢笔、挂眼镜。内侧的胸袋,可用来别钢笔、放钱夹或名片夹,但不要放过大过厚的东西。外侧下方的两只口袋,原则上以不放任何东西为佳。西装背心上的口袋多具装饰的功能,除可以放置怀表之外,不宜再放别的东西。西装裤子侧面的口袋只能放纸巾、钥匙包或者钱包,后侧的两只口袋则大都不放东西。西装的新旧与式样是次要的,重要的是合体,因此细心保养很重要,穿完要用专用西服衣架挂好。

(11)衬衫。每套西装一般需有两三件衬衫搭配。西装领要贴背,并低于衬衫领1厘米左右;衬衫的领子不可过紧或过松,袖口的长度应该正好到手腕,以长出西装袖口1～2厘米为宜,这样有一种匀称感。系领带时穿的衬衫要贴身,不系领带时穿的衬衫可宽松一点。

（12）领带。穿西装打领带时衬衫应系好领扣。在非正式场合,穿西装可以不系领带,但衬衫的第一个扣子一定要解开。要采取合适的领带结法,以配合衬衫领形,产生舒适协调的效果。

选择领带时要注意与西装、衬衣协调搭配。领带的质料大多为丝绸,常用图案有水珠、月牙形、方格等。正式场合必须系领带,领带颜色要讲究。宴会等喜庆场合,领带可鲜艳明快;参加吊唁活动要系黑色或素色领带;参加商业活动宜佩戴醒目且花纹突出的领带;职业领带往往是素色或深色,多无花纹。

系领带要注意衬衫领围大小。西服内有背心的,领带要放在背心内,且领带下角不可从背心下端露出,领带要按规定系好,下端应与腰带齐。

领带夹要把领带与衬衫一齐夹紧,且领带夹夹的位置要适中,一般在衬衣第三和第四粒纽扣之间。领带的颜色应根据衬衫来挑选,通常最易搭配的是红色、蓝色或以黄色为主的花色领带。

（13）西装配套要讲究。正式场所要着深色套装,以示庄重、自尊,讲究领带的选择与佩戴,以显示教师的个性与人格;注重衬衫的选配,正式场合衬衫颜色力求素净文雅,整洁无褶皱的衬衫可显示人的内在美;西装款式的选择要与人的脸型、体型、年龄和性格相适应,以显示个人的身份。

西装整体的协调性非常重要,要使西装、衬衫、领带、皮鞋、袜子和穿着方式相协调。非正式场合穿着西装也要力求和谐,以展示教师的风度。

（14）鞋子的选择要注意与整体装束的搭配,颜色至少要与皮带、表带相一致,即要符合"三色"原则。在一切正式场合,男士只宜穿黑色或深咖啡色系的皮鞋。黑色的皮鞋可以跟黑色、灰色、藏青色西装相搭配;咖啡色的皮鞋可与咖啡色西装相配;白色和灰色的皮鞋,只适宜游乐时穿,在正式场合一般不予考虑。

此外,皮鞋无论新旧,应该每天擦一擦,鞋子擦得锃亮的人,会显得特别光鲜,容易给人以好感,脏兮兮的鞋子最不宜登大雅之堂。

3. 中山装的穿着

着中山装时要求穿上下同色同料的服装,配黑色皮鞋。中山装既可以在出席正式场合时穿,也可以平时穿。穿着时要扣好领扣、领钩、裤扣,穿长袖衬衫要把前后摆放入裤内,袖口不可卷起,衣袋内同样不要放很多东西。

4. 便装的穿着

便装指平常穿的服装,使用范围广泛。男士便装根据不同的用途和环境,又可以分为很多种,便装比正装随便得多,例如,逛街购物、看电影、会见朋友、约会等都可以穿着。男士便装在很大程度上受潮流趋势的影响,是时装的重要组成部分,每个人可根据自己的爱好及自身的身体条件去选择各式各样的服装。但是在穿着时一定要注意它是否符合将要去的环境与气氛,例如,在西餐厅就餐时,男士就不可以穿拖鞋、沙滩裤以及短裤之类的便装。

(二)男教师着装的注意事项

关于男教师着装的注意事项,具体阐述如下。

(1)保持服装的清洁、整齐、挺直。衣领袖口要干净,皮鞋要上油擦亮,穿长裤时不要卷起,衣服应熨烫平整。在任何情况下男教师都不应该穿短裤、紧身裤、长筒靴等参加日常教学或者涉外活动。

(2)在家中接待客人时,除了非常亲密的同性朋友外,不得赤脚或只穿着睡衣甚至是内衣、短裤,如来不及更衣,应请客人稍坐,立即换上服装,穿上鞋袜。

(3)在室内一般不要戴黑色墨镜,即使在室外参加隆重仪式或迎送重要宾客等礼节性场合,也不可以戴黑色墨镜。如果眼睛不舒服或者有疾病必须戴墨镜时,应向客人及时解释清楚,以免给客人留下不好的印象,以至于影响学校的整体形象,或在握手、说话时将眼镜摘下,过后再戴上。

(4)夏季着装时,男教师不可以穿短裤上课,以穿长裤为宜;不宜穿无领无袖的上衣上课,即使穿着短袖上衣,也应以有领的 T 恤衫为宜。

(5)穿凉鞋时,必须穿袜子,不可以光脚。另外,尽量不穿露趾凉鞋,可以选择带孔的皮鞋样式的凉鞋。

(6)参加活动时,进入室内场所均应脱掉帽子、大衣、风雨衣等,并送存衣处存放。男士无论在什么时候都不能在室内戴帽子、手套。

第三节　教师配饰礼仪

时尚会变迁,但风格会永恒。

——加布里埃·香奈儿

饰品选择得当、运用巧妙,就会使人的衣着打扮与众不同,给人以美感。为了突出美感,教师可以在工作场合佩戴饰物,如手套、围巾、手提包、戒指、头饰等,也可以在交际场合佩戴耳环、项链等饰品。但是值得注意的是,佩戴饰物必须符合一定的礼仪规范和原则,以达到显露高雅、表现魅力、合理渲染的效果。

配饰在服饰打扮中起着画龙点睛的作用,教师在佩戴饰物时,要求与其着装要协调,以便形成整体的和谐美,从而衬托仪表,体现个性,展示出人民教师独特的内在气质和高雅品位。

一、佩戴饰物的原则

佩戴饰物时要遵守礼仪规范,通常包括以下八条原则。

(1)数量有限原则。一般戴首饰时,在数量上要求以少为佳,使其真正起到点缀和修饰的作用。全身上下的装饰品最好不超过三件,而且同类的首饰不可以超过两件。

（2）色彩原则。佩戴首饰时色彩尽量一致或类似，切忌给人一种颜色上的杂乱感。

（3）质地统一原则。佩戴首饰时质地上要争取同质，使首饰的质地尽可能相同，给人以协调感。

（4）注意身份原则。佩戴首饰要与教师身份相符合，显优藏拙。

（5）体型原则。佩戴首饰时要使首饰与自己的体型相符，既能突出个性又可以扬长避短。

（6）季节原则。佩戴首饰时所戴首饰应与季节相吻合，也可以根据不同的季节选择不同颜色的饰品。

（7）搭配原则。佩戴首饰时，搭配上要尽量使其与服饰协调。

（8）习俗原则。佩戴首饰时要懂得首饰的寓意，特别是在佩戴戒指时要分清不同手指佩戴的不同含义，避免因戴错手指而带来尴尬。另外，还要考虑不同地域、不同民族的文化和风俗习俗，选择合适的饰品。

二、佩戴饰物的方法

佩戴饰物的方法同样十分重要，不懂得正确的饰品佩戴方法会影响到自己的形象，显得无知。对于教师而言，佩戴饰物的方法要着重注意以下几点。

（1）穿西装套裙时，不要戴两对或两对以上的耳环，也不要只在一只耳朵上戴耳环。

（2）戴项链时应避免因文化差异产生误解，特别是在有外国人出席的活动时，不可以戴图案易引起误会的挂件。而且，女士的项链、挂饰可视情况露出或隐藏起来。

（3）胸花和胸针是女性胸、肩、腰、头等部位佩戴的各种花饰，一般佩戴在左胸部位，也可依据服装设计要求和整体效果将其佩戴在肩部、腰部、前胸或发髻等处。佩戴的胸花要高雅。胸部戴胸花、胸针的具体高度，应在从上往下数的第一粒和第二粒纽扣之间。

（4）手提包是女性出席正式场合的重要饰物，其颜色要与自己的着装、季节、场合等相协调，以给人一种赏心悦目的视觉享受。例如，在比较庄重的社交场合，手提包的颜色应选择偏暗的，形状以方正的为佳；而参加舞会、宴会或者朋友间比较随意的聚餐时，可使用颜色比较鲜艳的小包。一般情况下，夏季使用的提包应该小巧淡雅，而冬季的手提包选择暖色调的颜色最好，以展示教育工作者的独特魅力。

另外，使用手提包最重要的一点是保持包身的干净整洁，包内的东西存放要有条理。如果让学生、家长或者同事看到自己非常费劲地在手提包里找东西，甚至把全部东西倒出来找，会影响个人的形象，有失女性的优雅。

（5）教师不能佩戴叮当作响的饰品、大耳环或者吊坠，这些饰物在讲台上发出声响一定会分散学生注意力。高年级的学生会觉得教师很幼稚、不成熟，从而影响师生之间的沟通与交流。

（6）在佩戴饰品时需注意一些规则。第一，框架式眼镜和耳环不可同时佩戴，二者会在面部产生冲突。第二,长项链和装饰性腰带不可同时佩戴,否则会使得上身装饰非常繁杂。第三,如果上身身材偏胖,则尽量不佩戴长款项链。

（7）男士饰物要求比女性的少而精,但它们的实用性更强,因而佩戴更要符合礼仪规范。男教师在日常工作中特别要注意皮带、公文包、眼镜、名片夹等饰品的质地和颜色的选择。

课后习题

1. 请阐述服饰礼仪的 TPO 原则。

2. 参加正式庄重的场合时,男士需要穿着西装,请梳理西装穿着的顺序和注意要点。

3. 你所在的学校要征集校服设计方案,请分享你的设计思想。

第四章　教师仪态礼仪

📖 知识导图

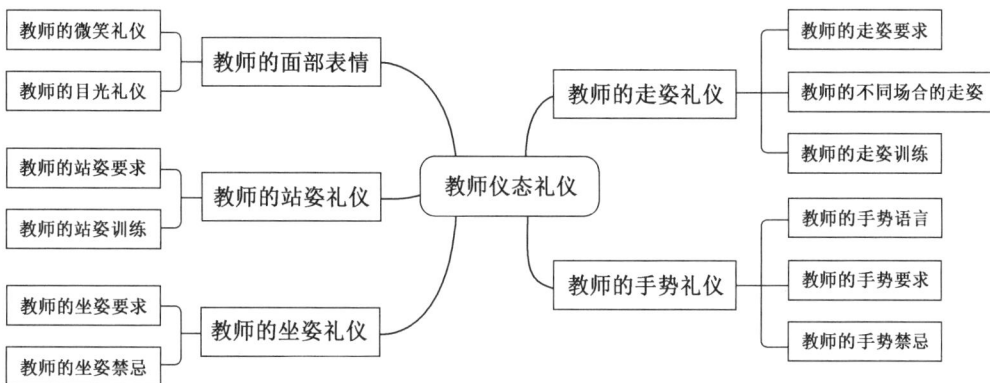

📝 学习目标

1. 掌握教师在仪态方面的礼仪规范。

2. 练习教师的面部表情、站姿、坐姿、走姿、手势五个方面的具体操作。

3. 在仪态礼仪的学习中,塑造新时代教师端庄的外在形象。

4. 通过教师仪态礼仪的学习,认识到良好的仪态是教师敬业精神和职业责任感的外在体现,树立正确的职业态度。

💻 案例导入

　　三位师范专业应届毕业生同时去某学校参加面试,学校领导让他们先坐在沙发上等候,就出去了。一见没人,左边的同学立刻仰靠在沙发上,腿也向前伸出;中间的同学则跷起了二郎腿,腿一抖一抖的;只有右边的同学上身挺直,保持正确的姿势坐好。一会儿,面试人员进来了,看到这种情形直接对左边和中间的同学说:"你们的面试已经结束,可以走了。"

> 从仪态了解人的内心世界，把握人的本来面目，往往具有相当的准确性和可靠性。
>
> ——达·芬奇

用人单位是否小题大做了？为什么如此看重一个人的举止行为？

这是因为举止、动作、仪态等行为往往暗含着一个人的气质、品质、学识、性格和教养。一个人注意自己的仪态美，既体现了对他人、对社会的尊重，也展现了自己的精神状态和对生活的热爱。

教师的行为举止无时无刻不在学生严格的监督之下，这不仅仅是个人礼仪素养的展现，同样也是学生争相模仿的范本。教师除了专业知识素养外，言行举止、待人接物等也深深地影响着学生的发展，学生在教师组织的教学活动中，形成对礼仪素养的认识，传承着文明规范。教师的仪态礼仪也成为教育过程中不可或缺的一部分，具体表现为教师的表情、站姿、坐姿、走姿和手势等内容，接下来将一一阐述。

第一节　教师的面部表情

美是力量，微笑是它的剑。

——英国作家　弗兰克·雷蒙德·里德

面部表情是人体语言中最丰富、最真实的反映。俗话说"相由心生"，一个人的内心如何，他的样貌就如何。虽不能以貌取人，以偏概全，但一个人面部的状态展示着他读过的书、走过的路、经过的坎儿。通过面部表情，可以判断一个人情绪的好坏，也可以表达自己的感情。教师的面部更是学生关注的重点，学生往往从教师的面部中看到温暖、希望和鼓励，而这些内容都从表情和目光中体现出来。

一、教师的微笑礼仪

微笑，是教师的一种特殊语言——情绪语言，是教师最富有吸引力、最有价值的面部表情。教师的微笑拥有无穷的教育魅力，它表现着师生间友善、诚信、谦恭、和蔼、融洽等最为美好的感情因素，将友好、融洽、和谐、尊重、自信的形象和气氛传递给学生，为良好的教学状态打下坚实的基础，它已然成为教师理解尊重学生的心理性通用"语言"。

微笑代表了友善、亲切、礼貌和关怀，它不用花什么力气，就能使人浑身舒畅。微笑可以给别人带来欢乐，拉近大家的距离，微笑也使我们保持年轻的心态。只要你养成微笑的好习惯，就能让别人感受到浓浓的善意与温暖。

二、教师微笑的基本要求

教师的微笑是学生最需要、最在意的表情,也是最有利于形成愉快、和谐的师生关系和教学氛围的体态语言。如果我们想做一个受学生欢迎的教师,最好的办法就是学会微笑。大量的调查结果显示,和蔼可亲、面带微笑是各个年龄阶段的学生理想中的教师形象。当然,在微笑时也要注意以下三个要点:

1. 声情并茂

教师在微笑的时候应该做到表里如一、声情并茂,让微笑与自己的举止、谈吐相辅相成,锦上添花。例如,教师在表扬学生时,要伴以真诚的微笑,让学生真真切切地感受到教师对他的肯定和欣赏,切不可让学生产生受到教师讽刺或愚弄自己的感觉。

2. 气质优雅

透过微笑往往可以看到一个人的文化修养和精神追求。因此,教师在微笑时不仅要讲究笑得适时、尽兴,而且要讲究精神饱满、气质典雅。

3. 和谐自然

微笑是一种令人愉快的面部表情,因此,真正的微笑是发自内心、出自善意的,是一种真情实感的流露,教师在笑的时候要真诚、自然、和谐,要使自己的眉、眼、鼻、口、齿及面部肌肉协调运动,不过分不扭捏。否则,会给学生勉强做作之感。

三、教师微笑的分类

(一) 一度浅笑

嘴唇不张开,嘴角肌肉上提,这种笑容笑不露齿,含蓄内敛。

适用于严肃场合,如初次会面,长辈晚辈、上下级会面时。

(1)对学生表达善意时,浅笑会让学生心理放松并且产生信赖感。

(2)对学生表示鼓励时,浅笑会让学生体会到教师的鼓励和支持。

(3)表示信任学生时,浅笑会加强信任的力量感,学生会受到鼓舞和激励。

(4)表达提醒学生注意时,浅笑会让学生立即领悟教师的提醒意图,不需要严厉地指责。

(二) 二度微笑

嘴唇微微张开,颧骨肌肉同时运动,露出上排牙齿,愉悦绽放。

适用于正式场合交谈中使用,给人传达友好并让人觉得受到尊重。

(1)当学生取得好成绩时,教师的微笑会让学生感受到被尊重和被重视。

(2)当较为严肃的课堂时,微笑可以缓解学生的紧张情绪和压力。

(3)当学生演出时,微笑可以给予学生最真实的肯定,学生受到鼓励。

(4)当学生有情绪问题时,教师的善意微笑可以疏导学生的不良情绪。

(三) 三度大笑

嘴唇张开,露出 10~12 颗牙齿,但最终露出几颗可根据自己的嘴型与牙齿状况决定,开怀大笑。

在与较为熟悉的人士会面、交流时使用,会让对方感受到温暖与信任,这种笑容,是发自内心的一种生动表情。

(1)当教师在课堂上大笑的时候,相信这个课堂是有活力的课堂。

(2)当教师在生活中经常大笑时,相信这个教师是有魅力、开朗、积极乐观的教师,更容易被学生接纳和喜爱。

(3)当课堂上响起学生的大笑时,相信课堂气氛是积极热烈的。

四、教师微笑的禁忌

1. 讥笑

讥笑是一种带有嘲讽、轻蔑意味的情感表达方式,通常用于嘲弄或讥讽他人的言行、特征,讥笑往往伴随着一种自我感觉优越、压制他人的心理状态,旨在表现出对他人的不满或不尊重。

讥笑时,嘴角呈上扬的状态,带有讽刺或嘲讽意味的,眼神冷漠、伴随挑衅,声音变得尖锐或讽刺,语气可能带有讥讽或挖苦的语调。教师在教学中,要避免使用这样的笑容,可以用以下方式进行改善。

(1)思考他人感受:意识到讥笑可能伤害到他人的情感和尊严。

(2)情绪管理:学会控制情绪表达,避免过度使用讥笑等情绪表达方式。

(3)倾听他人:倾听他人的想法和感受,尊重不同意见和观点。

(4)建立良好沟通:通过积极的沟通方式表达自己,避免使用讥笑等攻击性表情。

2. 冷笑

冷笑是含有轻蔑、讥讽、无可奈何、愠怒等意味的笑。它不是发自内心的笑,往往是对别人的观点表示不赞同和不屑时的表现。

教师经常与学生相处,在面对学生时,无论如何,不可以发出冷漠的笑声。

即使学生真的处于学习后进的状态,即使所犯的错误比较重,教师的职责是让学生明辨是非、积极向上,而不是在学生处于学业低谷或者生活困境时,教师冷面相对。受到这种态度打击的学生,他们对于社会的认知会不会产生阴暗的一面呢?学生失去了教师的关爱,有爱才会有惩罚,没有爱只有惩罚的教育,能称之为教育吗? 所以,教师的表情运用要合理和克制。

3. 奸笑

奸笑指狡诈地笑、最恶毒的笑、阴险地笑。教师不怀好意,带着诡异和虚伪的笑容,这种笑容让对方感到阵阵寒意。学校是温暖的地方,应该让学生感受到关爱和舒服,有些学生在家庭里没有享受到正常的关心,到了学校之后,更愿意从集体生活中获得幸福感归属感,教师作为幸福感执行者的第一人,面对学生时的任何表情都显得至关重要。教师的奸笑对学生来说,是伤害,是远离,是嘲讽,是不信任,所以这种笑容也不能出现在教师的教育和生活中。

以上三类笑容是教师要避免的,因为笑的本质是接纳、信任、开心、满意,而不是破坏性的。在教师的笑容里成长的学生会更加热爱生活,更加健康成长。其他的笑容,比如狂笑、狞笑、皮笑肉不笑、突然大笑等,都不是教师应该有的表情。

五、微笑的训练方法

微笑可以通过以下几种方法进行练习:

(1)练习便于微笑的相关字音。读"一""七""茄子""威士忌"等音练习嘴角肌的运动,使嘴角自然露出微笑。

(2)回忆微笑法。多回忆微笑的好处,回忆美好的往事,发自内心地微笑。

(3)情景熏陶法。通过美妙的音乐创造良好的环境氛围,引导学生会心地微笑。

(4)照镜子练习法。把手指放在嘴角,并向脸的上方轻轻上提,一边上提,一边使嘴充满笑意,对着镜子来调整和纠正微笑。

(5)筷子学习法。将一根筷子横着放在嘴里,用上下牙齿咬住,进行微笑练习。

微笑颂

微笑一下并不费力,却产生无穷的魅力,

受惠者成为富有,施予者并不变穷,

微笑在刹那间出现,却往往留下永久的回忆。

没有人会因为太多而不需要微笑,

有了微笑缺乏它的人亦会获益,

微笑令人心境开朗,家庭愉快,生意兴旺,广结良友,

它可以使疲劳者解乏,又可给绝望者勇气。

微笑是黑暗里的阳光,是烦恼的解药,

微笑不能够出售、乞求、借贷或偷取,

因为它发自内心。

若是在忙碌的日子里,别人不愿微笑,

你可否给他一个微笑。

六、教师的目光礼仪

眼睛是心灵的窗户,目光从表面上看,指的是一个人的眼睛注视的方向,其实,它也是心灵的外在形态。眼神在一送、一收、一顾、一盼间都有其意义,正如爱默生所说:"人的眼睛和舌头所说的话一样多。"因此,目光向来被认为是最富有情感的、最细腻的体态语言,是面部表情的核心内容之一。

学生渴望教师的目光是鼓励的,因为它能给学生以自信和力量,增强学生的自尊心、上进心。他们从这种目光中得到鼓励,迎着这种目光,他们敢于大胆地表达自己

的观点和要求,敢说自己想说的话,敢做自己想做的事,使他们最大限度地享受自由、张扬个性。教师在与学生、同事交流时,往往借助于目光传递教学信息,有人称之为教师的眼语。眼语的构成,一般涉及目光的角度、部位、时间、方式、变化等五个方面。

七、教师注视的分类

教师的眼睛是最重要的教学"工具"之一,教师与学生交往时,双眼应以祥和的目光注视着对方,这是一个相当重要的礼仪,这样会让学生觉得教师为人正直;如果眼神飘忽不定,学生会觉得教师缺乏可信度。教师在交往中,特别是和学生的交往中,若想获取成功,就要以期待的目光注视着学生讲话,面带浅淡的微笑和不时的目光接触,这种温和而有效的方式,会营造出一种温馨的氛围。

眼神注视他人,在交际场合可以有多种方式的选择。教师在注视方式上应当有所把握,切不可因为注视方式的错误而影响工作或交流。教师比较常用的注视的方式有直视、凝视、环视、盯视等。

(一)直视

即直接地注视交往对象,它表示认真、尊重,适用于各种情况。若直视他人双眼,即称为对视。如在和亲近的人谈话、与学生单独交谈时,可以注视他/她的整个上身,显示自己大方、坦诚,在关注对方。

(二)凝视

是直视的一种特殊情况,即全神贯注地进行注视。它多用于表示专注、恭敬。另外,正视的时间过长,会变为凝视。教师在课堂中不能长时间注视某位学生,否则,学生会认为自己出现了什么问题,导致不能专心听讲。

对精力不集中、做小动作或窃窃私语的学生,教师可以凝视他几秒钟,待双方目光接触以后再移开,这样既起到了告诫的作用,又保护了学生的自尊心。

(三)环视

即有节奏地注视身边不同的人员或事物。它表示认真、重视,适用于同时与多人打交道,表示自己"一视同仁"。环视是教师在进行课堂教学时运用最广泛的一种目光,上课时,教师要不断地环视所有同学,让每个学生都感觉到教师是关注自己的,自己没有受到教师的冷落。

具体来讲,环视涉及前后和左右两个角度的问题。在教学中,教师要通过目光的适当变动,顾及前排、中排和后排的所有学生,通过前后环视既可以弥补与后排的同学因空间距离而形成的沟通缺陷,让他们感觉到虽然坐在后排但是依然在教师的视线范围之内,也不会让前排的同学受到冷落。左右角度是指教师在上课时要注意视线的横向变化,视线应该自然地从左边扫到右边,或者从右边扫到左边。但是无论是纵向还是横向,环视都不能过于频繁,要依据课堂教学内容和课堂氛围适时而定,做到自然、协调、统一。

（四）盯视

即目不转睛，长时间地凝视某人的某一部位。具体的表现时间超过了正常的目光接触时间，是不宜在正常交流中使用的一种目光方式。师生在交谈中，应注视对方的眼睛或脸部，以示尊重别人，但是，当双方缄默无语时，就不要再一直看着对方的脸。因为双方无话题时，本来就有一种冷漠、踌躇不安的感觉。如果此时注视学生，势必使对方显得更尴尬。

另外，还有一些注视的方式，教师应尽量少用。扫视表示好奇、吃惊，不可多用，但打量学生的时候可用；斜视即斜着眼睛注视，多表示怀疑、轻视，一般要忌用；无视表示反感、心不在焉，是教师平时所不宜采用的一种眼神。总之，目光要做到适度、适中。

八、教师注视的角度

在注视他人时，目光的角度在某种意义上意味着与交往对象的亲疏远近。注视他人的角度，通常有以下三种：平视、仰视、俯视。

（一）平视

即视线呈水平状态的注视。一般适用于普遍场合的交流与对话，或者是身份、地位基本平等的人与人之间的交流。如教师同事之间的交谈、课题研讨时，与学生进行平等沟通时，与家长进行交流时等情况下可以使用平视的角度。

（二）仰视

即主动居于低处，抬眼向上注视他人。它表示尊重、敬畏之意，适用于面对尊长之时。学生，尤其是小学生，在上课听讲时，一般多采用这种角度；参加面试的人员，倘若碰到比较年长的评委，可以适当地采用这种眼光，表示对评委的尊重。

（三）俯视

即抬眼向下注视他人，一般用于身居高处之时。它可以对晚辈表示宽容、怜爱，也可以表示对他人轻慢或者歧视。这种目光不宜多用，并且要慎用。教师在讲课时，多处于位置比较高的讲台之上，不自觉地便成了俯视，一方面是观察学生方便，另一方面教师要学会利用俯视的目光建立自身的威信。

视线接触的角度和方向不同，具有不同的意义：正视，表示诚恳、庄重，也表示专注、关切；斜视，表示不满、警告，或者轻蔑、不放在眼里；点视，专注于一处，表示对目标的好奇、关注等，具有很强的针对性和示意性；仰视，即注目向上，表示尊重、期待或仰慕、崇敬；俯视，注目向下，表示爱护、宽容或者忧伤；环视，关注所有听众，表示庄重、从容、致意；扫视，表示觉察、提醒；窥视，隐蔽偷看，表示怀疑、心虚；虚视，表示似看非看、心不在焉。教师要明白每一种目光角度所代表的意义，恰当地使用自己的目光，让对方感知并领会到自己的明确意思。

九、教师注视的部位

在人际交往中,目光所及之处就是注视的部位。注视他人的部位不同,不仅说明自己的态度不同,也反映着双方关系有所不同。教师在与同事走近之时,对学生进行答疑解惑时,面试初次见到评委时,都要严格遵守目光注视的基本常识。

(一) 额头到双眼之间

公务注视——眼睛应看着对方额上的三角区(以双眼为底线,上顶角到前额)。显得严肃认真有诚意,把握谈话的主动权和控制权。当视线停留在交流对象前额的某个假想的三角部位,称为严肃注视区域,适用于比较严肃、庄重的场合。

教师有时也会运用这种注视方式面对学生。当学生回答问题不够清晰时,当询问学生犯的错误时,教师的目光一般集中在学生的眼部,以此来获得对方真实准确的答复。当然,若是出于不信任对方而用这种注视方式,紧盯对方眼部,会造成对方的紧张和不安,甚至是害怕,这种让人产生紧张感的注视方式,一般较多地运用于严肃场合。对于教师而言,可以注视学生的眼部,但不要采取紧盯的方式,这会给学生造成心理压力,从而失去师生间的融洽氛围。教师的职责是育人,即使是一个小小的眼神,也要妥善运用,不可以因为一个不当的注视而使学生受到心理伤害。

(二) 双眼到唇部之间

社交注视——眼睛看着对方脸上的倒三角区(以双眼为上线,嘴为下顶角)。注视这个部位,会造成一种友好的社交气氛。适用于与一般的人之间的交流,如与学生谈话时,眼睛注视对方双眼到嘴巴的"三角区"。

用这种较大范围的注视方式,会给人一种放松和轻松的感觉,同时也是种可以互相理解和看清楚面部表情的方式。人与人之间初次见面,互相短暂的交谈后会把目光从对方的眼部适度地移动到唇部。不是一直盯着对方的唇部,而是根据谈话或者对话时间来变化,但是目光不可以移动太快,否则会造成紧张和不安或者有狡猾不庄重的感觉。教师与学生,同事或者家长交谈的时候,眼神转移要适度,不要游移不定,也不要紧盯不放。对待学生而言,要适度地给学生以安定的感觉,眼睛不要像扫描仪似的,来回在学生的脸上扫描。教师的眼睛对学生的脸部适度关注,可以使得学生放松下来,同时教师的面部展现出温和的笑容,这会有神奇的教育作用。这种注视范围适合大多数的交往场合。

(三) 胸部到头面部之间

亲密注视——眼睛看着对方双眼和胸部之间,是亲人之间或情人恋人间的注视。这个范围是目光注视的最大范围,适用于长辈与晚辈之间、家人之间、爱人之间的交流。这种注视从小范围的双眼到大范围的胸部以上,表明了人与人关系的亲密和信赖。

注视的范围越小,表明越不亲密,注视的范围越大,表明关系越近。比如,当孩子出门上学时,只有父母可以看到他头发丝落在了肩上,或者领子没整好,而一般朋友则不太能注意到这些细节。家长经常会发现孩子的牙齿是否整齐,胸前的衣扣是否扣紧,而教师一般不太可能发现。当教师真正地作为长辈,对待学生有真切的希望和关爱时,这种关切的注视会引起学生的信赖感,也会产生鼓励和激励的作用。但是,这种上半身的注视范围尽量不要用于同龄异性师生之间,以免产生心理误会。

人与人之间目光注视的范围由小到大,表明了人与人之间关系的由远及近,教师要学会合理利用这几种注视的范围,让学生既可以从目光中感受到严肃认真,也可以感受到长辈的温暖关怀、踏实可靠。

十、教师注视的时间

视线凝视对方面部的时间长短不同,具有不同的意义。一般情况下,连续注视对方的时间应该控制在 $1\sim2$ 秒内。尤其是双方刚认识时,打招呼的时间和做自我介绍的时间较短,一视而过即可,时间过长,会让彼此感到尴尬。

当与人进行较长时间交谈时,目光注视时间大概在整个交谈时间的三分之二,在交谈时,不能一直盯着对方,会让别人觉得不舒服、不自在,长时间的凝视、直视、漠视或上下打量,都是不礼貌的行为。但当一个人要表示对对方的蔑视和威慑时,可长时间凝视,例如警察和法官在断案时常常利用这种手段使犯罪嫌疑人坦白。交谈时也不可不看对方,目光游离会让别人觉得心不在焉、不想交谈。但交谈时如果故意冷落对方时可不看对方,但是这种方式尽量少出现在教学过程中,会对学生的身心造成伤害,也会让学生感到不适。

视线接触时,瞳孔放大或缩小的变化情况,也表达不同的意义:瞳孔放大,眼睛有神,表示兴奋、专注、喜欢、肯定;瞳孔缩小,眼睛无光,表示勉强、散漫、厌恶、否定、困惑、痛苦等。总之,目光注视的时间,大致上决定了交谈对象的重要性和熟悉度,在使用时要把握好,切不可因目光不恰当给人造成不好的印象。

小贴士

1. 和学生第一次见面时

与学生初相见,在自我介绍环节,一定要环顾四周,和每个学生有目光对视,此时目光应是饱含温暖、充满力量的,同时也要"含威不露"。用眼神充分传达信息:我是你们的老师,以后的日子里我会陪伴、关心、爱护你们,同时也会引导鞭策你们遵守规则,认真学习。只那一眼,便能逐渐走进学生的心里,赢得学生的信任。

2. 学生表现出色时

老师要经常为学生的进步点赞喝彩。我们可以在微笑并竖起大拇指的同时投去赞许的目光,表达对学生的肯定。让学生收到你传来的信息,感受到老师目光里的真诚、热烈与自豪。

多年以后,也许学生还会在脑海中时常回忆起老师当时明亮又温暖的眼神,成为其成长路上前进的动力。

3. 学生犯错时

发现学生犯了一些常见的小错误，比如说谎、上课不遵守纪律等，也要及时和其有目光接触。不过这时的目光应是有明显变化的。先展现出严厉，传递"你这样做不对，请立即停止你的行为"的信息，再与学生充分交流后，目光要转变为宽容，用眼神告诉学生"人人都会犯错，只要改正就是好的，老师依然喜欢你"。

如遇学生在学校出现一些出格的行为，比如打架等，这时老师通常会选择带其到办公室单独交流。此时不必急于批评指责，及时的目光接触就是最有力的武器。盯着"犯事"学生几秒钟，保持沉默，也借此机会让自己的情绪平复下来，也让学生冷静下来，细细"品味"老师的目光，进而反思自己的行为。

4. 班级失控吵闹时

很多老师会遇到这种情况，老师进了班级学生还在吵吵嚷嚷，此时，老师不必气急败坏地扯着嗓子喊"都给我安静下来"，更不必拿着"戒尺"敲击讲台，强制使其安静下来。这种"以暴制暴"的方式其实是在伤害自己的身心，教师表现得越生气在意，学生可能愈发狂躁得意，不如以不变应万变，用目光的接触来一场心灵的较量，在对峙中让学生逐渐安静下来，这叫眼神干预。老师的眼睛要"会说话"。当教师眼里有学生，心中就会更懂学生，与学生的心灵距离就会拉近，让学生"亲其师，信其道"。

十一、教师的目光禁忌

学生渴望教师的目光是鼓励的，因为它能给予学生自信和力量，增强学生的自尊心、上进心。他们从这种目光中得到鼓励，迎着这种目光，他们敢于大胆地表达自己的观点和要求，敢说自己想说的话，敢做自己想做的事，使他们最大限度地享受自由、张扬个性。但如若目光使用不当，也会对学生造成不良的影响，在教师的教育教学工作中，以下几种目光是禁忌。

1. 忌常用责备的目光

这种目光容易使学生产生逆反心理，造成学生对教师的抵抗情绪，割裂师生友谊，使两者矛盾激化，不利于学生健康人格的发展。

2. 忌漠视的目光

教师只顾做自己的事情，不看对方说话，是怠慢、冰冷、心不在焉的流露。这种目光极易使学生自尊心受到伤害，使学生产生自卑心理，任何活动都不敢参加，进而对任何事情都缺乏信心和兴趣，最终导致性格上的孤僻、冷漠、自私。

3. 忌面无悦色的斜视

这种目光是对学生表示一种鄙夷。看不起学生，从而让学生失去信心，进而失去对学习的兴趣和对生活的希望。

4. 忌目光只关注个别或少数学生

教师的目光要照顾到班上的每一个学生，放眼全班，不要聚集于某人。用目光来调整学生的注意力,对专心听讲的学生用热情的目光表示肯定;对精力不集中、做小动作或窃窃私语的学生,用提醒的目光注视几秒钟,待双方目光接触后再移开。这样既起到了告诫的作用,又保护了学生的自尊心。

5. 忌不恰当的凝视

凝视学生,有时表示重视或关注。但是,当双方缄默无语时,就不要再凝视对方的脸。因为当双方无话题时,学生本来就有一种局促不安的感觉,如果此时教师一直注视学生,势必使对方觉得更尴尬。

还有很多教师常犯以下方面的错误:

(1)边改作业边和学生谈话,根本不看着学生。

(2)瞪着眼睛追问学生问题。

(3)后背对着学生正写着板书,嘴里却叫着某某学生的名字让他回答问题。

第二节 教师的站姿礼仪

站如松,坐如钟,行如风,卧如弓。

——中国传统谚语

站如松,说的就是站姿要像松树一样挺拔。良好的站姿不仅能够提升自己的自信心,还能够不损伤肌肉,保护腿部健康。站姿是礼仪之本,教师的站姿呈现在学生面前是最多的,教师站立讲课、站立说话、站立谈心等。站姿,展示的是一种静态美,教师的挺拔站立能够影响学生,从而促使学生也能够端正笔直地听课,融入良好的学习氛围中。

一、教师的站姿要求

(1)头正:头部摆正,两眼平视前方,下巴微收,脖颈笔直伸直,表情自然。

(2)肩平:两肩平正,稍向后伸拉,肩膀外侧向两边展开,挺胸收腹。

(3)臂垂:两臂自然下垂,置于身体两侧,手臂尽量伸直,手掌自然弯曲。

(4)躯挺:胸部自然挺起,腹部往里收紧,背部收紧,腰部保持正直,臀部向内收紧,核心力量保持住。

(5)腿并:两腿立直,膝关节内侧尽量贴紧。

(6)脚齐:双脚站稳地面,女教师可以脚跟靠拢,男教师两脚分开平齐。

正确的姿势:从侧面看,耳朵、肩膀、臀部、膝盖和腿应该在同一条线上,从而形成身体的垂直线。垂直线是一条虚拟的线,连接耳部、肩部、脊柱、膝盖和脚踝外侧。身体的重量必须在这条线的左右两侧平均分配。脊柱呈正常的生理曲线时,脊柱吸收的外力会径直穿过每节椎骨和椎间盘。膝盖应当微微弯曲,而不是过度伸展。如图4-1、图4-2所示。

图 4-1　男教师站姿

图 4-2　女教师站姿

二、站姿的其他类型

1. 叠手位站姿

叠手站姿指两手在腹前交叉相握保持直立。这种站姿，男士可以两脚自然分开，距离不超过肩膀宽度。女教师站立时双腿不可以分开，女教师可以用小丁字步，即一脚稍微向前，其脚跟靠在另一脚的内侧中间。这样的站姿显得端庄优雅、自然轻松，有一定的亲切感。在站立过程中身体重心还可以在两脚间转换，以减轻疲劳，这是一种常用的生活站姿。如图 4-3、图 4-4 所示。

图 4-3　女教师叠手位站姿

图 4-4　男教师叠手位站姿

2. 背手位站姿

背手站姿即双手在身后交叉相叠,自然放于背后。这种姿势一般用于男士,女士不用,如图4-5所示。男士可以两腿分开或者并立。分开时,两脚宽度不超过肩宽;并立时脚尖分开,两脚间有一定角度。要注意基本站姿要挺胸收腹,双目平视。这种站姿优美中略带威严,易产生距离感。适合长者使用,也适合严肃场合的保卫人员。

这些站姿,也要经过长期的坚持和训练才能形成自然的习惯。

三、教师不同场合的站姿

一般说来,教师在以下场合中的站姿需要特别注意。

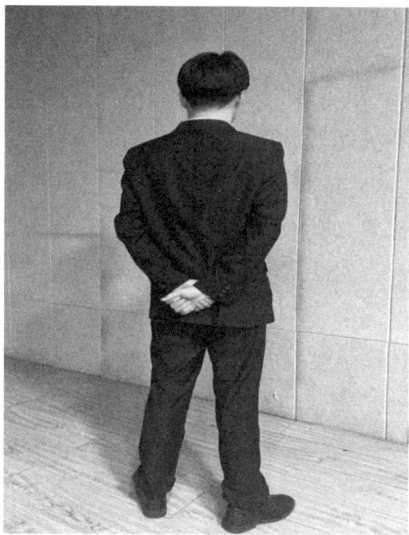

图 4-5　男教师背手位站姿

（一）教师在课堂教学中的站姿

1. 教师讲课时站的位置

教师站在教室的前中央为最佳位置,即讲桌与黑板之间,这样可以提高课堂教学效率。教师站在讲桌与黑板之间,除两边的学生外,大多数学生是直视的,这对保护学生视力有益处。若站在一角,则大部分学生的视线是斜的。踱步讲课,学生目光随之移动,久而久之对学生的视力也会有影响。此外,教师讲课总是辅以板书,还要随时参阅教案,站在讲桌与黑板之间,口述笔写,随手可到,浏览教案,低头可及,既节约时间又方便应手。若站在一角或踱来踱去讲课,板书时需向黑板靠拢,参阅教案时又要向讲桌靠拢,这样既浪费时间又不方便。

2. 教师在讲课或演讲时的站姿

两脚脚跟落地,站稳站直,胸膛自然挺起,不要耸肩,不要过于昂着头。为了减少身体对腿部的压力,减轻由于长时间站立而产生的疲倦,可以用双手支撑在讲桌上,双脚轮流放松。并且,教师讲课时不一定要固定在讲台上,可以适当地到学生座位附近巡视、站立。

3. 教师提问学生时的站姿

教师在提问学生时,身体应微微前倾,这种姿势表明对学生所说的话感兴趣,也表明教师的注意力都集中在学生身上,没有走神,增加了亲切感。切不可只顾自己板书,背对学生,给学生一种不礼貌的感觉,学生也不能从教师的表情中判断自己的回答是否正确,是否需要继续回答。有些教师在学生回答问题时,双手放在裤袋里或两手背后,一副师道尊严、居高临下的姿态,这样对学生也是不礼貌的,而且会增加学生的紧张感。

4. 教师在课堂教学时的站姿禁忌

（1）忌长时间手撑桌面。学生自习时，教师可以用手撑住桌沿，把重心移到某只脚上，但不能长时间手撑桌面，免得学生认为教师疲惫不堪，影响听课情绪。

（2）忌身体不稳。在擦黑板时，教师站立要稳，不能全身猛烈抖动，左右摇晃，此举会破坏教师的课堂形象。

（3）忌位置固定不变。教师讲课的站位不能呆板地固定在一点上，应适当地移动位置，或到学生座位间进行巡视。

（4）忌侧身而站。心理学研究表明，侧身而站和面向黑板站立说明教师的心理是封闭的，不利于阐述教学内容，而且给学生留下缺乏修养的印象。

（5）忌站时重心移动太快。站时重心忽左忽右，显得信心不足、情绪紧张、焦虑。面对学生站稳，表明教师准备充足，有信心上好这堂课，有能力控制整个教学局面。

（6）忌远离讲桌，站在讲台的前左角或前右角。"打游击式"地左右来回移动，或者在学生座位间踱来踱去，不符合礼仪规范。

（7）忌双手交叉抱在胸前或背在身后，这些动作会给学生一种傲慢的感觉。

（8）忌呆板。教师的站姿并非对所有学生都是一样的，如对于低年级的学生，为了亲近学生，更多时候需要走到学生中间，蹲下身来，摸摸他的脑袋，夸奖他的某些回答等。

（二）教师在仪式活动中的站姿

学校的仪式活动一般在操场或礼堂举行，由于参加者人数众多，又是正规场合，因此要格外注意集会中的站姿礼仪。无论中小学还是大学，都要定期举行升国旗的仪式。国旗是一个国家的象征，升降国旗是爱国主义教育的一种方式。升旗是一种严肃、庄重的活动，教师一定要保持安静，切忌自由活动、嘻嘻哈哈或东张西望。教师应面向国旗，肃立致敬。当升国旗、奏国歌时，要立正、脱帽、行注目礼，直至升旗完毕。神态要庄严，当五星红旗冉冉升起时，所有在场的人都应抬头注视。

四、站姿的不良状态

（1）下巴前伸使耳朵位于肩膀之前，颈部呈秃鹰的姿势。

（2）向前绕肩，导致上背部驼背。

（3）臀部向前顶，弓腰（不过对许多人来说这是休息的姿势）。

（4）臀部后翘，腰背部的弧度放平，臀部形成的姿势，称之为"出租车"臀部。

（5）重心位于一条腿上，背部前弓，导致身体垂直线过度后置。

（6）弯腰驼背导致身体垂直线过度靠前。

（7）穿高跟鞋时身体垂直线过度后置。

五、教师站姿的训练

（一）教师站姿训练要点

（1）九点靠墙站立，即后脑、双肩、臀、小腿、脚跟紧靠墙面，并由下往上逐步确认姿势要领。

（2）女教师脚跟并拢，脚尖分开不超过 45 度，两膝并拢；男教师双脚分开站立与肩同宽。

（3）挺胸，双肩放松、打开，双臂自然下垂于身体两侧。

（4）立腰、收腹，使腹部肌肉有紧绷的感觉；收紧臀肌，使背部肌肉也同时紧压脊椎骨，感觉整个身体在向上延伸。

（5）双眼平视前方，脸部肌肉自然放松，使脖子也有向上延伸的感觉。

（二）教师站姿训练方法

（1）单人训练法。背靠墙，脚跟离墙 3 厘米；臀、肩及头贴着墙。用力吸气，收腹。腹部肌肉有力缩回，使腰背贴墙。每次坚持训练 15～20 分钟。

（2）双人训练法。两人一组，背靠背站立，要求两人脚跟、小腿、臀部、双肩、后脑勺都贴紧，每次坚持训练 15～20 分钟。

（3）强化法。具体有下列两种方法：

第一，五点夹纸板：为加强训练效果，可以在身体与墙壁或背部接触的五个点夹上纸板，以纸板不掉落下来为标准，练习平衡感和挺拔感。

第二，提脚找平衡：按照站姿要求站好，提起脚跟，全身肌肉绷紧，身体挺拔向上，坚持数秒，再缓慢放下，重复练习，增强身体的平衡感。

第三节　教师的坐姿礼仪

坐以经立之容，胖不差而足不跌，视平衡曰经坐，微俯视尊者之膝曰共坐，仰首视不出寻常之内曰肃坐，废首低肘曰卑坐。

——汉代思想家　贾谊

坐姿，即人在就座之后呈现的姿势。教师的坐姿，是一种静态造型。端庄优美的坐姿，会给学生以优雅、稳重、自然、大方的美感，从而提升教学效果。在日常工作与生活中，常常要面临与学生、家长的交谈，坐姿往往是教师采用较多的姿势。

一、教师的坐姿要求

1. 头要端正

整个头部看上去，应当如同一条直线，和地面相垂直，不出现仰头、低头、歪头等情况。在办公时可以低头看向桌上的文件等物品；在回答学生问题时必须抬起头；在和学生交谈的时候，可以正向对方，或者面部侧向对方，不可以把头后部对着对方。

2. 上身直立

坐好后，身体也要端正，需要注意的地方：

（1）倚靠椅背。倚靠座椅主要用以休息，在教室就座时，不应把上身完全倚靠在座椅的背部，最好不要倚靠。

（2）占用椅面。在课堂上，不要坐满椅面，最合乎礼节的是坐椅面的2/3左右。

3. 手臂摆放

（1）手臂放在双腿上，双手各自扶在一条大腿上，女教师也可以双手叠放在两条腿上，或者双手相握后放在双腿上。

（2）手臂放在身前桌子上，把双手平扶在桌子边沿，或是双手相握置于桌上，也可以把双手叠放在桌上。

（3）手臂放在椅子扶手上。当正身而坐时，要把双手分扶在两侧扶手上；当侧身而坐时，要把双手叠放或相握后，放在一侧的扶手上。

教师的坐姿要求端庄、稳重、挺拔。

二、教师落座的要求

正确的落座方法能给人优雅、稳重、自然、大方的美感。教师常用的落座方法有以下几种：

第一，就座时要从容大方地走近座椅，先根据自己的身材、体型调整一下座椅的位置，然后从左侧靠近座椅，轻轻落座。若椅子位置不合适，需要挪动时，应该先起身，把椅子移至欲就座处，然后再落座。坐在椅子上移动位置是违背礼仪规范的。

第二，入座时要注意顺序，讲究方位，落座无声。注意顺序，是指和他人一起入座时，要讲究先后顺序，礼让来宾、长辈、上司或女性。讲究方位，就是入座时要遵守"左进左出"的礼仪规范，即从左侧走进座位。落座无声，是指在就座过程中，不论移动座位还是放下身体，都要轻、稳、缓，不能发出声音。穿裙子的女教师在入座时要自然地用手把裙子合拢一下，不要坐下后再拉拽裙子，这样很不雅观。

第三，坐定后的姿势，要注意以下五点：

（1）不宜满座，一般只坐2/3左右的位置；

（2）上身挺直，不要弓背，头不要扭、歪、低；

（3）双手安放，通常坐定之后，双手应掌心向下，叠放于大腿之上，或是放在身前的桌面之上；

（4）双腿并拢，在面对尊长或贵客而又无屏障时，就座之后双腿应当并拢；

（5）双脚垂地，脚应自然下垂于地面之上，脚尖应朝向前方或侧前方。

第四，离座时应注意礼仪序列，请尊长、交往对象优先，从左侧起身退出，并记得随手将椅子摆放到原来的位置。

三、教师不同的坐姿类型

1. 标准式坐姿

上身保持挺直，双脚垂直于地面，身体坐姿上形成三个 90 度夹角，即上身与大腿根部形成第一个 90 度，大腿和小腿的膝窝处形成第二个 90 度，小腿和双脚，垂直于地面形成第三个 90 度。女教师双膝并拢，双手叠放于两腿之间，男教师双膝打开，双手放于两膝上。如图 4 - 6、图 4 - 7 所示。

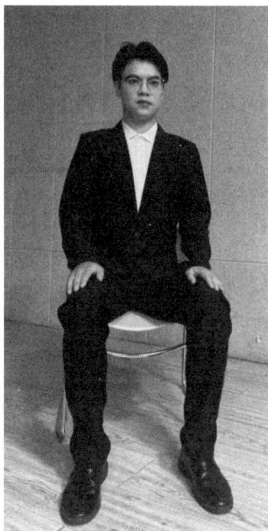

图 4 - 6　男教师标准式坐姿　　　　图 4 - 7　女教师标准式坐姿

2. 屈直式坐姿

在标准式坐姿的基础上，一腿前伸，另一腿后屈，大腿靠近，双膝并拢，两脚前脚掌着地，一只在前，一只在后。如图 4 - 8、图 4 - 9 所示。

图 4 - 8　男教师屈直式坐姿　　　　图 4 - 9　女教师屈直式坐姿

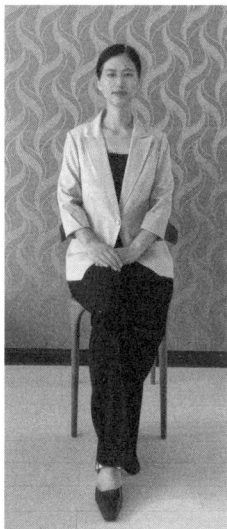

3. 侧点式坐姿

在标准坐姿的基础上,两小腿朝一侧斜出,两膝并拢,两小腿平行,两脚并拢,脚点地。关键点在于,两脚尖要朝向腿部延伸的方向,从视觉上会增加腿部的长度。侧点式坐姿比较适合女教师,尤其是拍照时,显得尤为好看,如图4-10所示。

4. 叠腿式坐姿

在标准坐姿的基础上,一腿向一侧轻轻移动,女教师要保持双膝并拢的状态,另一条腿随之提起,腿窝落在另一腿的膝关节上;要注意上边的腿稍微向里收.轻轻贴住另一腿,小腿保持平行线的位置;同时脚尖要向下回收,不可以脚尖对人;还要注意另一条腿上提时动作不要太大,防止尴尬。手的位置可以是叠放于腿上,也可以是放于扶手上,这种坐姿不同于男子的二郎腿坐姿。一定要注意上边的小腿往回收、脚尖向下的要求。这种坐姿常常用于体现女士的优美文雅、自然温婉的气质,如图4-11所示。

图4-10 女教师侧点式坐姿

男教师的叠腿式坐姿,一腿前伸,另一腿上提,上提的腿窝叠放于另一腿的膝关节之上。上边的腿部尽量回收,紧贴另一条腿,脚尖要朝下,不可以朝人,不可以晃动。一手放于膝关节上方,一手衬于膝关节下方,如图4-12所示。

图4-11 女教师叠腿式坐姿

图4-12 男教师叠腿式坐姿

四、教师不同场合的坐姿

教师在不同的场合应该表现出不同的坐姿礼仪，以体现出教师良好的礼仪风范。常见的坐姿礼仪有以下几种：

（1）在比较轻松的场合，可以坐得比较舒展、自由。

（2）比较严肃的场合谈话时，适合正襟危坐。要求上体正直，落座在椅子的中部，双手放在桌上或将手放在扶手上。并膝、稍分小腿，或并膝、小腿前后相错并左右相掖。

（3）教师在社交场合，为了使坐姿优美，可以采用略侧向的坐姿，头和身子朝向对方，双膝并拢，两脚相并、相开、一前一后都可以。在落座时，应把裙子理好、掖好，以免不雅。

（4）如对方是尊者、贵宾，坐姿要端正，坐到椅面的 3/4 处，身体稍向前倾，向对方表现出积极、重视的态度。

（5）与学生在办公室谈话时，上身微前倾，眼睛平视学生，面带微笑，让学生感到亲切、真诚。

五、教师坐姿的禁忌

（1）双腿叉开过大。双腿如果叉开过大，不论大腿叉开还是小腿叉开，都非常不雅观。特别是身穿裙装的女教师，更不要忽视这一点。

（2）架腿方式欠妥。坐后将双腿相架的正确方式是两条大腿相架、并拢。忌把一条小腿架在另一条大腿上，两腿之间留出大大的空隙，这会显得过于无礼。

（3）双腿直伸出去。这样既不雅观又妨碍别人。身前如果有桌子，双腿尽量不要伸到外面来。

（4）将腿放在桌椅上。为图舒服，把腿架在高处，甚至抬到身前的桌子或椅子上，这样的行为过于粗鲁。不允许把腿盘在座椅上。

（5）抖腿。坐时，不停地抖动或摇晃腿部，不仅让人心烦意乱，也给人以不安稳的印象。

（6）脚尖指向学生。不管采用哪一种坐姿，都不要以脚尖指向学生，这种做法缺乏礼数。

（7）脚蹬踏他物。坐下后，脚部要放在地上，忌用脚乱蹬乱踩。

（8）用脚自脱鞋袜。在学生面前就座时，用脚自脱鞋袜，显然是不文明之举。

（9）手触摸脚部。就座以后用手抚摸小腿或脚部，既不卫生又不雅观。

（10）手乱放。就座后，双手应放在身前，有桌子时可将双手放在桌上。不允许单手、双手放在桌下，或是双肘支在面前的桌子上，或夹在两腿间。

（11）双手抱在腿上。双手抱腿，本是一种惬意、放松的休息姿势，在教室和办公室不宜如此。

（12）上身向前趴伏在讲台上。在教室中出现上身趴伏在讲台上的姿态，显得无精打采。

（13）仰靠椅背，翘起并摇动二郎腿，会给学生傲慢和随意的印象。

（14）漫不经心地坐下并手托下巴。

（15）懒散懈怠地坐在椅子上转身板书。

第四节　教师的走姿礼仪

步从容，立端正。揖深圆，拜恭敬。

——《弟子规·谨》

走姿，是一种动态的过程，展示的是动态美。"行如风"指在行走时，像一阵风飘过，意味着走姿可以自带气场，引人驻足。人们都会对那些走姿优雅、稳健、敏捷、干练的人投以欣赏的目光。因为这样的走姿会带给人美感，容易让人联想到积极向上的精神状态。教师的走姿也反映出个人的精神状态。教师在课堂适当走动，变换位置，可以改变学生的视角，减轻视觉疲劳，集中学生注意力，但如果走姿不当，走动频繁，只会适得其反，走姿的优美得体，会让人感受到积极的力量。所以，教师在上课时要注意走姿礼仪规范。但不是所有的人走姿都很有魅力，走姿是需要训练的。

一、走姿的具体要领

走姿的起点是在基本的站姿基础上，以腰部的力量为中心，保持上身挺拔，略微前倾，收紧臀部，顺势迈步前行就可以了。但是也要注意下面的关键点：

（1）头正：保持头部端正，不可以左右摇晃，双目要平视前方，收回下颌。

（2）肩平：两肩自然放松，保持平稳，不要上下左右以及前后摇摆。

（3）臂摆：双臂保持伸直状态，不可屈肘，自然前后同时摆动，前后摆幅因人而异，不可太大，不可太小，要在手臂与身体间有 $30°\sim40°$ 的距离。两手自然弯曲。

（4）躯挺：保持上身及后背挺直，挺胸收腹立腰，重心稍前倾。

（5）步位直：行走时两脚尖略开，脚跟先着地，女士两脚内侧落地一条直线上。男士可以自然分开，不必落于直线。

（6）步速稳：行走时速度应当保持均匀、平稳，不要忽快忽慢，步幅也要适当。在正常情况下，步速要自然舒缓，不可太匆忙。

（7）步幅适：走路步履要自然、轻盈、稳健，前脚的脚跟与后脚的脚尖相隔一脚长。男性有阳刚之美，步伐频率每分钟约 100 步，步幅（指前后脚之间的距离）约 25 厘米，双臂前后自然摆动，摆幅以 $0°\sim35°$ 为宜。女性步伐频率每分钟约 90 步，步幅约 20 厘米，步伐轻盈、柔软、玲珑、贤淑，显得秀丽柔媚。

二、教师不同场合的走姿

（1）参加喜庆活动时，步态应轻盈、欢快、有跳跃感，以反映喜悦的心情。

（2）参加吊丧活动时，步态要缓慢、沉重、有忧伤感，以反映悲哀的情绪。

（3）参观展览、探望病人时，环境安谧，不宜出声响，脚步应轻柔。

（4）进入办公场所、登门拜访时，脚步应轻而稳。

（5）走入会场、走向话筒、迎向宾客时，步伐要稳健大方、充满热情。

（6）举行婚礼、迎接外宾等重大正式场合时，脚步要稳健，节奏稍缓。

（7）办事联络往来于各部门之间时，步伐要快捷又稳重，以体现办事者的干练。

（8）陪同来宾参观时，要照顾来宾行走速度，并善于引路。

（9）与人告辞时，为了表示对在场的其他人的敬意，可采用后退法。其标准的做法是：目视他人，双脚轻擦地面，向后小步幅地退三四步，然后先转身，后扭头，轻轻地离去，切忌立即扭头便走，给人以后背。

（10）在楼道、走廊等道路狭窄之处需要为他人让行时，应采用侧行步，即面向对方，双肩一前一后，侧身慢行。这样做，是为了对人表示"礼让三先"（三先即先慢、先让、先停），也是意在避免与人争抢道路，发生身体碰撞或将自己的背部正对着对方。

（11）穿西装要注意挺拔，保持后背平正，两腿立直，走路的步幅可略大些，手臂放松，伸直摆动。

（12）穿旗袍就要走出女性柔美的风韵，要求身体挺拔，胸微含，下颌微收，忌塌腰撅臀，穿着旗袍无论是配以平底鞋还是高跟鞋，走路的幅度都不宜大。两脚跟前后要走在一条线上，脚尖略外开，呈"柳叶步"，手臂在体侧摆动，幅度也不宜过大，肩胯部可随着脚步和身体重心的转移稍左右摆动。

三、教师走姿的禁忌

（1）腆起肚子，身板不直，走成外八字、内八字；或弯腰弓背，歪肩晃膀。

（2）东张西望，左顾右盼，或只低头看地，耷拉眼皮、面无表情。

（3）步子迈得过大，大甩手，扭腰摆臂；或步子迈得过小，显得拘谨。

（4）拖着鞋走路，行走中敞开衣襟，斜披衣服。

（5）课堂上走动过急、过频，造成学生的注意力分散，视觉疲劳。

（6）行走时男教师不要晃肩，女教师肩胯都不要左右摇动。

（7）行走时应使身体保持挺直，忌左顾右盼、左摇右摆。

四、教师的走姿训练

1. 步态训练

头顶一本书，放稳后松手，按照标准走姿前行，双目平视，双臂自然下垂，手掌心向内，以身体为中心前后摆动，并保持来回走动时书不掉。上身挺拔，腿部伸直，腰部放松，摆动大腿关节部位，而不是膝关节，才能使步伐轻捷，并且富有弹性和节奏感。视线落在前方 40 米处，训练脊背和颈部的挺直。

可以两手叉腰，提起两脚跟，轻轻跷起，轻轻落下，有被绳垂直牵拉的感觉，如此训练可以使落步更轻盈。

2. 步位训练

为使行姿更优美或纠正内、外八字步,可在地上画一条5厘米宽的直线,站在开始处,行进时,双脚内侧落在该线上,随着训练的进程逐步减小线的宽度。注意眼睛平视,不能往地上看,收腹、挺胸、面带微笑,充满自信和友善。

在训练时,可以配上节奏明显的音乐,选择的音乐节奏曲目可以由慢到快,训练不同行走速度时的节奏感,注意不同的走路状态。

第五节　教师的手势礼仪

手势是无声的语言,但它却能传达出最强烈的情感。

——爱默生

古罗马政治家西塞罗说:"一切心理活动都伴有指手画脚等动作。手势恰如人体的一种语言,这种语言甚至连野蛮人都能理解。"法国大画家德拉克洛瓦也曾指出:"手应当像脸一样富有表情。"他们的话从不同侧面指出了手势的重要性。通常情况下,人们通过手的接触或手的动作可以解读出对方的心理活动或心理状态,同时还可将自己的意图传达给对方。教师讲课时,一般都需要配以适度的手势强化教学内容。得体、自然恰如其分的手势,对传递思想感情、组织教育教学、提高教学效果能起到十分重要的辅助作用。

一、教师的手势语言

教师手势,即教师利用手的动作与姿势,传递思想感情、组织教育教学、展示自身良好的精神风貌与职业修养。据研究表明,手势与表情结合,可传导40%的信息。恰当的手势往往是在内心情感的催动下,瞬间自然做出来的。手势可以反映人的修养、性格。

手势对于增强教学效果具有十分重要的作用,所以教师要注意手势语言的运用幅度、次数、力度等技巧。在教学实践中,以各种不同形态的手势造型,描述事物的复杂状态,传递潜在心声,显露教师心灵深处的情感体会与优雅举止。

二、教师手势的要求

(一)大小适度

在社交场合,应注意手势的大小幅度。手势的上界一般不应超过对方的视线,下界不低于自己的胸区,左右摆的范围不要太宽,应在自己胸前或右方进行。在课堂上,教师手势动作幅度不宜过大,次数不宜过多,不宜重复,做到简洁、明了。

(二)自然亲切

教师在课堂上,多用柔和的曲线手势,少用生硬的直线条手势,以求拉近师生间的心理距离。低年级学生的情绪感染力比较强,教师可以自然地抱抱他们、摸摸他们,增加学生对你的认可。做手势动作时要自如,不能太僵硬,显得太刻意。

(三)恰当适时

教师讲课应伴以恰当的、准确无误的手势,以加强表达效果,并激发学生的听课情绪。切忌不停地挥舞或不礼貌的,含有教训人的意味。胡乱地摆动,也不要将手插入衣兜或按住讲桌不动。手舞足蹈会令人感到轻浮不稳重,过于死板又会使学生感到压抑,总之,应以适度为宜。时机很重要,需要把握时机,运用手势,才能有事半功倍的效果。

三、教师的基本手势

(一)高中低位手

最规范的手势就是指头并拢,拇指微微张开,手掌自然伸直,掌心向内向上,手腕与手掌伸直,手和小臂形成一条直线,胳膊肘自然弯曲,大臂小臂之间的角度随位置的不同而变化。

1. 高位手势

胳膊伸出的位置在肩膀和头部之间,不要超过头顶,大臂小臂的夹角向上趋近于180度,一般指向远处的人、事、物。这种手势常常指向教室后排的学生;指出室外远处的方向和事物;指向黑板的高部位。出手速度要适中,不要打到其他人或物。

2. 中位手势

胳膊伸出的位置在胸部和腰部之间,不要超过肩膀,大臂小臂的夹角保持150度左右,肘部在腰间,一般指向近处的人、事、物。中位手势常常使用,因这种手势比较亲切,可以指向近处的物品,或者指引方向等。

3. 低位手势

胳膊向下伸出与胯部平齐,不要高于腰部,大臂小臂夹角向下趋于180度,这个角度的手势更多运用于眼前的人、事、物等,使用这种手势可以表示请人落座、明确指示物品等。

(二)垂放与背手

1. 垂放

垂放,是教师最基本的手势。手垂放位置有两种:第一种是双手自然下垂,掌心向内,叠放或相握于腹前;第二种是双手伸直下垂,掌心向内,分别贴放于大腿两侧,当教师站立或行走时,通常可以选择两手垂放或者背手,这是基本的手势。

2. 背手

背手,多见于站立、行走时,既可显示教师的威严,又可帮助自己镇定。应用方法:双臂伸到身后,双手相握,同时昂首挺胸。但要注意,这种手势容易给他人留下盛气凌人的感觉,所以在正式场合,尤其是监考的过程中需要慎用,甚至是禁用,可能会吓到学生。

3. 鼓掌

鼓掌,是用以表示欢迎、祝贺、支持的一种手势,多用于会议、演出、比赛或迎候嘉宾、给予学生鼓励。表示欢迎、祝贺或支持时,可以鼓掌致意。其正确的手势是:以右掌有节奏地拍击左掌。若有必要,可站立起来并高兴地双手鼓掌。

4. 握手

在人际交往中,手势更能起到直接沟通的作用。对方向你伸出手,你迎上去握住他,这是表示友好与交往的诚意,你若无动于衷地不伸出手去,或懒懒的稍微握一下对方的手,则意味着你不愿与其交朋友。

5. 指示

指示,是用以指示方向的手势。当教师需要为他人引导或指示方向时,标准的手势应当是:伸直并拢手指,掌心向上,腕关节伸直,指尖与手臂形成一条直线,首先指向被引导者的身躯中段,随后再指向其应去之处。若是掌心向下,则是极其不礼貌的。

6. 夸奖

夸奖,这种手势主要用以表扬学生。表扬他人时,可以伸出右手,竖起拇指,指尖向上,指腹面向被夸奖者。

四、教师手势的禁忌

1. 有失文雅的手势

教师如果当着学生的面搔头皮掏耳朵、抠眼屎挖鼻孔、剔牙齿抓痒痒、摸脚等动作,会令学生极为反感,严重影响教师的形象与风度。

2. 有失稳重的手势

在教室内,抱大腿、拢头发、玩弄粉笔等,都是应当被禁止使用的手势。

3. 失敬于人的手势

与学生交谈时指手画脚,手势动作过多过大,用手指指学生、上课用手敲击讲台、黑板或做其他过分的动作,都是应当被禁止的。

4. 过于暧昧的手势

和异性学生面对面的沟通、讲解问题时,不可将手放于异性学生的敏感部位,不得做出过分行为,有损师德风范,辱没教师品格。

手势有其基本的规范标准,但也有个人的风格体现。所以,如何恰当地使用手势,以增强个人的感染力和教学的生动性与形象性,这需要教师在工作中多加体会和琢磨。

📖 课后习题

1. 基本站姿的要点是什么?

2. 教师的仪态礼仪包含哪些内容?

3. 当有学生或同事向你问路时,你该如何指引方向? 需要注意什么?

4. 教师在学生面前,怎样做才算举止得体?

第五章　教师语言礼仪

📖 知识导图

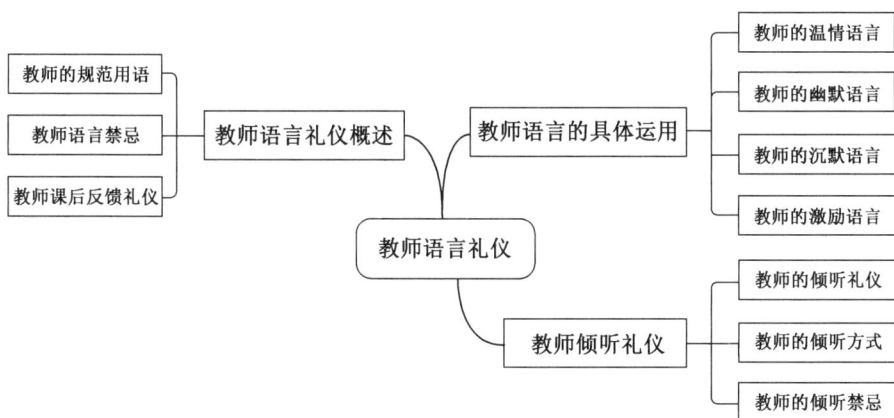

📝 学习目标

1. 掌握教师在语言礼仪中的具体规范。
2. 学会相关的教学用语艺术。
3. 在语言礼仪的学习中,掌握语言魅力,巧用智慧语言。
4. 学习语言之规,感受语言之妙,传递语言之美。

💻 案例导入

一次采访过程中,有一位外国记者不怀好意地向周恩来总理提问道:"在你们中国,为什么要管人走的路叫'马路'呢?"周恩来总理不假思索地答道:"我们走的是马克思主义道路,简称马路。"

这位外国记者的用意是把中国人比作牲口,想说我们中国人和马走一样的路。如果认真回答他"马路"这种叫法的来源,即使讲解正确,也没有意义,因为已经掉进了记者的圈套。然而周总理机智地把"马路"的"马"解释成马克思主义,让这位记者始料不及,此做法也令人拍手称快。

> 语言作为工具，对于我们之重要，正如骏马对骑士的重要。
> 最好的骏马适合于最好的骑士，最好的语言适合于最好的思想。
>
> ——但丁

语言是一种艺术，它随时都在向人们绽放它的光芒，展现它的美。一位善于交流且在人际交往中能够站在他人的角度去思考和解决问题的人，交谈成功的可能性必定高于常人。一个人说出的话、表达出的情感，都是个人内心世界最真实的呈现。

语言是教师"传道、授业、解惑"的主要工具，是建立良好人际关系的重要途径，也是连接人与人之间思想感情的桥梁。不管是课堂知识的传递，还是日常工作中的教育和交流，都需要语言能力。教师的言语，无不影响着学生的心理、情绪甚至是行为习惯。教师的言语表达必须符合生活礼仪的要求，更要符合职业素养的要求。

第一节　教师语言礼仪概述

> 教师的语言生动与否，在很大程度上决定着学生在课堂上的脑力劳动的效率。
>
> ——苏霍姆林斯基

苏霍姆林斯基认为教师的语言修养非常重要，教师应该使用生动、形象、富有感染力的语言，来激发学生的学习兴趣和积极性，提高学生的学习效率。教师教学语言的魅力在于它能够在教学过程中化深奥为浅显，化抽象为具体，化平淡为神奇，从而激发起学生的探究欲和求知欲。

一、教师用语的表达原则

（一）平等交流

人与人的交往和相处需要遵循平等的原则。人与人之间虽然有职业和身份的差别，但是在人格层面是完全平等的。如果我们在进行语言表达时，是居高临下的，认为我比你重要，我比你更有潜力，我比你强，要优先满足我的目标，对方就会感到不舒服。这种行为方式显示出个人礼仪素养知识的缺乏，另一方面也体现出个人心理上的自卑或者虚张声势。人们常说的平易近人、尊重别人、平等待人等是所有人类基本素养中最核心的部分。平等意味着认真对待他人，平等地对话相处，从心理上真正尊重他人。平等是一种人际交往的态度，是一个人品质素养的重要部分。

作为教师，对待学生或者同事，要做到平等对待，不管是语言的交流，还是表情的体现，都要有真正平等的态度，这样才容易被学生或者他人接纳自己的观点，这样的交往才会达成信息的真正沟通。对于学生而言,才更容易接受教师的教诲。教师是长者,是学生成长的引导者,是一个光辉的榜样,教师的平等态度也传递给所有的学生,形成学生健康的人格特点。

(二) 善于沟通

善于运用沟通的艺术,要让言辞有温度、有力度,更要触碰内心呈现效果。作为新时代的教师要注重把握沟通的艺术,要让言辞的温度感染学生,让言辞的力度帮学生成长,让言辞触碰学生内心实现因材施教,让美言悦耳,让巧语动心。

教师的职业,是以大量语言输出为基础的,面临的沟通对象众多,必须学会沟通并善于沟通,懂得与不同的对象交流,采用不同的沟通状态。语言要有重点、有温度、有内涵,不能咄咄逼人,也不能让人觉得沟通有难度,场面尴尬。在语言运用中,要懂得使用敬语、谦语和赞语,每一个人都喜欢听优点、好听的话,要把握住适当的时机进行赞扬,切不可为了赞扬而赞扬,违背初心,显得虚伪。

教师要多读书,强化自己的语句表达;多与人表达,锻炼自己的交流信心;多反思,了解自己的沟通缺点。全方位地使自己获得提高,才能够使语言交流有益、语言交流有效。

(三) 强调真诚

言辞触碰人心,沟通才有效果。交谈除了交换信息、分享思想以外,更多的时候这种方式被人称作"谈心"。交流本来就是要表达情绪的。谈话的内容来源于真心,来源于真情,才会被人认可和接受,若是言不由衷、虚情假意,这样的交谈就仅仅剩下了交流信息,而失去了交谈的本质意义了。

交谈的本质意义是人类生活的分享行为,分享信息,分享情感,分享喜怒哀乐,分享一切能带给人心灵慰藉的信息。教师的语言需要真诚的表达才能够感染学生。不管是在谈心谈话,还是在上课时,教师语言的丰富与多彩,真诚地交流才能真正起到育人作用。只有用心,才能入心,真诚也是一种教育方式。

中国有名的儿童文学作家郑渊洁被称为"童话大王"。他的成就,与他父亲触碰其心的谈话密不可分。

在上小学时,有一次随意改变老师留的作文题目,独自写成《早起的虫子被鸟吃》被老师羞辱,在教室当中拉响了藏在身上的拉炮被学校开除。回家反省承认错误后父亲并没有责怪,而是对郑渊洁说:"孩子,没关系,我在家教你。"郑渊洁被父亲的话深深触动,对于写作更是十分上心。有一次父亲在半夜偷偷为郑渊洁的钢笔灌墨水被发现,父子二人又聊了许久,父亲突然问郑渊洁:"你一个人可以把《童话大王》写多少年?"郑渊洁回答:"只要你和妈妈一直活着,我就一直写下去。"父亲被孩子的话感动,内心在想之前的沟通还是有好的结果的。于是欣慰地点头说:"只要你一直写下去,我和你妈妈就一直活下去。"

郑渊洁的父亲用言辞触碰孩子内心,通过用心沟通让孩子成为中国有名的儿童文学家。

二、教师的规范用语

(一)要讲普通话

普通话是我国的通用语言,新时代的教师,要能够讲普通话,而非家乡话。虽然很多教师在家里面讲家乡话,但教师在学校时,面对的群体是无数个家庭的孩子,可能因为地域相近,能够听懂一些家乡话,但也有其他地域的学生在课堂中。上课时,使用家乡话,很容易引起学生的注意和模仿,从而影响课堂效果。

师范类专业应该开设普通话课程,聘请专业的普通话教师来任教;作为师范类专业的学生,要努力提高自己的普通话水平。在我国,师范类专业毕业生的普通话水平至少达到二级甲等水平才能够胜任教师工作,准予颁发教师资格证书,所以学好、用好普通话显得至关重要。

(二)要讲文明话

要和那些不文明的语言划清界限,不仅不能使用不规范的语言,同时语言上避免"脏、乱、差",低级趣味、下流段子等都不是教师之所为。讲文明话的另一种含义就是要使用规范的礼貌用语,要尊重别人,尊重自己。

1. 问候用语

问候用语主要适用于公共场合相见之初,彼此间询问安好、致以敬意,或者表达关切之情。如"你好!""各位学生好!""晚安!""节日快乐!"等。

2. 迎送用语

迎送用语主要适用于工作岗位上欢迎或送别交往对象。如"见到您很高兴!""一路走好!""多多保重!"等。

3. 请托用语

请托用语主要是在请求帮助或是托付他人代劳时使用的礼貌用语。如"请让一下!""请稍等!""拜托了!""劳驾!""请多关照!"等。

4. 致谢用语

在得到他人帮助、支持、理解赞美或者婉言谢绝时,教师都应及时使用致谢用语。如"十分感谢!""太麻烦您了!""谢谢您!"等。

5. 征询用语

教师在工作中主动向交往对象进行征询,取得对方良好的反馈。如"可以这样吗?""我能为你做点什么?""需要帮助吗?""你觉得如何?"等。

6. 应答用语

应答用语是在工作岗位上用来回应他人的呼唤,或者答复其询问之时的礼貌用语。如"是吗?""好的。""我知道了。""我明白了。""我理解你的意思。""我一定照办!"

"您过奖了!""没有关系。""我不介意。"

7. 道歉用语

道歉用语是在工作中,因种种原因而带给他人不便,或妨碍、打扰对方时,及时向对方表达歉意的用语。如"对不起!""抱歉!""请原谅!""不好意思。""很惭愧。""请包涵。"

此外,还有赞美用语、祝贺用语和推托用语等礼貌用语。

8. 要讲现代语

要与时俱进,要有现代感,满口之乎者也,貌似很有学问,但恐怕与别人就不大容易沟通。教学时,可以偶尔引用,但不能把它时时拿到当下的生活中,这样会显得格格不入。

9. 要讲直白话

要直白而形象、浅显易懂、循序渐进,强调以礼服人,以理服人;不要枯燥乏味,不要玄幻、晦涩、别人不理解的名词和概念,也不容易沟通。如现在有很多网络用语,信息更新太快,学生们流行的"何弃疗""蓝瘦""香菇"等词,在年龄较长的教师身上确实听不太懂,作为教师,也应该传播正能量,宣传正确的价值观、人生观、世界观,尽量减少使用网络流行词语。

三、教师语言的禁忌

1. 忌粗言

教师若是不注意加强自身的道德修养,在课堂教学时爆粗口,潜移默化让学生也难有什么礼貌语言。

2. 忌俗言

在课堂上,教师切忌片面地、过分地追求课堂气氛热烈而大讲特讲俗言、俚语。如果俗言讲得过多过滥,则让人觉得俗不可耐,不但收不到应有的效果,反而会带来不少负面的影响。

3. 忌冷言

有些教师偏爱那些品学兼优的学生、歧视学习困难生。他们对学习困难生不但不热情教导和耐心辅导,反而当着他们的面冷言冷语,嘲讽有加。有些学习困难生就因受不了教师的冷言冷语而辍学。教师的这种行为,既有违师德,又会挫伤学生的自尊心,易使其破罐破摔,甚至产生对立情绪。

4. 忌恶言

一些教师,由于性情暴躁,或是年轻气盛,对自己的教学水平自视甚高,容不得他人批评指责,当学生提出不同的意见时便恼羞成怒,继而恶言相对。这样会降低自己在学生心目中的地位,损害自己的形象,而且日后与学生沟通的难度也会因此而加大。

5. 忌无言

少数教师,心胸狭窄,对个别学生曾"有意"或"无意"顶撞自己或令自己"出丑"之旧事,耿耿于怀。于是采取"冷战"的态度,不理不睬这些学生,上课时不提问他们,甚至在课后也不批改他们的作业,以此"惩罚"学生。其实,学生毕竟还是未成年人,教师怎能与他们斤斤计较呢?

6. 忌胡言

有些教师,特别容易情绪化,往往把课堂当作个人在工作、生活中遇到不顺心、不如意之事时的发泄场所,将自己的不满情绪借讲课之机发泄。更有个别教师,自以为无所不知、无所不能,感觉个人怀才不遇,进而胡言妄语。这样只会引起学生的反感。

7. 忌戏言

教师在课堂上对学生讲过的话一定要算数,承诺的事情一定要尽力兑现。如确实有困难而难以兑现的事情。教师应主动对学生讲清楚,及时解释。否则,言出不行,何来诚信? 又让学生如何遵守诺言,讲究信用?

8. 忌怨言

对学生因没按时完成作业,或是学校、教师工作协调得不够的地方,或者是个人工作、生活上的问题,教师本人应该在课外积极地想办法解决,而不应在课堂上有过多怨言。不然,既会影响学生听课的情绪,又会使教师的讲课效果大打折扣。

9. 忌秽言

教师若是不注意加强自身的道德修养,有时候,哪怕是一句秽言,恐怕也会让学生大为惊讶,原来老师也讲秽言啊! 也许,在他们幼小纯洁的心灵中,教师神圣的形象会就此倒塌。

第二节　教师语言的具体运用

教师的言语——是一种什么也代替不了的影响学生心灵的工具。教学的艺术首先包括说话的艺术,同人心交流的艺术。我坚决相信,学校里往往带来很大不幸的冲突,大多数根源就在于教师不善同学生们谈话。

——苏霍姆林斯基

教师语言,是教师在教学过程中运用的主要手段和工具,是打开学生心灵之门的钥匙,是架起师生知识和情感交流的双向桥梁。

教师语言带给学生的影响,可以用古人的俗语概括:"良言一句三冬暖,恶语伤人六月寒。"这句话的含义是好的言辞能温暖人心,坏的言辞却伤害人心。不管是课堂上的语言交流还是课后的交谈,教师语言就有这样的力量。教师常常鼓励学生,学生的学习兴趣和动力会提高,对学生有促进作用。倘若教师不加注意,一句不恰当的表达,也会伤害学生的内心,让学生失去原本积极的学习兴趣,甚至失去自信。教育对每个人来说,都是最重要的成长基石,教师就是给学生奠基之人,教师的言语教导起着重要的作用。

一、教师的温情语言

别林斯基说:"情感是语言在表达过程中的乘号。"语言中充满情感,会使语言的感染力成倍地增加。真诚是人类情感中的真金,真情是教师语言最基本的特色。于漪老师也说:"语言不是蜜,但可以粘住学生。"与学生对话交流,做他们的思想工作,最重要的是要有真情,不管是对优秀生的赞美,还是对后进生的批评,都需要我们付出真情。教师的语言应该像春风化雨一样,温暖孩子们的心,使之茁壮成长。这种引导可以使学生得到深刻的启迪,可以使学生更深刻地理解人生、理解生活。

一个学习最差的学生举起了左手,想要回答老师提出的问题。可是当老师问他的时候,他却答不上来。感到奇怪的老师后来问他为什么不会却又举手时,这个学生哭着说:"老师,别人都会,如果我不举手,别人会笑话我的!"老师由此感到学生有一颗强烈的自尊心。老师私下给这个学生说:"下次提问时,如果会答,就举左手,不会就高举右手。"

此后,每看到他举左手,老师都会给他机会让他答,举右手时则从来不让他回答。一段时间后,这个学生变得开朗了,学习成绩有了很大的进步。

于是老师悄悄地把这个方法告诉了其他几个学习有困难的学生。结果,老师发现他们都变了。

还记得《四块糖》的故事吗? 与其说是陶行知先生用"四块糖"改变了孩子,倒不如说是他是用高超的语言艺术感化了孩子。

有一个男生用泥块砸自己班上的男生,被校长陶行知发现制止后,命令他放学时到校长室去。放学后,陶行知来到校长室,男生早已等着挨训了。

可是陶行知却笑着掏出一颗糖果送给他,说:"这是奖给你的,因为你按时来到这里,而我却迟到了。"男生接过糖果。随后陶行知高兴地又掏出第二颗糖果放到他的手里,说:"这是奖励你的,因为我不让你打人时,你立即住手了,这说明你很尊重我,我应该奖励你。"

男生惊讶地看着陶行知。这时陶行知又掏出第三颗糖果塞到男生手里,说:"我调查过了,你用泥块砸那些男生,是因为他们欺负女生;你砸他们说明你很正直善良,且有跟坏人作斗争的勇气,应该奖励你啊!"

男生感动极了,他流着眼泪后悔地喊道:"陶校长,我错了,我砸的不是坏人,而是同学……"陶行知满意地笑了,他随即掏出第四颗糖果递过来,说:"为你正确地认识自己的错误,我再奖给你一块糖果,我没有更多的糖果了,我们的谈话也可以结束了。"

二、教师的幽默语言

幽默语言是教师睿智的思想、广博的学识借助诙谐含蓄的语言形式形象生动的再现。它的恰当使用,可以创设出一种风趣动人的情境,驱除学习疲劳,引发学习兴趣,强化知识记忆,往往会收到令人意想不到的艺术效果。在平常的教学中,我们常会看到这种现象,教师备课非常认真,讲课也很卖力,语言也较简洁准确,但学生就是不爱听,课堂效果与教师的努力程度不成正比。究其原因,很重要的一点就是教师只重视了语言的科学性、规范性,却忽视了它的艺术性,结果事倍功半。因此,教师必须多看书,丰富自己的语言,并努力培养开朗、明快和乐观的性格,只有这样,教师才能让学生置身于优美的文化氛围和浓郁的语言环境中,从而受到教育和感染。

这是一节自习课,学生们都在座位上专心地阅读、写字,我站在讲桌前批改他们的练习册,当改到小康的作业时,我不禁皱起了眉头:字又宽又大,格子塞得满满的。于是,便随口说了一句:"小康啊,你的字该减肥了。"事情就这样过去了,我丝毫没想到的是,下课后,几个平素快嘴的孩子将我围住了:"老师,你今天批评小康真幽默,我们喜欢你这样说话。"体育委员帅帅说道:"老师,我们犯错误时,你要能像今天批判小康那样,我们肯定喜欢你了。真的,我们喜欢这样的批评。"

三、教师的沉默语言

对于一位教师而言,沉默有时也可以成为一种巧妙而有力量的语言。在课堂教学中恰当地使用沉默,有着其特定的作用。沉默具有控场作用。上课铃响了,教师也进教室了,但学生们仍然喧闹不止,教师默不作声数十秒,肃立讲台,加上严肃的目光直视或环视学生,很快,课堂便会安静下来。还有教师正津津有味地讲课,下面有两位同学在聊天,教师突然沉默,并走向那两位学生,这一行为引起全班同学的注意,在众目睽睽之下,这两位同学立刻停止了谈话。这就是沉默的力量。

小奇,是刘老师班上的一名男同学。刚入班时,他就脾气暴躁,容易冲动,听其他同学说他在外校还有一帮意气相投的哥们儿,来班里不到一个月,便发生了和其他同学打架的事。没过几天,小奇又不安分了,在信息课上和老师有点误会而引发了语言冲突,正在刘老师想不到方法治他的时候,他再一次因为值日的一点小分工不满,而把垃圾倒在了同学的桌上,气的同学满脸通红,门外经过的刘老师刚好目睹了这一幕,及时制止了冲突,将他叫进了办公室。

刘老师平复心情,继续备课,没有理他,但是用眼神偷偷看他,发现他已经做好了挨批的准备,刘老师低着头还是没有说话,发现他越来越紧张局促起来,到了下课,他一遍遍擦拭自己额头的汗珠,刘老师终于说:"你可以走了。"他带着疑惑问:"啊?""你可以走了!""哦,哦,谢谢老师。"

之后也没有因为这件事情再找他,可刘老师发现,他在课堂上越来越认真了,作业也能按时交上了,甚至能主动帮助同学了,刘老师及时地表扬了他,后来他凭着自己的号召力,成功当上了班干部,工作完成得井井有条。

学期末,刘老师问他当时的感受,他说那是他感觉最漫长的一节课,他当时已经做好了挨批的准备,甚至都想着怎么去反驳了,可老师一言不发,他实在想不明白用意,越想越觉得自己做得不好,恨不得找个地缝儿钻进去,哪怕老师批评他,或者惩罚他都觉得会舒服很多,他害怕这种暴风雨前的宁静,更不知道老师接下来打算怎么对付他,所以他只能静观其变,做好自己的事情,可是直到期末也什么都没有,他后来才明白,沉默比发怒更可怕。

并不是所有的教育都要用强有力的语言,有时无声胜有声,适当保持沉默,给学生更多自悟的空间,也是一种教育智慧。

四、教师的激情语言

要想提高课堂实效。教师首先要有情感、有激情,始终想学生所想,和学生一起共享着生活的快乐与幸福。激情需要点燃,需要一个教师以自己的激情去影响学生、感染学生。不仅仅在课堂上要表现出你的激情活力,在教室里、办公室里、家里等地方,我们都应该是充满激情,活力四射的一个人,用你的激情去感染学生、同事、家人等。

李老师在学校里是一位激情四射、活力满满的老师,每当上课时,总是积极准备,声情并茂,他们班的芳芳同学在作文《最喜欢的老师》中,是这样形容李老师的:"李老师声如洪钟,气壮山河,怀着最大的激情,就好像一把火,点燃了我们班全部人的激情,只见李老师的双手向两边伸开,像一只展翅欲飞的雄鹰。同学们的目光紧紧地盯在李老师身上,随着他绘声绘色地讲解,大家时而惊讶,时而紧张,时而眉头紧锁,时而喜笑颜开,课堂丰富极了。"

教师的授课,应该像一杯甘醇的美酒,令人回味无穷;应该是一部激情澎湃的史诗,让人热血沸腾。教师讲课有激情,板书很清晰,声音很响亮,学生就会听得聚精会神。如果上课是温水煮青蛙,死气沉沉的,那么就会让学生感觉到不疼不痒,提不起兴趣。所以,教师要学会用激情的话语,把课程上得多姿多彩、有滋有味,深深地感染着学生。教师可以多多观摩优质课,提升自己的教学语言技巧,让自己的语言变得更加自如、从容,有内容、有温度、有价值。

五、教师的激励语言

激励性语言评价可以触发学生的学习热情,从而培养学生勇敢的品质、探究的兴趣、坚强的意志。例如在排队时，简单的一句："让老师看看我们哪个小组行动最快？"学生就会用最快的行动去集合队伍。又如，"今天我们要进行一次跑步比赛，看谁跑得最快"等。虽然是几句很简单的话，可对学生来说，这就是他们的"动力"。对待做得不到位的同学并不一定非要正面否定，去表扬做得好的同学其实也是一种无形的批评，特别是对那些不遵守纪律、任性顶撞老师的学生，言语上要掌握一些方式方法。

有一名学生经常犯错，老师越是批评他，他越是我行我素，变本加厉。有一次老师发现黑板没有擦，问谁能把黑板擦一下，他主动要求来擦。老师很高兴，随口说了一句："你个子这么高，擦黑板肯定又快又好！"那次黑板他果真擦得又快又好，后来老师又在全班表扬了他。从此他作业认真了，上课专心听课了，学习成绩也慢慢提高了。

积极的评价语言会让学生产生学习的动力，所以教师要了解自己的学生，不断发现学生身上的闪光点，及时表扬与鼓励，与学生和谐相处。教师语言对学生的心理具有震动作用。鼓励、表扬、赞许、肯定的语言能激励起学生自信、自觉、自强的信心。许多学生对某一学科的爱好或受到挫折后的振作，往往来自教育者对他们的赞许和鼓励；良好的语言也反映了教育者的素质。

彬彬有礼，语言文明，目光亲切，敬业勤奋的教育者，可以在无形中潜移默化学生的心灵，使学生的性格与心理得到健康的发展；鼓励的语言影响学生的性格、心理及道德观的形成。在日常教育中，经常表扬集体中的点滴好人好事，不断鼓励后进的学生，肯定学生为学校、为社会做的各项工作，使班级有着一种积极向上的朝气。事实表明，处在一个和睦、民主的集体中，学生比较活跃、热情，思维比较开阔，有正义感与责任心，也比较有同情心与爱人之心。而处在一个经常受挖苦、指责的群体中，学生比较沉默寡言，思维模式单一，缺乏责任感与同情心。

小贴士

1."看似不起波澜的日复一日，一定会在某一天，让你看到坚持的意义。"这句话鼓励学生坚持下去，相信每一天的努力都会在未来的某一天得到回报。

2."总有一天，你会站在最亮的地方，活成自己曾经渴望的模样。"这句话鼓励学生设定目标，并为之努力，最终实现自己的理想。

3."既然选择了远方，便只顾风雨兼程！"这句话鼓励学生一旦确定了目标，就要勇往直前，不畏艰难。

4."未来藏在迷雾之中，隔着距离，看来叫人胆怯，但当你踏足其中，就会云开雾散。"这句话鼓励学生勇敢面对未知的挑战，相信通过努力可以克服困难。

5."关关难过关关过，前路漫漫亦灿灿！"这句话鼓励学生面对困难时要有信心，相信每过一关都是成长的一部分。

6. "等风来不如追风去,追逐的过程就是意义!"这句话鼓励学生主动追求自己的梦想,不等待机会的到来。

7. "只有登上山顶,才能看到那边的风光。"这句话鼓励学生不断攀登,只有达到一定的高度,才能宽阔的视野。

8. "路是脚踏出来的,历史是人写出来的。人的每一步行动都在书写自己的历史。"这句话鼓励学生通过自己的努力创造属自己的历史。

9. "不负光阴就是最好的努力,而最好的努力就是自己!"这句话鼓励学生珍惜时间,通过自己的努力成为更好的自己。

10. "种子牢记着雨滴献身的叮嘱,增强了冒尖的勇气。"这句话鼓励学生像种子一样,勇敢地面对挑战,不断成长。

六、教师的肢体语言

老师的一个鼓励的眼神、一个爱抚的动作,都会让学生感受到爱和支持、信任,我们应利用一切机会,有效运用体态语言,增强活动的效果,千万不要吝啬运用微笑和肢体语言去激发学生发出积极的信息。总之,教师的职业特点以及教师劳动的示范性决定了教师语言的重要性。一位优秀的教师不仅是一个演员,而且是个演讲家,应该有驾驭教学语言的高超技能,这样才能将学生的注意力紧紧地吸引过来,使学生乐意且热烈地盼望接受老师所传授的知识,学习效果也就事半功倍。因此,不论是教师的有声语言,还是教师的肢体语言,都需要不断地锤炼。

1. 拍肩膀或后背

肩膀的一项内在含义就是承担重量,所以,拍肩膀不但能够传达教师亲近、友好的善意,尤其能够传递一种"老师相信你"的精神力量,起到激励、鼓舞的作用,使学生感受到教师的真诚祝福和殷切期待,激发学生向上的渴望和动力。而拍后背,除了提醒"放松点"的安抚含义外,还能够暗含"轮到你了,你肯定行"的潜在激励。

2. 抚摩头顶

对于低龄学生来说,抚摸头顶是成人常用的一种表达怜爱、喜欢的动作。这个年龄的孩子也很能从大人这样的动作中感受到亲情般的温暖。这种动作用在师生之间,能够唤起学生享受父爱和母爱般亲昵的潜意识,有效拉近师生之间的心理距离。

3. 点头

点头是一种最直观的肯定。教师真诚的点头所传达出的赞赏、期待,能有力地激发学生表达、实践的欲望与勇气,使学生在欣赏中更充分地爆发潜力,并在成就感中累积信心,树立雄心;假如再辅以口头语言,向学生阐明老师点头赞许的原因,会使点头的作用锦上添花。常言道:好孩子是夸出来的。点头就是教师在教育教学过程中,对每一点滴上进的渴望和尝试都始终毫不吝惜施予的"夸"。

4. 揽住肩膀

揽住肩膀暗含着保护之义,对于平日缺少关爱、性格胆怯或在某个具体事件中受了委屈的学生,都是一种雪中送炭的温暖。教师的臂膀既可传送呵护和关爱,更能够暗示一种理解和支持,能够较快地稳定并化解学生的恐慌、支撑起学生的无助,安抚学生的委屈。

5. 轻轻拥抱

对于未受到家庭关爱的学生来说,老师的拥抱有比来自父母的拥抱更丰富的含义和鼓舞性。对于遭遇了挫折,面临着困难的孩子,老师轻轻的拥抱,常常能使正感觉孤单害怕的孩子溢出泪水,而孩子这时的泪水,常常是他们信任老师的第一步,也是他们向老师敞开心扉的第一步。敞开的心扉,才能更充分地接受教育阳光的注入,教师给孩子一个拥抱,孩子却可能捧出一个纯真的心灵,像一株幼苗般如饥似渴地吸吮教师播撒的雨露——而这,正是每一个教师都梦寐以求的教育教学情景。

当然,教师在使用肢体语言时,应该注意使用的场合、分寸、力度,对象的年龄、性别等,只有使用得恰当得体,才能保证所要传递的关怀能够转变成一种向上的力量。对于低年级的学生,抚摸头顶能够在任何场合实行,但揽肩、轻轻拥抱或轻拍脸庞等肢体语言,都更适合在公共场合实行。而对于高年级的学生,教师对同性别学生拍肩膀,给予所有有益的尝试以赞赏的点头、真诚的微笑,才更得体,也更易为大孩子们所接受。

教师的肢体语言是一种爱的表达,是教学艺术的一个重要组成部分。善于使用这种语言,可以使师生的心灵与心灵之间架起又一座沟通的桥梁。

小贴士

湖北省教育厅公布的教师"十大美语、十大禁语"征集活动遴选结果	
十大"美语"与"禁语"	
十大美语	十大禁语
1. 错了别怕,咱们再来一次!	1. 你不学可以,但不要影响其他人!
2. 你是最棒的女孩!	2. 就你事多,快点,我很忙!
3. 我相信你,你能做到的!	3. 你父母是干啥的?
4. 过去不代表将来,相信自己一定可以!	4. 没见过像你这样的学生!
5. 学生是你的孩子,也是我的孩子。	5. 我真的受不了你了!
6. 教室是允许出错的地方。	6. 我就知道,你改不了!
7. 孩子,世界上总有一扇门为你而开!	7. 你怎么越来越差了?
8. 没有失败,只有暂时停止的成功。	8. 不想听的可以睡觉!
9. 学习不怕起步晚,成才不怕起点低。	9. 你要不想学就回去!
10. 宁可让你现在怨我一阵子,也不愿你今后恨我一辈子!	10. 我怎么一点都感觉不到你们年轻的朝气!

第三节 教师倾听礼仪

> 上天赐人以两耳两目，但只有一口，欲使其多闻多见而少言。
>
> ——苏格拉底

对话是交流的基础，倾听是保证对话的前提。在和学生谈话时，教师不仅是"说话者"，更应该学会做"倾听者"。当我们倾听学生时，他会感到被关注、被接纳、被尊重，就更愿意真诚地表达自己的想法，理清思路和情绪，进一步认识自己。当我们倾听学生时，他就会获得安全感、自尊感，更有信心和我们建立和谐关系，让我们走进他的内心。一位好的教师会认真倾听每一位学生的倾诉，这不仅是对学生最起码的尊重，同样也是平等、友好的表示。

一、教师的倾听礼仪

课堂是师生双边活动的场所，不是教师独领风骚的舞台。课堂教学也不是一言堂，在与学生互动时，教师不宜滔滔不绝地将自己的好恶、想法全部说出来，只管自己尽兴，而始终不给学生说话的机会。要根据授课内容启发学生理出学习思路，让学生能围绕学习内容有话可说。

教师要鼓励学生自己摸索学习方法，进行自主学习，在学生自主学习的过程中，教师要排除思想顾虑与学生进行热烈的讨论与交流。切忌在学生回答时，当场纠正学生话语里的错误，或时常修改、补充对方的意见，打断对方的思路。教师在认真倾听学生的发言后要及时评价，教师及时、中肯的评价、点拨，不仅有利于师生之间的语言交流，也有利于师生之间心与心的碰撞和感情距离的缩小，从而激发学生学习的动机，获得最多的教育力量。

著名的教育家苏霍姆林斯基曾是乌克兰一所乡村中学的校长，他曾记录这样一则真事：

校园的花房里开出了一朵最大的玫瑰花，全校的同学都非常惊讶，每天都有许多同学来看。这天早晨，苏霍姆林斯基在校园里散步，看到幼儿园的一个4岁女孩在花房里摘下了那朵玫瑰花，抓在手中，从容地往外走。苏霍姆林斯基很想知道这个小女孩为什么要摘，他弯下腰，亲切地问："孩子，你摘这朵花是送给谁的？能告诉我吗？"女孩害羞地说："奶奶病得很重，我告诉她学校里有这样一朵大玫瑰花，奶奶有点不信，我现在摘下来送给她看，看过我就把花送来。"听了孩子这样的回答，苏霍姆林斯基的心颤动了，他牵着小女孩，从花房里又摘下两朵大玫瑰花，对孩子说："这一朵是奖给你的，你是一个懂得爱的孩子；这一朵是送给你妈妈的，感谢她养育了你这样好的孩子。"

耐心倾听对教育有极大的帮助,不仅鼓励了小女孩的孝心,而且还避免了因为第一时间不了解情况而伤害学生幼小的心灵,教师只有耐心倾听学生内心的真实想法,才能真正地了解学生。懂得倾听是一个老师一生要学习的功课,不是第一时间责备,而是了解需求,才能因地制宜,因材施教。教育是一场双向奔赴的旅行,只有爱学生,了解学生,倾听学生,才能获得最好的教育果实。

二、教师的倾听方式

(一) 共情倾听

以他人的方式看待世界,感受他人的感受,只有产生共情心理,才完全理解别人意思。教师要和学生产生共情心理,学生所表达的情绪,教师要用心去感受,放下架子,拉近与学生的距离,与学生为友,成为客体,成为听众,甚至可以成为学生的树洞,让学生能把最真实的心里话表达出来。要学会互换角色,只有换位思考,共情理解,教育才能有预期效果。

共情倾听的要点:

(1) 从说话者的角度看问题;

(2) 进行平等的双向沟通;

(3) 寻求思想和感情上的理解。

(二) 礼貌倾听

礼貌或不礼貌可以用倾听来表达,有礼貌地倾听。礼貌是对别人的最基本的尊重,具体体现在,表情自然温和,肢体动作大方得体,与对方状态融洽自然,不尴尬不浮夸,不远也不近,能够看到对方的眼睛,面对面的交谈并给予适当的回应。

礼貌倾听的要点:

(1) 避免打断说话者;

(2) 给予支持性倾听提示;

(3) 对说话者给予共情;

(4) 保持眼神交流;

(5) 给予正面反馈。

(三) 批判性倾听

批判性倾听有助于理性而冷静地思考,有助于理解信息、分析和评估信息。教师要懂得鉴别话语的真理性和有效性,时刻保持警醒的头脑,辩证地看待问题。但往往很多时候,总有些事情会让老师感到气愤难耐,而一些无心的话语也会因此脱口而出:"教了那么多遍你怎么还不会? 你到底有没有在听!"一句句看似无心的话语,却会深深伤害到孩子的自尊心,也会成为阻隔老师和学生之间心灵交流的高墙。如果有的学生确实要批评,我们也可以私下悄悄进行,保护他们的身心不受到伤害。

批判性倾听的要点：

（1）保持开放的心态；

（2）避免过滤或简化复杂的信息；

（3）抵制锐化倾向；

（4）关注语和非语言信息；

（5）提防语言谬误。

（四）积极倾听

积极倾听有助于检查你的理解能力避免歧义，有助于让说话者知道你肯定和接受他的感受。有助于激发说话者探索自己感受和想法。多鼓励，少批评，让学生感受到教师对他们真诚的关爱，这是走进学生心灵的途径。

积极倾听的要点：

（1）解释说明说话者的意思；

（2）表达对说话者感受的理解；

（3）提问。

三、教师的倾听禁忌

1. 对别人所说的话不感兴趣不回应

和对方说话时，即使对这个话题不感兴趣，也不能表现出无趣，要耐心听完对方的表达，这是完成倾听过程的基础，不能心不在焉，这样不利于交流的顺利进行。要及时地回应对方的交谈，使用适当的语词，如"这样啊、行、嗯、好、明白了"等，让对方知道你了解到的意思。

2. 轻易打断别人

在交谈时，不能随意打断别人的表达，时刻展现出个人的良好素养，这也是从幼时起所有人都应遵守的规则。

3. 当面驳斥别人的观点

当面驳斥对方是不礼貌的行为，如果有不同意见，可以私下与对方交流，不能当面说出，不留情面，咄咄逼人。

4. 否定别人说的话

别人说的哪怕是错的，可以有则改之，无则加勉，懂得吃亏是福。要多多地给予对方肯定，尤其是面对学生时，更应该师生平等，用心交流。

5. 大庭广众之下纠正别人的发音、用词以及言谈失误

人无完人，每个人都有自己的闪光点和不足之处。有时，语速过快可能会出现个别语言失误，在倾听过程中，可以一笔带过，不能着重强调，这样会让彼此尴尬，也会让别人下不来台，不好收场。

6. 倾听目光不当

倾听时目光蔑视、藐视、无视、斜视都不可取，要保持平视自然的目光与对方交流。

任何的倾听,都是在接收对方信息,剖析对方思想,理解对方心理的基础上完成的,所以不要过早下判断,也不要随意下定论,倾听的艺术在于完整。

📖 **课后习题**

1. 教师的言语交谈时需注意什么?

2. 教师激励学生的话语有哪些?

3. 如何更好地做倾听者?

第六章　教师工作礼仪

📖 知识导图

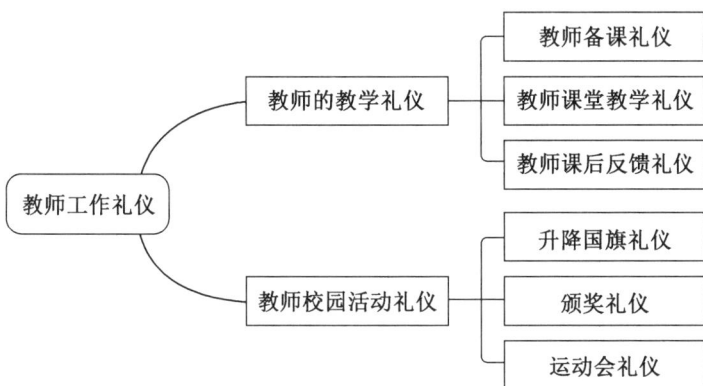

📝 学习目标

1. 熟悉课堂教学礼仪的基本环节并熟练应用。

2. 掌握校园活动中不同仪式的礼仪规范。

3. 在表彰典礼、入学典礼等场合,树立榜样,激励学生培养诚实守信、勤奋努力、尊敬师长等良好的道德品质。

4. 在运动会开幕式、开学典礼等集体活动中,让学生体会到个人与集体的紧密联系,培养团队合作精神和集体荣誉感。

💻 案例导入

孔子是中国古代伟大的教师之一,他的教育理念和方法对后世产生了深远的影响。孔子非常注重学生的个性差异,会根据学生的特点和兴趣因材施教。

孔子的学生子路性格豪爽,但有时过于冲动。孔子在教育子路时,会特别强调要他学会克制自己的情绪,做事要考虑后果。而对于性格内向的颜回,孔子则会鼓励他多与人交流,表达自己的想法。

孔子还注重启发式教学,他不会直接告诉学生答案,而是通过提问和引导,让学生自己思考和领悟。这种教学方法培养了学生的独立思考能力和创造力。

孔子的这些教育理念和方式,不仅影响了他当时的学生,更为中国古代教育奠定了基础,对后世的教育发展产生了不可磨灭的重要影响。

使学生对教师尊敬的惟一源泉在于教师的德和才。

——爱因斯坦

学校是教师从事教学工作的首要场所,教师礼仪主要依托工作场所中的各项活动来达成。工作时教师所呈现出来的素质和修养,不仅直接关乎教学效果,甚至可能影响学生的人生走向。因此,在各个阶段的教学活动中,无论课前、课中还是课后,教师都应自觉规范自己的言行举止,营造出积极向上的教学氛围,激发学生的学习热情,培养他们的良好品德和行为习惯,成为学生成长道路上的重要助力。

第一节　教师的教学礼仪

捧着一颗心来,不带半根草去。

——陶行知

课堂教学是整个教学工作的中心环节,为优化课堂教学效果,提高教学质量,教师必须在课前认真、充分地做好各项准备工作。在课前准备阶段,教师要注意以下几个方面的礼仪要求。

一、教师备课礼仪

备课是教师在一定的教学观念指导下,根据教学需要,为实现教学目标所做的准备工作,是组织好课堂教学的前提和基础。为了优化课堂教学,教师在备课过程中要符合教学礼仪和规范,体现高尚的职业道德。

(一)钻研教材,态度认真严肃

深刻地理解教材、准确地把握教材、恰当地处理教材是上好课的前提,也是教师教学水平高低的重要标志。教师在备课时,应该端正态度,认真严肃地钻研教材。应该依据教学大纲规定和教学内容要求,逐一列出知识点、重难点,以便在教学中有的放矢,逐一落实;要把握各知识点的深度、难度和广度,注意突破重难点,归纳其方式方法,以利于授课时切中要害,化难为易。教师备课时需精心揣摩、反复推敲,才能真正理解和把握教材。教师切忌把备课当任务,敷衍了事,或照搬现成教学资料,投机取巧,或满足于已有经验的浅尝辄止。这些都不可能使教学达到应有的深度和广度。

(二)依据教学大纲和教材

教师备课必须以教学大纲和经批准使用的教材为依据,不能根据个人兴趣和爱好随意取舍,要体现一门课程的完整性和科学性。

(三) 求新求实,与时俱进

各种大众传播媒介迅速发展,使得学生能通过各种书刊、报纸、电视、电脑等媒体及自身的生活实践,不断地接受知识的刺激,学生的感性知识变得前所未有的丰富,这就要求课堂教学内容也应及时地反映新的知识信息。教师备课要善于利用学科的最新研究成果和教学资料。一要博览群书,拓宽视野;二要取其精华,灵活运用。三要认真鉴别,剔除错误。在当今快速发展的信息时代,各种信息爆炸式扑面而来,教师要具有鉴别信息真伪的能力,科学严谨,将正确的知识传授给学生。切不可人云亦云、不做求证。紧跟时代要求,与时俱进,通过对教案的编排、设计,选择最佳的教学方法,因势利导,因材施教,给学生解惑、点拨和指导,以达到最佳的学习效果。教师切忌一份备课笔记或教案多年不变,或者以教材和胸中的知识储备代替备课笔记。

(四) 以学生为本

教师应摆正位置,以学生为中心,尊重学生,把爱心和耐心体现到备课当中。教师备课既要对大纲"心中有数",还要"胸中有书",更要"目中有人"。现代教学理论强调学生是学习的主体,教师的"教"要落实到学生的"学"上。教师如何引导学生的思路? 如何调动学生学习的积极性、主动性? 师生之间选取什么样的交流方式? 这些问题都必须周密思考,并体现在备课之中。教师备课要从重视教师"教"的构思转向重视学生"学"的引导,才能让学生成为学习的主人,让更多的学生体会到学习的乐趣,融入活跃的学习活动中去。

(五) 熟悉学生,关注差异

教师备课时既要研究教材知识体系,更要熟悉学生的实际水平,应将学生与课本知识之间的差距作为教学设计的着眼点,以系统、整体、联系的观点去把握学生已具备的知识水平和潜在的通过教育能达到的知识水平。在备课时不仅要分析班级的整体情况,还要熟悉不同层次水平的学生个体。教师在备课时要针对不同类型的学生和教学内容,选择不同的教学方法,不仅要保证水平高的学生能够"吃得饱",更要保证水平低的学生"能消化",使全体学生都能得到最大可能的发展。

(六) 教学设计富有创造性

在备课时,教师应充分发挥智慧,创造性地设计教学。教师不应过分依赖教科书和教学参考书。教师在备课时要备"活"课。绝不能把教参当作唯一向导,而要活用教参,凭自己的深刻领悟,备出新颖独特、有个性化特点的课。要跳出"教教材"的圈子,引导学生体验和领悟教材的精华。

(七) 注重实效,提高课堂效率

教师备课不能搞形式主义,不能为了应付学校的考核,只注重书写是否漂亮工整。教师应该把精力主要放在教学目标和重难点的确定、教具的运用、教学过程的精心设计等方面。教师备课要注重实效,以提高课堂效率为目的。

二、教师课堂教学礼仪

课堂教学礼仪是指教师在课堂教学活动中的仪表、仪态等所显示的精神文明风貌。它是教学活动的组成部分，尤其是教师进行教书育人的重要辅助手段。教师以浓厚的思想感情、庄重大方的仪表、和蔼可亲的仪容、彬彬有礼的语言给学生做示范，会潜移默化地影响学生。因此，教师在课堂上应讲究礼节、风度，时时谨慎、处处垂范，以自身良好的礼仪风范为学生树立榜样。

（一）课堂问候礼仪

师生相互问候是课堂教学的起始阶段，也是教师课堂礼仪必经的第一程序。师生问候的实际意义在于表示师生双方彼此尊重，相互显示亲切，具有情感导入功能，是营造学习氛围的开端。

1. 提前走进教室

著名作家冰心说过："教师的现在，就是学生的未来。"教师的每一个行为习惯，都可以成为学生效仿的对象。成功的课堂教学，不仅仅只涉及课堂教学过程，上课前教师状态的自我准备也是课堂成败的关键。据专家的经验，教师提前 3 分钟走进教室最为合适。走进教室，教师可以从以下几个方面安排时间。

（1）准备上课资料和教具

现在的课堂教学大多使用多媒体设备，教师提前走入教室检查多媒体设备已经成为课堂教学的必要步骤，一方面可以及时发现和更换有故障的设备，另一方面也能很好地准备好自己的多媒体资料，避免铃声过后的慌乱。当然教师还需要对必要的教学设备略加检查，如黑板是否擦干净、粉笔是否够用等，避免上课时许多不必要的麻烦。

（2）调整教学心态

教师饱满、愉悦的精神状态是课堂教学质量的保证。积极的精神状态是有激情的课堂教学的基础，提前走进教室，教师可以利用这几分钟的时间进行情绪的自我调控，调整消极情绪，以愉快的情绪投入教学。

（3）靠近学生

走下讲台，走到学生中去，这样教师才有机会走入学生的心灵。教师提前走进教室，可以走下讲台与学生聊天或者解答学生的问题，了解学生在学习上的困难以及学生对教师授课的意见，这种方式没有上课交流的拘束，是师生内心自然的亲近。与学生的交流，缩短了师生的距离，融洽了师生关系，这样不仅能够帮助完善教学工作，还能增进师生的情谊。

2. 上课开始的问候

上课开始，教师迈着从容的步伐走上讲台，教师和学生相互问好和行礼，是相互尊重、讲礼貌的表现，也是教师组织教学的必要环节。这有助于学生做好心理准备，产生愉快的学习情绪。为此，教师应该做到坚持铃声响后 1 分钟到位，时间不宜过长。其礼仪要求如下。

教师从容走上讲台,把课本、讲义、教具等轻轻地放在课桌上。

教师:"上课!"

值日生:"起立!"

全班同学:"老师好!"

教师面带微笑,用温和的目光把全班同学环视一遍。

老师:"同学们好!"

值日生:"坐下!"

教师进入课堂走上讲台,全体学生起立并向教师行注目礼,教师应该环顾全体学生后师生相互问好。

课堂礼仪虽然简短,但气氛庄重,感情亲切。

3. 下课时的问候

下课铃响后,教师应结束讲课,并保持愉悦的心情与学生礼貌告别。其礼仪要求如下。

教师:"下课!"

值日生:"起立!"

全体同学:"谢谢老师!"

教师:"谢谢你们的配合,同学们再见!"

全体同学:"老师再见!"

教师在向学生施礼的时候,切忌埋头收拾自己的东西而不看学生;也不能急着出教室,避免学生还站在那里而教师已经出了教室门。假如教师还没宣布下课,学生就一阵忙乱,教师一定要重视,不能由着学生去。这些既不符合教学要求,也不符合礼仪要求。特别是有本校或外校人员听课时,教师应示意学生请听课人员先行,必要时鼓掌欢送。

(二) 课堂组织的礼仪

课堂教学是一门科学,也是一门艺术。如何在教学过程中遵循教学的客观规律,适应主体的学习能力,让自己独特的课堂教学魅力受学生的喜爱,这是对教师课堂教学的挑战。特别是在课堂上,总有部分同学会出现各种不同程度的违纪行为,扰乱课堂教学秩序,影响教学活动的开展。教师既不能放任不管,更不能体罚或变相体罚学生。为了不影响正常的教学活动,教师在组织教学时,如何用合乎礼仪的方式艺术地处理这些违纪行为呢?

1. 不当众批评学生

在影响学生的内心世界时,教师要保护好他们心灵中最敏感的一个角落——自尊心。人人都要面子,即使再调皮的学生也非常顾及自己的面子,不愿意在众目睽睽下受到批评。课堂教学中,影响正常教学活动的情况常常发生,教师应该循循善诱,晓之以理,动之以情。即使批评,也一定要有真情实感,让学生感受到教师对他的尊重和期待。一个真诚的笑容、一个善意的眼神、一句轻微的责备、一个带微笑的轻声细语的分析开导、一个轻拍肩膀的动作,都能在课堂上起到事半功倍的效果。

2. 善待学生的"错误"

学生由于知识结构、生活经历、情感体验、家庭文化背景等的不同,思维水平可能参差不齐,接受知识难免会有快慢区别。其实,学生心理、生理都处在人生成长阶段,课堂上出错不可避免,但教师如何对待学生的错误,对课堂教学的组织却有重要的影响。英国心理学家贝恩布里奇说:"错误人皆有之,教师不利用是不可原谅的。"教师需要正确对待学生的课堂发言错误,不仅要善待发言错误的学生,更要挖掘、利用好学生的错误,让学生在纠错中开启智慧、培养能力,这样学生出错有时反而成就了课堂"无法预约的精彩"。

错误,也是一种宝贵的教学资源。教室就是出错的地方,如果学生人人都怕出错,不敢说出自己的想法,正确的答案从哪里来呢? 因此,应宽容、理性地对待学生的发言错误,不要轻易否定学生的发言,要肯定学生的积极参与,用鼓励的语言去评判,只有这样,师生之间才能实现真正意义上的对话。

3. 幽默的力量

教学幽默是教师思想、才学、视野和灵感的结晶。教师的幽默,可以活跃课堂气氛,调节情绪,愉悦精神。教学中,课堂的笑声是"解压"的"良药",使"教"与"学"变得轻松有效。教学幽默的恰当使用,能营造良好的教学艺术氛围,在活跃的课堂气氛中,学生才能在教师的指引下,更好地融入有声有色的教学活动中,才能以积极的心态接受知识,掌握技能,发展创造性的思维。

教师的幽默,可以和谐师生关系,增强教师的魅力。著名教育家苏霍姆林斯基认为:"如果教师缺乏幽默感,儿童也不理解教师。"幽默可以使教师产生亲和力,幽默乃师生间的"润滑剂",教学幽默不损教师个人的尊严,也不会伤害学生的自尊心,对于课堂教学中某些违纪的行为,也可以在"笑声中产生一种平衡的影响效果"。教师的幽默,可以激发学生的学习兴趣和求知欲望。课堂教学中,教师如果能够充分利用幽默,把课讲得有趣味,给学生栩栩如生之感,学生就会印象深刻、难以忘记,从而调动学生学习的积极性,也能激发他们探求知识的热情和动力。教师的幽默,可以开启学生的心智,活跃思维。课堂教学中幽默犹如"兴奋剂",可以调节学生的情绪,驱散学生的疲倦感,让学生集中精力;同时,教学内容也会因幽默而有趣味,让学生在笑声中增强了记忆。教师幽默的语言习惯,慢慢也会成为学生学习的对象,尤其某些妙语警句、双关语和其他一些敏捷的语言技能,更能创造性地提高学生运用语言的能力。

4. 走下讲台

传统的教室中,讲台是不可缺少的,它总是教室中最起眼的一张桌子,比学生的课桌要高、要大,似乎象征着教师的威严和高高在上的权威。当然讲台、讲桌的设置有其本身存在的合理性,它便于学生集中精力听课、便于统一教学活动、便于保证课堂纪律等,是班级授课制的产物,不会轻易退出历史舞台。因此,对于教师,走下讲台不仅仅是观念上的更新,更是教师角色的一种转换。

苏霍姆林斯基说:"在教学中我们的教师不仅应该走下讲台走近学生,而且更应该敞开心扉与学生交流,聆听他们的声音,感受他们的喜怒哀乐,及时回应孩子心灵的呼唤。"走下讲台，课堂上学生的违纪行为减少了，平日那些爱违纪学生的小动作因为教师的靠近而有所收敛，也开始慢慢加入互动的课堂教学之中；走下讲台，学习困难的部分学生的问题也找到了，教师的靠近让他们能够鼓起勇气，小心翼翼地向教师请教问题；走下讲台，走到学生中间去与他们进行情感交流，用含有微笑的目光鼓励和肯定每一位同学的发言，使学生在这种爱的氛围中积极思考，勇于回答问题；走下讲台，拉近了教师与学生的距离，教师的音容笑貌、表情手势、语言表达可以发挥更有效的作用，减少师生之间的心理隔阂；走下讲台，师生可开展平等的对话和互动，学生在轻松的环境中接受学习、参与学习，也会充满自信。

5. 上课绝不"拖堂"

美国著名作家爱默生说："教育成功的秘密在于尊重学生。"因此，对于教师而言，不管有多少理由、有多么善意的想法，都不要剥夺学生课间 10 分钟的休息时间。拖堂对一个教师来说，就是时间观念不强。教师可以拖堂，那么学生就可以拖作业，教师的时间观念对学生也产生了消极影响。因此，拖堂是一种体罚，而"体罚是教育的无能"。一个不尊重学生时间的教师，永远也不会取得教育的成功。

当清脆的下课铃声响起，老师最后一句话音刚落，然后从容走出教室，这才是真正的潇洒！这样的老师才是最受学生欢迎的老师。

（三）课堂语言礼仪

课堂语言是教师用以"传道、授业、解惑"的特定语言，是师生实现沟通、交流的主要载体。苏霍姆林斯基说过："教师的语言修养在极大程度上决定着学生在课堂上脑力劳动的效率。"教师要自觉培养文明修养，注重自己的礼貌谈吐，遵守语言的规范性，掌握语言的使用方法，讲究语言的艺术性，准确表达授课内容，唤起学生的求知欲，从而充分发挥语言的作用。

教师课堂教学语言的礼仪规范和禁忌请参考第五章的有关内容。

（四）课堂提问礼仪

课堂提问是教师根据教学目标联系教学重点，向学生提出问题，并引导学生经过思考，对所提出的问题得出结论，提出自己的看法，从而获得知识、发展智力的教学方法。这是课堂教学的一个重要手段，它将教师、学生、教材三者有机结合起来，是师生课堂交流的主要方式。在深入开展素质教育的今天，教师应充分调动学生的主观能动性，激活学生的创新意识，课堂提问无疑是培养学生能力、发展学生智力的有效途径，课堂提问的成功与否是课堂教学成败的关键。因此，在课堂教学中，教师掌握必要的课堂提问的礼仪规范对提高教学质量具有重要意义。

1. 提问的目标要明确

教师设计课堂提问要有明确的目标性，即扣紧目标设计问题。问题是教学目标的具体化，问题的设计必须紧扣本节课的教学目标，围绕教学内容的重难点和学生原有的认知结构。教师应精挑细选所提问题，使之切中学生的疑惑之处，并设置悬念，启发学生思维，学生需要调动已学过的知识，并且重新构建自己的知识结构，还需要合作学习、交流，才能解决这个问题。教师应引领学生不断地思考和学习，而不应偏离教学目标提出一些又偏又怪的问题，也不应为了提问而提问，注意克服课堂提问的随意性。

2. 提问的难度要适宜

教师设计课堂提问要能激发学生积极思维。过深、过难的问题，学生站起来一大片，谁也回答不了，最后只好由教师自答，这样的提问没有实际效果；过浅、过易的问题，学生不假思索即能对答如流，不仅无助于思维能力的锻炼，而且在表面上看似繁荣的背后，会使学生养成浅尝辄止的不良习惯。因此课堂提问既不能让学生觉得高不可攀，也不能让学生觉得唾手可得，而应该让学生"跳一跳，够得着"，给学生思考的时间和空间，向学生的智力和创新能力提出挑战。要让学生感觉到问题很熟悉，运用已有的知识和经验又无法解决，必须重新构建自己的知识结构。由此可见，教师提出的问题要难度适宜，需要学生探讨协商，再加上教师的启发、点拨、提示，最后才能完成对这一问题的认识。

3. 提问的机会要均等

教师提问的机会要平均分配给全班学生，不要只向少数课堂表现积极的学生发问。对于不同的对象，提出的问题也可有所差别。优秀生的思维相对活跃，可以向优秀生多提一些难度相对较高的需要快速做出反应的问题；中等生知识素质、能力基础"比上不足，比下有余"，可以向他们多提一些相对适中的、有利于增强其自觉参与意识的问题，从而促进其全面发展；对于较差的学生，教师提问时要注意同时提问成绩反差较大的两个或两个以上的学生，要求成绩较差的学生作主要回答，成绩好的学生作补充回答，教师自己作修正性回答。这种方式具有示范效应，能促进后进学生的热情，调动其学习积极性，提高学习自信心。因此，教师在课堂上提问学生时，注意提问对象要普遍，机会要均等。

4. 提问的时机要恰当

在一个完整的教学单位时间内，只有少数几个瞬间是提问的最佳时间，教师必须善于抓住这些最佳时刻。在上课初期，学生的思维处在由平静趋向活跃的状态，这时多提一些回忆性问题，有助于培养学生的学习积极性，唤醒、激发学生的学习兴趣，起到使学生集中注意力的作用；当学生思维处于高度活跃状态时，多提一些说明性、分析性和评价性的问题，有助于学生分析和理解所学知识的内容，进一步强化学习兴趣，并使学生保持积极的思维状态；当学生思维处在由高潮转入低潮阶段时，多提一些强调性、巩固性和非教学性问题，这时可以重新激发学生的学习兴趣和积极性，防止学生非学习行为（如讲话、打瞌睡、看课外书等）的出现。教师应当先向全体学生发问，并留有充分的时间，让全班学生思考一番，然后再指名回答，而不应该在发问之后，就匆匆指定学生回答。这样可以使全班学生注意教师所提的问题，并使全班学生都在心中试拟一个答案，进而更好地对自己或别人的答案加以评价。

5. 提问的评价要积极

在整个提问的过程中，对学生的回答，教师要随时进行判断，对学生是否掌握了相应的知识、掌握的程度如何等进行公开评价,保护学生回答问题的积极性,从而进一步调动学生学习的积极性。为此,教师应该做到以下几点。

（1）以表扬为主

教师提问后,对于学生的回答,应以表扬、鼓励为主。即使学生回答不正确、不全面,也要循循善诱,切不可出现伤害学生自尊心的话语。

（2）鼓励求异

教师应允许学生有不同的见解,不能用统一的标准去判定学生的答案,应鼓励学生对问题有个性化的理解,教师更不应该对学生的答案持否定态度,不要轻易下"不正确""错误"等结论。明智的做法是:面对学生认识的不一致、观念的分歧、思想的碰撞,教师要给予充足的时间,让他们分别表明自己的立场,阐述自己的理由。当学生正在发言时,教师千万不能急切地打断他们,或是把自己的观点强加于学生,或代替学生过早地下结论,即使课堂时间不允许深入探究,也应该在课后对学生有所交代。

（3）帮助有困难的学生

学生站起来说"不会",情况是复杂多样的。这时教师不应马上叫学生坐下,可以再复述一遍问题鼓励学生回答,也可改变提问的角度或添加辅助性的问题引导学生回答。有经验的教师不放弃任何一个回答问题的学生,即使多次启而不发,也请学生先坐下,让他听别人的回答,然后请他复述一遍。这种评价的做法对转变差生、大面积提高教学质量是大有益处的。

6. 正确控制影响提问的因素

教师提问时的面部表情、身体姿势和体态以及师生间的空间距离,这些因素能支持、修饰和代替言语行为所难以表达的感情和态度。比如学生对自己回答问题的正确与否,可以从教师的面部表情中获得暗示,可以从教师的目光中识别是信任、鼓励,还是不耐烦、不屑一顾,从而增强或减弱学生回答问题的自信心。再如师生间的空间距离也可影响师生间的对话交流和知识传递。教师本身的动机、兴趣、态度、情绪等方面对学生的思维发展也有一定的影响,如教师提问时持积极的态度,学生从教师愉悦的态度中,可以得到鼓舞和激励,从而增强学生回答问题的自信心;反之,如果教师提问时表现出不耐烦、责难的态度,学生就会产生回避、惧怕甚至抵触情绪,从而阻碍问题的解决,不利于学生的全面发展。因此,教师在课堂提问时,应正确控制以上影响因素,提高课堂提问效益。

三、教师课后反馈礼仪

课后反馈是教师、学生之间互动沟通的过程,是整个教学过程的重要一环。教师通过课后反馈能及时了解学生对知识的理解及掌握情况,为随时调整教学进度、选择教学方法和教学手段提供依据,以更好地因材施教。课后反馈与课堂教学是相辅相成的,因此,教师要重视在课堂教学之后与学生的交流反馈,在师生互动中讲究文明礼仪,以达到良好的效果。

（一）课后辅导礼仪

课后辅导是教学环节的重要组成部分，是教师了解学生和检查教学效果的一条重要途径，是解决统一教学与学生个性差异之间矛盾的主要措施之一。只有把课堂教学与课后辅导紧密结合起来，才能不断提高整体教学质量，发现和培养学生的个性特长。在课后辅导中，教师的言行要符合一定的礼仪规范。

1. 忌直接作答，宜点拨思路

在辅导时，学生常会问："这个问题怎么回答？"这时，教师不宜简单地直接给出答案，更不能越俎代庖，而要引导学生分析、讨论，让学生充分参与。我国古代教育家孔子早就主张教育学生要循循善诱，"不愤不启，不悱不发"。也就是说，不到学生苦苦思索还想不通时，不去开导他；不到学生深入思考有所体会，想说又不能恰当说出来时，不去启发他。教师只能在解决问题的思路上给学生以点拨，帮助学生找出使其思维受阻的关键环节。所以，在课后辅导答疑过程中，教师不能一问一答，满足学生会背一个定义、会看会画一个图，而应该帮助每一个学生去发现问题和解决问题，注意培养和发展学生的思维能力。

2. 忌正面纠错，宜适当反问

"知其然而不知其所以然"，就谈不上对问题的真正理解。因此，在辅导中，面对学生存在的这样或那样的错误，教师不一定都正面纠错，而应适当反问。通过反问，学生认识到出错的根源，从而得到启迪，加深了对问题的理解。

3. 忌条条框框，宜探索创新

学生已掌握的知识以及长期形成的思维习惯往往会影响他们对新问题的理解和把握，因此在辅导的过程中，应鼓励学生敢于突破已有知识的界限，打破旧知识的条条框框，进行发散思维，这对培养学生的创新精神大有益处。

4. 忌简单回绝，宜循循善诱

在辅导的过程中，经常会遇到部分学生提出一些超前的或离奇的问题，这时，教师不要简单地用"还没学到""超纲了"或"这不需要知道"等回答随便应付了事，更不能对提出离奇问题的学生讽刺挖苦，伤害学生的自尊心，因为学生毕竟是经过一番思考才提出这些问题的，简单回绝只会压制学生探索问题的强烈愿望。如果教师给予鼓励和引导，帮助其提高对某一问题的认识，那么就能培养学生思维的主动性和积极性，增强其探求科学的思想和意识。

5. 忌厚此薄彼，宜一视同仁

课后辅导有的教师往往只盯上几个尖子生，对他们提出的问题热情有加，且能做到循循善诱，而对成绩平平或较差的同学，则冷眼相对，敷衍了事。长此以往，势必会使大部分学生丧失对教师的信任，滋生与教师的对立情绪，进而发展到不愿意学习这门课。因此，教师在辅导时对学生要一视同仁，切忌厚此薄彼。

6. 忌态度生硬，宜热情主动

学生本来对教师就有畏惧心理，尤其是成绩差的学生，他们在请教教师问题时有三种心理状态：一是有顾虑，怕提出一个很简单的问题被教师嫌弃，被同学取笑；二是抓不住问题,不知问哪个好;三是没机会问。如果教师在课后辅导时态度生硬,他们有问题根本就不敢问,这样,教师就无法真正做到与学生的沟通,了解学生对课程的掌握情况。因此,教师特别要注意态度,要主动热情,应鼓励学生多提出问题,引导、帮助他们解决问题,并主动地帮助差生找出存在的问题,使他们对教师产生好感和信任,树立信心,提高学习的积极性。

7. 忌居高临下,宜平等耐心

在辅导中,教师不能以居高临下或嫌弃厌恶的态度对待学生。"这个问题太简单了!""这都不知道!"教师类似的回答会大大挫伤学生的学习积极性。教师应以平等的姿态与学生交流思想,使学生得到启发。对于学生提出的各式各样的问题,教师应耐心听取,并迅速判断问题的性质:要明确学生是提出问题,还是询问答案;是概念不清,还是未掌握方法;是课堂知识,还是超出课本的知识;等等。从这些问题中了解学生的思路和疑难之处,然后再细心地引导和解答。对于反应慢、接受能力差的学生,教师不能横加指责,更要多花点精力,加强具体的、个别的辅导,要弄清原因,耐心讲解,把问题讲得透彻一点、通俗易懂一点。

(二) 批改作业礼仪

作业批改是教学的一面镜子,也是师生交流信息的一个窗口。通过这个窗口,教师能够及时了解学生掌握知识的情况,矫正学生学习过程中的失误,弥补学生知识的缺陷,促使学生进一步巩固基础知识。教师如果能按照书面礼仪规范,灵活运用个性化评语来批改学生的作业,往往能够激发学生强烈的学习兴趣和热情,使教学工作取得事半功倍的效果。

1. 批改作业的礼仪规范

批改作业的礼仪规范具体表现在以下几个方面。

(1) 批改作业一律使用红色墨水。

(2) 按照教学常规中各学科设置的作业,要求做到全批全改。

(3) 批改符号原则上应保持一致,圈画要有规范,自成体系,一目了然。

(4) 每次作业,教师应及时地进行批阅,认真评分,所给分数、批改日期,写在学生作业结尾的下一行里。

(5) 当学生作业中出现问题时,教师不能只做简单的判断,而应该注意运用多种手段启发学生,引导学生自己发现和纠正错误,不能重批轻改。

(6) 作业应尽快批改发还学生,并督促学生详加研读,或加以讲解以发挥批改的效果。这有助于培养学生按时完成任务的责任感和良好的学习习惯。

(7) 在批改作业中要善于发现教学中存在的问题并及时补救。要有启发性、鼓励性的批语,以激发学生的上进心。

(8) 作业如有错误,教师应予以订正,应指导学生重做或指导学生自行订正直至正确为止。订正的作业,教师同样要进行批改,并标上批改时间。

(9) 对书写整洁、解题具有独到之处的学生,教师要有针对性地批注。尽可能地使用鼓励性手段,肯定为主,否定为辅。对于学生作业中新颖的观点或解题方法,无论是否完全正确,教师都应表示出赞赏与鼓励。

(10) 针对不同对象采用不同批改方法。对优等生,鼓励他们进行发散性思维;对中等生,重在"点化开导",帮助其理清思路、总结规律;对差生,则应"关怀备至",强化其基础知识、基本技能的掌握,唤起他们的上进心,增强学习兴趣。

(11) 批改学生作业,教师应注意字迹工整、认真,以示对学生劳动的尊重,对错题多的学生要进行面批。

2. 使用评语的礼仪规范

教师批改作业不仅要判断正确,了解学生的认识水平,还要注意对非智力因素的评价。恰当的评语可以激发学生的学习兴趣,强化其学习动机,使其养成良好的学习习惯。带有感情色彩的评语,能使学生感受到教师对他的关爱和希望,从而使学生逐渐产生浓厚的学习兴趣。教师可以用恰当的评语委婉地指出学生作业中的不足。教师在写评语时,要注意语言简洁、明了、自然、亲切,充满期望,富有启发性。事实表明,坚持为学生写出恰如其分又情深意切的批语,使教学信息在传递与反馈中产生最佳效果,能充分调动学生学习的主动性、积极性和创造性。教师的评语应充满爱心,具有启发性和鼓励性,才能显示出教师人性化的礼仪规范。

📷 知识卡片

评语示例:

"你很聪明,如果字再写得好一点,那就更好了!"

"看到你在进步,我很高兴,希望你继续努力。"

"方法太好了,可要细心呀。"

"你肯定有高招,因为你是我的骄傲。"

"你准行!"

"你的进步很大,因为你付出了劳动。"

"看到你在进步,我万分高兴,希望你更上一层楼。"

"还有更好的解法吗?"

"爱动脑筋的你肯定还有高招。"

"解得巧、方法妙。"

"结果正确,但格式正确吗?"

"聪明的你,一定能发现简便方法。"

"搬开你前进的绊脚石——粗心,奋勇前进!"

"和细心交朋友。"

"你的字写得真漂亮,要是能提高正确率,那肯定是最棒的!"

"再细心一些,你准行!"

3. 批改作业禁忌

（1）反馈时间过长

当前教师的工作量普遍偏重,造成每次作业批改的周期较长,反馈时间短则两三天,一般为四五天,长的竟达一个星期。学生作业中出现的问题不能及时解决,正确的得不到强化,错误的得不到及时改正,实际上已经失去了批改作业的信息价值,从而影响了教学质量。

（2）反馈信息量过小

有的教师批改作业只是"蜻蜓点水",简单画上对错号,不能认真评论或改正每个学生的作业。等作业发下来,学生看到的只是对错号,却不明白错因,如此反馈,信息量过小,作业利用价值不大。

（3）校正措施不力

因为反馈时间过长,作业返回到学生手中时,已学过几天,加上课业负担较重,学生根本没有时间复习旧课以及校正作业中存在的问题,这就形成了问题遗留,违背了学习过程循序渐进的规律。

（4）批改作业情绪化

有的教师批改作业容易随心情的变化而变化:心情好,随便给高分;心情不好,只要作业稍有不满意处,便红"×"满目。这样做,教师的情绪会不经意间影响学生的情绪,影响学生的心理健康。所以,教师批改作业时一定要避免情绪化。

（5）评价多元化不够

一种是"优"泛滥现象,即为了调动学生的学习兴趣和树立学生的自信,只要学生按时完成作业,一律以"优"定论;一种是"优"吝啬的现象,即以"严格要求"为宗旨,作业稍有错误或书面不整洁,便一票否决,与"优"无缘。这两种现象均不可取,教师批改作业时一定要做到评价多元适度,要体现个性化,如使用悲伤的表情、微笑的表情等。

📷 **知识卡片**

小学教师个性化评语示例:

1. 小明同学,这次你的作业就像一场精彩的冒险,每一道题都被你勇敢地攻克,老师为你的勇敢和聪明感到骄傲!

2. 小红,你的字写得越来越漂亮啦,就像一个个小精灵在跳舞,而且作业的正确率也很高哦,继续加油!

3. 小刚,老师发现你在这次作业中思考得很认真,就像一个小侦探在寻找答案,继续保持这样的专注,你会更厉害!

4. 小花同学,你的作业就像一幅美丽的画,工整又干净,答案也都正确,老师看了真开心!

5. 小强,这次作业里你解决数学问题的方法很独特,像个小小的数学家,继续探索数学的奥秘吧!

6. 小莉,你的作文充满了想象力,仿佛带着老师走进了一个奇妙的世界,期待你写出更多精彩的故事!

7. 小亮,这次英语作业你读得很准确,发音像小播音员一样标准,继续练习,你会更出色!

8. 小敏,你的作业进步好大呀,就像小火箭一样飞速上升,老师相信你会越来越棒!

9. 小峰,你的绘画作业色彩搭配得真美,每一笔都充满了创造力,继续用画笔展现你的世界!

10. 小宇,你的科学作业让老师看到了你对世界的好奇和探索精神,继续保持这份热情!

高中教师个性化评语示例:

1. 你是一位极具潜力的学生,课堂上积极思考,作业中展现出的逻辑思维和扎实基础令人赞赏。保持这份热情和专注,未来的成功必将属于你。

2. 知识面宽广,不仅能掌握课本知识,还能对课外拓展内容有深入理解,这使你在学习的道路上越走越宽。

3. 你在学习上的自律和勤奋让人印象深刻,不断进步的成绩是你努力的最好证明,继续加油,创造更多辉煌。

4. 文学素养深厚,文字表达能力优秀,无论是作文还是论述题,都能展现出独特的魅力和深刻的思考。

5. 对数学有着浓厚的兴趣和天赋,复杂的难题在你面前也能迎刃而解,期待你在数学领域有更出色的表现。

6. 性格开朗乐观,面对学习的压力始终保持积极的心态,这种阳光的态度会伴随你克服一切困难。

7. 善于总结归纳,能够将所学知识系统化,形成自己的知识体系,这是取得优异成绩的关键。

8. 具有创新思维,敢于提出不同的观点和想法,为课堂带来新的活力,期待你能在创新的道路上越走越远。

第二节　教师校园活动礼仪

教师的威信首先建立在责任心上。

——马卡连柯

教师礼仪除了体现在课堂教学、课外辅导，与学生、学生家长、同事的交往等环节，还体现在各种校园活动中，如各种仪式、集会等。

一、升降国旗仪式

中华人民共和国国旗是中华人民共和国的象征和标志，升降国旗仪式是重要的校园礼仪仪式。一般升旗仪式在每周一早晨举行，全体师生着装整洁，在操场上面向国旗列队集合。升国旗、奏国歌时，全体师生神情要庄严肃穆，脱帽肃立，向国旗行注目礼，切忌嬉笑打闹、自由走动。

（一）升旗

升旗仪式的程序有如下几步。

1. 出旗

旗手持旗，护旗手在旗手两侧，齐步走向旗杆，在场的全体师生立正站立。

2. 升旗

升旗时，奏国歌或唱国歌，全体师生行注目礼。在中小学，少先队员应行队礼。

3. 国旗下讲话

由校长或其他教师作简短而有教育意义的讲话。

（二）降旗

降旗一般在傍晚进行，可不再举行仪式，由升旗手和护旗手直接将旗降下。此时，态度要认真恭敬，用双手将旗托住，不能将旗触地，也不可随手乱放，以免弄脏国旗，亵渎国旗的严肃性。

在校外遇见升降国旗仪式时，也应立即肃立，向国旗行注目礼，待升降国旗仪式完毕后再继续行走。遇到悼念活动需降半旗时，要先把国旗升到旗杆顶端，然后再降为半旗。

总之，升降国旗一定要符合《中华人民共和国国旗法》，维护国旗的尊严，增强学生国家观念，发扬爱国主义精神。

📷 **知识卡片**

国旗的悬挂有严格的规定和要求,以下是一些常见的要点:

位置:国旗应当悬挂在显著、庄重的位置。例如,国家机关、企事业单位、学校、广场等。

方向:国旗应保持正面朝外,不得倒挂、反挂。

高度:悬挂国旗的高度应适中,一般不低于周围建筑物或其他物体。

整洁:国旗应保持干净、整洁、无破损。

数量:在一个场所内,通常只悬挂一面国旗。但如果是在国际性的活动场所或特殊场合,可以按照规定和礼仪悬挂多面国旗。

与其他旗帜的关系:国旗应当处于显著、突出的位置,其他旗帜的高度不得高于国旗。

时间:在特定的节日、纪念日和重大活动期间,应当按照规定悬挂国旗。

悬挂国旗是一种庄重的行为,需要严格遵守相关法律法规和礼仪规范,以表达对国家的尊重和热爱。

二、开学仪式

每个新学年开学之际,学校一般都要举行形式不同、规模不等的开学典礼。开学典礼是宣布新学年开始和欢迎新生入学的仪式。在开学典礼上,通常要介绍学校基本情况,进行必要的入学教育,布置学校新学年的工作,动员全校师生为完成新学年的任务而努力奋斗。

(一) 准备工作

1. 发送请帖

学校要在举行开学典礼前一周左右,将请帖送到或寄给当地党政领导和上级有关部门,邀请学校所在地的领导和上级有关部门负责人或代表参加。

2. 布置会场

学校要安排专人布置会场,把学校大礼堂或露天会场打扫干净。要制好会标,会标可写"××学校××××年新学年(或新生)开学典礼"或只写"开学典礼"四个大字。会标挂在会场主席台前幕(也称大幕)上边,两侧可配对联。主席台后幕正中挂上国旗,两边各插5面红旗。会堂外可插彩旗、摆放鲜花、放置盆景。此外,会场内外可张贴一些标语,烘托典礼气氛。在主席台上安排若干座位,座位前面放置会议桌,用红布或天蓝色的丝绒围好,主席台前可摆放鲜花、放置盆景。

3. 准备大会发言

开学典礼一般安排校长、教师代表、学生代表发言,并请上级领导同志和有关方面代表讲话,也可安排学生家长代表发言。领导发言或代表讲话,都要事先准备好发言稿或打好腹稿。典礼筹备组应物色好典礼的主持人、学校领导讲话人、上级领导讲话人和有关方面代表的发言人,并按先后次序排好发言名单、发言时间。筹备组还要准备好音响设备、音乐唱片或录音带以及饮料等。

4. 服务工作

典礼筹备组要物色接待人员,安排好迎送来宾的车辆,接待人员中的礼仪小姐可身披礼仪绶带在会场门口接待来宾,为来宾引路、倒茶等。一切与开学典礼有关的准备工作应按时就绪。届时,师生排队入场,分别在指定的位置入座。

(二) 典礼的程序

开学典礼的一般程序是:宣布开会,奏国歌,宣读来宾名单,领导讲话,来宾讲话,代表讲话,奏《国际歌》,宣布大会结束。开学典礼通常由分管教学的副校长或负责学生工作的校党委副书记主持,念完来宾名单后,宣布开学典礼开始。首先,全体起立,唱国歌;然后校长讲话;接着,请上级领导和有关方面代表(包括教师代表、老生代表、新生代表等)讲话;最后,全体起立唱《国际歌》。主持人宣布开学典礼结束。

📷 **知识卡片**

中国古代,开学典礼是一个非常重要的仪式,通常包括以下几个环节:

正衣冠:古人认为,先正衣冠,后明事理。在开学典礼上,学生们要一一站立,由先生依次帮他们整理好衣冠,然后排着队到学堂前集合,恭立片刻后,在先生的带领下进入学堂。

行拜师礼:进入学堂后,学生们要先叩拜至圣先师孔子神位,双膝跪地,九叩首;然后拜先生,三叩首。拜完先生,学生要向先生赠送六礼束脩,包括芹菜、莲子、红豆、红枣、桂圆和干瘦肉条,以表达对先生的敬意和感谢。

净手净心:行过拜师礼后,学生们要按先生的要求,将手放到水盆中"净手"。"净手"的洗法是正反各洗一次,然后擦干。洗手的寓意在于净手净心,去杂存精,希望学生能在日后的学习中专心致志、心无旁骛。

朱砂开智:朱砂开智也叫朱砂启智或朱砂点痣,是开学仪式中最后一道程序。先生手持蘸着朱砂的毛笔,在学生眉心处点上一个像"痣"一样的红点。因为"痣"与"智"谐音,朱砂点痣,取的其实是"智"的意思,意为开启智慧,目明心亮,希望学生日后的学习能一点就通。

这些环节都蕴含着深刻的文化内涵和教育意义,表达了古人对知识的渴求和对学生的期望。

三、颁奖仪式

为先进集体和个人颁奖,既是对先进集体和个人的一种奖励,也是为了树立学习榜样,扩大影响,促进物质文明和精神文明的建设。

（一）布置会场

颁奖仪式的会场布置，主要应注意以下几点。

1. 营造隆重氛围

颁奖仪式，一般宜安排在较大的礼堂中举行。主席台的正上方，应悬挂标有"×
×表彰大会"或"××颁奖大会"的横幅；主席台两旁，亦可悬挂与其内容相配的标语；
在礼堂周围可布置一些彩旗等。

2. 主席台布置

在主席台上，可按上台人数放几排长桌，在长桌或椅背上，要设置姓名标签，以便
有关人员自行对号入座。主席台前沿，可摆放一排花盆，为会场增添喜庆气氛。

3. 受奖人安排

受奖的有关人员，一般在会场的前排入座。如果人数较多，也应在座位上设置姓
名标签，以便自行入座。其座次最好能与他们接受颁奖时的先后次序相一致，这样可
防止在受奖过程中产生不必要的混乱。

（二）主持人礼仪

颁奖的主持人，一般应是主办单位的负责人。要主持好颁奖仪式，主持人应注意
以下几点。

1. 应明确颁奖仪式的程序

颁奖仪式的一般程序大致如下。

① 仪式开始前播放乐曲，要以热烈的气氛欢迎接受颁奖的有关人员入场。

② 尽可能准时宣布仪式的开始。

③ 请有关领导宣读有关人名、颁奖的决定。

④ 举行颁奖，同时播放乐曲。

⑤ 请来宾致贺词。

⑥ 由接受颁奖的有关人员发言致谢。

⑦ 宣布仪式结束，再次播放乐曲，以欢送接受颁奖的有关人员和全体来宾。

2. 应始终保持饱满的热情

当接受命名与颁奖的人员来到会场时，要热情接待，并作礼节性的介绍。当礼仪
结束后，也要热情地送行，不能只顾领导干部而冷落受奖人员。

3. 要善于协调工作

主持人应当始终注意仪式保持隆重与热烈的气氛。当宣布颁奖开始时，主持人
应注意提醒有关人员上台，并组织工作人员尽快播出音乐，同时要亲自鼓掌，以鼓励
会议参加者一起热烈鼓掌。主持人一定要有审时度势和随机应变的能力。

（三）报告人礼仪

颁奖仪式的报告人是一个重要的角色。报告人的报告，能使与会者对为何要举
行命名、颁奖活动及受奖的集体与个人有何主要事迹等有较清晰的了解。报告人在
礼仪上主要应注意以下几点。

1. 服饰要整洁、大方和高雅

报告人应该给人以庄重和高雅的感觉,男士着西装时,需按礼仪要求打好领带。

2. 做报告时,应有良好的礼仪形象

如果报告人身体紧倚着讲台,甚至趴在讲台上,就不符合礼仪。正确的姿势是身体略向前倾,稍微离开讲台。这样的站姿既显得庄重、潇洒,又显得很有礼貌。

3. 讲究语调节奏

一般说来,在宣读命名与颁奖决定时,声音要高昂有力,以表示尊重与祝贺。同时又要注意节奏,必要时略有停顿。在介绍受奖人员事迹时,重要的部分应讲得缓慢些,以便让与会者都能听清楚。

4. 注意报告的内容

报告的内容一定要实事求是,评价要恰如其分,篇幅则不宜过长。

(四) 颁奖实施过程的礼仪

颁奖,是仪式的高潮。主要应注意以下几点。

1. 应事先周密安排

如果颁发锦旗,在仪式开始前,有关人员就应将锦旗挂在主席台最前排桌子面对会场的那一面,使其引人注目。如果是颁发奖状,工作人员应事先做好分工,由专人负责递送。由哪位领导向哪个受奖人颁奖,也应事先安排好。此外,受奖人员应注意哪些事项,同样要在事先交代清楚。

2. 颁奖时,要忙而不乱

当主持人宣布颁奖开始后,在主席台下的工作人员应把受奖人员(有时还包括授奖人员)并然有序地引上主席台。负责的工作人员应迅速将命名状、锦旗或奖状递交给授奖人员。授奖人员在把锦旗、奖状等双手递交给受奖人员时,应主动和其握手,并表示"祝贺"与"希望"。如果颁奖时分有等级,应按规定次序依次进行。

3. 要为摄影和录像提供方便

一般可让记者、摄影师及录像师在仪式开始前就对现场做些观察,以便选择最佳角度,捕捉到最佳画面。

(五) 受奖人的礼仪

为使颁奖礼有条不紊地进行,受奖人员在礼仪上应注意以下几点。

1. 注意仪表服饰

在台上站立要稳健、端庄和大方,要注意自身的仪容美,服饰要整洁。女性如佩戴饰品,不可过多过繁。

2. 听从工作人员的指挥

当工作人员引领时,应当列队上台。在走上主席台时,双目应平视,不要频频左顾右盼,更不要耸肩缩颈或两肩左摇右晃。

3. 注意表情姿态

当接受奖品时,要面含微笑,郑重地伸出双手去接,然后腾出右手与授奖者亲切握手,并表示谢意。接着应该转过身来,向与会者表示谢意,并施鞠躬礼。当工作人员示意走下主席台时,要予以配合。

四、运动会礼仪

运动伴随人类社会走过了几千年,其强大的健身性和娱乐性让它保持着旺盛的生命力。随着人类社会的发展,运动项目也从传统和单一走向了现代和多样,这不仅反映在其数量上的增多,更体现在其人性化和竞技性的规则上。在学校,体育也是一项极其重要的内容,除了日常的体育课、体育活动以外,一般每年都会隆重举行至少一次全校师生都参与的运动会。在校园运动会举行过程中,主要有三大流程:开幕式、各项比赛和闭幕式。运动会的开幕式和闭幕式礼仪,可参看本章第一节相关内容。本节主要从各项比赛入手,从两类不同的对象,即运动员和师生观众出发,来阐述相关的礼仪要求。

(一)观看运动会礼仪

1. 等待比赛

在每场比赛开始前,师生观众应提前几分钟入场,并尽快坐到观众席上等待比赛开始,不要大声喧哗、高声喊叫。在比赛中,如组织啦啦队,可统一着装,并指定专人统一指挥,以确保赛场秩序。

2. 一视同仁

观看比赛应对比赛的双方一视同仁,持公正态度,为双方运动员鼓掌。另外,观众要理智对待输赢,要坦然接受各种可能的比赛结果。

3. 自尊自重

师生观众应礼貌地对待运动员的比赛表现,对偶尔失误的运动员要予以谅解、鼓舞,要爱护公物和环境卫生,不可当场扔东西,不随地吐痰。语言要文明,不可出言不逊,发泄自己的不满,以免损伤运动员的自尊心和自信心。

4. 支持裁判

观众要支持裁判员的工作。体育竞技场面激烈,难免出现判断失误。若裁判出现误判,不应对裁判起哄,以免引起混乱。

5. 文明退场

退场时不要拥挤,要按顺序先后离开观众席。出场后自动疏散,不要围堵运动员,以免造成秩序混乱。另外,在运动会结束后,又要投入紧张的学习和工作中,切记不要对身边参加比赛的同学、同事品头论足,尤其是评论或指责他们在比赛中的失误。这样,既损伤他人的自尊,不利于团结,又挫伤了他人参加运动会或其他活动的积极性,不利于今后的活动组织。

(二)运动员比赛礼仪

运动会中有很多比赛项目,在不同的项目中运动员的礼仪要求有所差异,但总体而言,运动员比赛礼仪大体有以下要求。

1. 遵守比赛时间

在校运会进行过程中,因比赛项目较多,运动员一定要准确掌握好参赛项目的时间,切勿缺席或临阵退场,当然特殊原因(如受伤、参赛项目时间发生冲突等)除外。遵守比赛时间并认真参加比赛是运动员礼仪的重要内容。

2. 着装协调

运动员在比赛的过程中,要根据所参赛的项目选择合适的、协调的着装,一般可选择干净、整洁、得体的运动服。着装的协调不仅反映了运动员对比赛的尊重和对本项目的认识,更体现了运动员的礼仪修养。

3. 做好运动前的准备

在比赛前,一定要做好相关运动前的准备,也就是所谓的热身运动。这样,既可以尽量避免不必要的运动损伤,如拉伤、扭伤等,又可以保证比赛顺利进行,保证运动员正常水平的发挥,以取得令人满意的比赛效果。

4. 友谊第一,比赛第二

在比赛过程中,所有的参赛选手都是竞争对手,要彼此互相尊重。千万不能因为追求比赛结果而有敌视和排挤心理,更不能在比赛中出现言语侮辱或身体攻击等行为。这样做不仅有损自身形象,而且会破坏良好的比赛气氛,破坏友谊。正确的礼仪规范应该是坚持友谊第一、比赛第二,尊重所有的参赛选手。

5. 遵守规则

体育运动讲究竞赛规则。作为运动员,首先要了解并遵守相关规则。这些规则不仅能很好地保护运动员的身体,而且对比赛双方都有好处,能使比赛更富有趣味性,并可减少运动员之间的摩擦。

6. 服从裁判

运动员在比赛中非常重要的一项礼仪就是要服从裁判,这也是个人素质的体现,不要随意对裁判员的判决提出异议,裁判人员的决定是最终的决定。

7. 比赛时精神集中

运动员在比赛时,一定要保持精神集中,保持心情愉快,展现出高昂的斗志。特别是在进行如接力赛跑这样的团体比赛时,一定要精神集中,保持与同伴间的良好默契,展现出良好的比赛精神风貌。

8. 礼貌地结束比赛

在比赛结束后,无论最后结果如何,都要礼貌地走到对手面前,同他们握手。如果对方获胜,祝贺他们的良好表现;如果对方失利,肯定他们的精彩发挥,并谦虚地表示自己要向他们学习。

五、班会礼仪

班会是学校集体活动中最主要的组织活动之一,是班主任根据当前形势和班级学生思想实际,和班委会成员协商,并领导和指引,以班级为单位,围绕班级学生关心或存在的某一方面的问题而组织的对全班同学开展教育的活动。班会是班主任或班委会对班级进行有效管理、指导和教育的重要途径和形式。在班会上,每个同学都可以先发表自己的意见,参与集体管理,研究解决班级中的各种问题。

班会一般分为定期或不定期两种,定期班会是指每周、每月、每学期、每学年中较固定已形成惯例的班会。定期班会的内容往往也比较固定。非定期班会,往往由班主任根据学校要求或形势需要而临时决定召开,以解决具体的问题。

班会开展的内容没有统一的规定,丰富多彩的班会主题既可以是专门为解决班级目前存在的某个问题而召开,也可以就某项教育展开,如热爱祖国、热爱集体、团结互助、文明礼貌、助人为乐、学习心得交流、环境保护、遵纪守法等,活动形式也多种多样,不同的班会主题,开展形式和具体程序也会有所差异。因此,班主任在开班会前,为使班会达到预期目的,应针对不同的主题对班会方案进行设计。

（一）设计班会方案

在设计班会时,应考虑将教育性、趣味性和创造性结合起来,不仅体现班主任的引导作用,还要发挥学生的主体作用,使班会达到预期的教育效果。因此班会方案的设计至关重要,一般而言,它包括以下几个方面:

1. 确定班会主题

也就是教师召开此次班会的目的,要有针对性。尽量选取学生成长中存在的问题、面临的困惑,班级中一些不好的苗头、典型事件或节日和学校所开展的主题。如"天生我材必有用""理解时尚,追求真美""诚信——人生的基石""感恩父母""新学期我能行""让理想之帆扬起""什么是真正的爱情""勤俭节约,从我做起"等等。

2. 准备班会

（1）提前告知学生。向学生说明召开班会的目的,让每一位同学都能充分准备,参与到班会中来。

（2）召开班干部会议,讨论班会的程序。确保班会的每一个环节落实到位,班会程序的安排设计要循序渐进,过渡自然,富有创造性,达到主题班会设计的预期目的。

第一,确定男女主持人和发言稿。对导入、过渡、结束过程中语句的衔接等都要考虑周全,设计详尽。

第二,确定班会的形式、节目、记录人员和演出人员。这项工作可以和班委成员协商讨论确定,班干部和班上学生是同龄人,更能提出符合他们年龄特点的班会形式。一般可采用知识竞赛、演讲比赛、讲故事比赛、手工小制作比赛、诗歌朗诵比赛、化装表演、小品、辩论会、座谈会、歌舞会、学习经验交流会等几种形式,避免单调乏味地对学生进行说教。也可以利用时间参加社会实践活动、学雷锋做好事,然后组织学生进行评议或写观后感,写调查报告,再集体讨论等,总之,只要是结合本班的实际,能对学生和班集体起到一定教育作用的活动,都可以作为主题班会的形式。

这里要提醒教师注意的是,要尽量使班会形式活泼多样,避免重复,以免使学生丧失兴趣。

（3）对班会中的节目进行排练。准备好节目中所需的各种资料、道具、伴奏带及音响。

（4）邀请嘉宾。嘉宾一般坐在教室后边，或是比较靠里的位置。

（5）设计、布置班级环境。

（6）班主任准备点评总结。

（二）班会中的礼仪

班会是以特定的内容如理想、前途、道德、纪律等方面为主题，对学生进行政治教育、思想教育、道德品质教育、法纪教育和良好个性心理品质的教育等，使学生提高自我教育的能力，提高对某一问题的认识能力，对形成团结奋斗、积极向上的班集体和学生的健康成长，都具有重要的意义，教师应注意自己的言行举止，以发挥班会的正向积极作用。其中需要注意以下几点：

（1）教师应提前到会，仪容整洁，衣着得体，仪态大方，精神饱满。

（2）师作简短发言，宣布班会开始后，就应按照设计的程序，由学生自行组织、主持召开班会。在班会过程中，教师应带头遵守会议纪律。

（3）在班会过程中，教师要让学生当主人，自己当参谋，学生的参与率要高，要调动每个学生的发言积极性，不要开成某几个学生的专场。对于学生的不合适见解，教师要因势利导，发表意见或救场，把活动开展下去。

（4）班会时间不宜过长，以一节课为宜。

（5）班会的最后，班主任要进行小结，启发同学们思考，扩大教育影响，给班会起到画龙点睛的作用。

"树立远大理想"主题班会设计方案

一、班会主题

树立远大理想

二、班会目的

让学生明确理想的重要性，理解远大理想对人生的引领作用。

帮助学生树立积极向上的远大理想，激发学生为实现理想而努力奋斗的动力。

引导学生认识到实现理想需要付出努力和坚持，培养学生的毅力和决心。

三、班会时间

周五下午第三节课

四、班会地点

教室

五、参与人员

全班同学

六、班会流程

（一）引入主题（5分钟）

班主任致辞,引出班会主题"树立远大理想"。

播放一段关于理想的激励视频,引起学生的兴趣和思考。

(二)理想的意义(5分钟)

请几位同学分享自己对理想的理解,以及理想在人生中的重要性。

班主任总结学生的发言,阐述理想是人生的灯塔,能够为我们指引方向,提供前进的动力。

(三)理想与现实(20分钟)

展示几位不同领域的成功人士,熟知他们是如何将远大理想转化为现实的。具体结合个人情况,讨论如何将自己的理想与现实相结合。

(四)我的理想(10分钟)

每位同学在纸上写下自己的理想,并简单描述为什么会有这样的理想,以及打算如何去实现它。

邀请部分同学上台分享自己的理想,其他同学可以提出建议和鼓励。

(五)总结与鼓励(5分钟)

班主任对本次班会进行总结,强调树立远大理想的重要性,并鼓励同学们为实现理想而努力拼搏。

全班同学一起合唱歌曲——《我相信》,在激昂的歌声中结束本次班会。

七、班会延伸

设立"理想墙",将同学们的理想张贴在教室的墙上,定期回顾和更新。

开展"理想之星"评选活动,对在实现理想过程中表现出色的同学进行表彰和鼓励。

八、注意事项

1. 确保每位同学都有机会参与讨论和发言,营造积极活跃的班会氛围。

2. 引导学生树立切实可行的理想,避免过于空洞或不切实际。

3. 班会结束后,要持续关注学生的理想践行情况,给予必要的支持和指导。

六、晚会礼仪

晚会礼仪是社交活动中诸如为庆祝节日或有重大意义的纪念日而举行的娱乐性活动所运用的一种交际形式,对于联络感情、加深友谊、扩大社交范围是很有益的。晚会的形式多种多样,不同的晚会由于其本身的特殊性,礼仪要求也有所差异。本节主要介绍校园活动中较为常见的文艺晚会的常见礼仪要求。

(一)主办方礼仪

注重文艺晚会的礼仪,就要求主办方在举行晚会前,要考虑节目选择、座位安排、晚会程序和出席注意事项等方面。

1. 节目选择

在节目选择方面,要事先精心安排,要根据来宾的性质、身份、习惯以及双方的相互关系、本地的传统文化和主办方实际能力拟定,以具有本地特色的音乐、歌曲、戏剧、舞蹈为主,宣扬本地的传统文化,必要时可加入一到两个来宾所在地的知名节目或来宾本人喜爱的节目,以照顾来宾的特殊爱好和风俗习惯。在演出前应印制专门的节目单,保证演出时人手一份,简略介绍晚会中每个节目的内容。

2. 座位安排

在座位安排上,来宾座位安排要便于安全保卫,位置要最佳。在学校音乐厅或正规的剧场内观看文艺演出时,通常最好的座位在第七至九排的中间,但一般出于对领导和来宾的尊敬,其座位安排都在最前排。观看演出时,要让宾主集中就座,并且来宾进场、退场要比较方便。

3. 晚会程序和出席注意事项

在晚会程序和出席注意事项上,有如下几个方面应重点注意:一般在演出开始前,要有礼仪小姐、陪同人员在门口迎候,做好相关服务工作,并专门设立休息室,以供宾主稍事休息与交谈;主办方领导(一般是学校相关领导)与来宾共同步入晚会会场时,其他观众应起立鼓掌欢迎;演出结束时,学校领导与来宾要一同上台,向演员献花并合影,之后领导陪同来宾一起退场;在宾主退场后,观众方可离开。当然,这几项可以根据实际情况调整。

(二) 观众礼仪

文艺晚会的另一大主体就是观众。观众在参与晚会、从晚会中获取快乐的同时,也应该清醒地意识到,自己是在参加一项公共活动。要对自身的言行有一定的约束,否则将破坏整台晚会欢快而融洽的气氛,破坏自身的公众形象。因此,观众在观看文艺晚会时也必须遵守相关礼仪,做一个文明的观众。

1. 着装要求

参加晚会,穿着打扮应当文雅大方,不允许身着便装或穿着过于随意,要穿得干净利索,尤其不能穿着拖鞋出入。观众如果戴帽子,进入晚会现场应该把帽子脱下,以免影响他人的观看。只有这样,才能形成一个和谐、融洽的晚会现场。同样,整台文艺晚会也将因为观众的高素质而更显高雅。

2. 提前进场

受邀参加晚会,必须提前进场就座。如迟到,应等到幕间休息才入场,尽量不要打扰他人,遇他人让路应道谢。在演出期间也不要提前退场。

3. 保持安静

观看演出时不要制造任何噪声。交谈、走动、吃东西、打电话等,都会妨碍演出效果。在观看演出时,尽量做到不说话、不聊天,即使与亲密的人一起观看,也不要把头靠在一起,否则会遮住后排观众的视线;进出座位时,一定要低头弯腰,不影响后排观众的观看。

4. 服从主办方安排

未经主办方的允许，不要拍照、摄像。如果违反了这一规则，不但会影响其他人的观看，而且还有可能会侵犯演出方的权利。当然，校园内的文艺演出一般不涉及此项内容，但出于尊重，需要拍照、摄像的观众应征求主办方的意见并获得批准。

5. 尊重演员劳动

观看演出要充分尊重演员的劳动。不准在观看演出时乱喊乱叫、乱鼓掌、乱跺脚、乱扔东西、乱往台上跑、乱对演员或节目加以评论。演出结束后，观众应向演员鼓掌表示感谢。演员谢幕前，不能提前退席。

手机铃声不断、窃窃私语聊天、吃零食、迟到、在演出进行时走来走去，这是观看文艺演出时常见的五种不文明行为。在观看演出时，很多观众却缺乏对以上行为的认识，从而在晚会现场做出很多失礼的行为，非常不受其他观众的欢迎。

在文艺演出过程中，很多观众疯狂地"追星"，也是失礼的行为。尤其是一些年轻观众在观看文艺演出时，看到自己"偶像"的演出，表现出非常狂热的举动。这些行为显然是对演出者的不尊重，也有损自身形象，应尽量避免。

📖 **课后习题**

1. 教师课堂教学礼仪所包含的内容有哪些？

2. 教师课堂提问应注意哪些问题？

3. 教师批改作业的礼仪规范有哪些？

4. 简要叙述运动会的礼仪要求。

5. 请为小学六年级学生设计一节完整的主题班会，主题为"如何预防校园霸凌"。

第七章 教师公共场所礼仪

🌐 **知识导图**

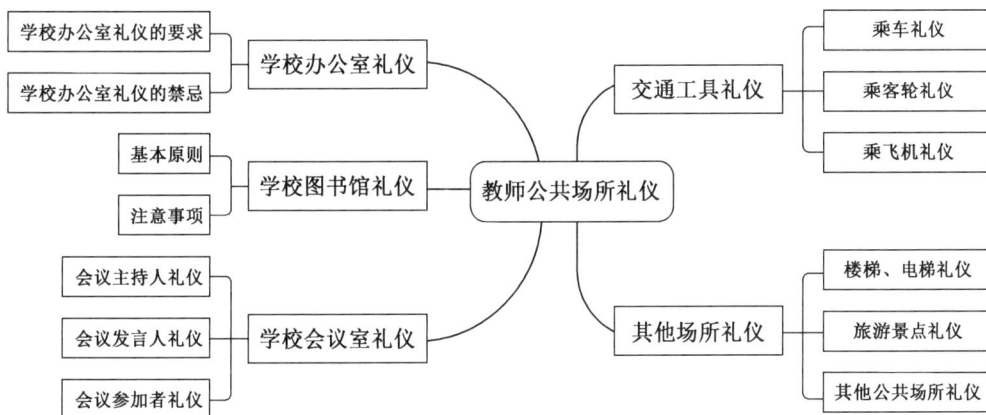

📝 **学习目标**

1. 掌握学校办公室有关礼仪规范。
2. 了解学校会议室有关礼仪规范。
3. 了解教师在公共交通工具及其他公共场合应遵守的各种礼仪规范。
4. 通过学习,自觉纠正日常行为中的不当行为,建立良好的行为习惯。

💻 **案例导入**

有一次,在市图书馆里,大学生小李正在全神贯注地复习考试资料。旁边来了一位中年男士,坐下后便不停地翻弄着手中的书籍,发出较大的声响。

小李微微皱了皱眉,但还是礼貌地轻声说道:"先生,您能不能稍微轻一点,大家都在安静读书。"中年男士先是一愣,随即意识到自己的不妥,连忙道歉:"不好意思,我会注意的。"

过了一会儿,小李的手机突然震动起来,他迅速拿起手机,压低声音简短地说了几句后,便快步走到图书馆外的走廊继续通话。

中年男士看到这一幕,心中对小李的行为十分赞赏,也更加注意自己的一举一动,尽量不发出声音。市民间的尊重和理解,使得整个图书馆的氛围始终保持着安静和有序。

> 表面上礼仪有无数的清规戒律，但其根本目的却在于使世界成为一个充满生活乐趣的地方，使人变得平易近人。
>
> ——埃米莉·波斯特

公共场所是供全体社会成员进行各种活动的社会公用空间，包括公园、体育场、商场、车站、公共交通工具等。校园也是重要的公共场所，办公室、会议室、图书馆、洗手间、楼梯电梯等，是学校各项活动开展的重要场所。作为人民教师，一举一动应当为人师表，更应该树立良好的公德意识，讲究公共场所礼仪，遵守公共秩序，维护良好的个人形象。

第一节　学校办公室礼仪

> 礼貌像只气垫，里面什么也没有，却能奇妙地减少颠簸。
>
> ——梅瑞狄斯·约翰逊

学校办公室礼仪，是校园场景礼仪中常见的内容，也是校园文化的重要组成部分。办公室是学校工作开展的基本单位，既关系到单位的形象，又关系到工作的开展。遵守办公室的礼仪不仅是对同事的尊重，更是每个人为人处世、礼貌待人的最直接表现。

一、学校办公室礼仪的基本要求

办公室礼仪中主要有以下几个方面需要重点注意。

（一）办公室衣着礼仪

在办公室礼仪当中，衣着占据了相当重要的地位。衣着虽然是静态的，但通过穿衣风格，基本可以看出一个人的内涵、品位和修养，以及对待他人的态度。

办公室衣着要符合教师身份，至少要遵循以下几点原则。

1. 整洁

平时的服装并非一定要高档华贵，但需保持清洁，并熨烫平整，穿起来才能大方得体，显得精神焕发。整洁并不完全为了自己，更是尊重他人的需要，这是良好仪态的第一要领。男教师最宜着西装、中山装、夹克衫、衬衣等，禁穿背心、短裤、文化衫、拖鞋。女教师应着夹克衫、衬衣、长裤、裙子，禁穿无领无袖、薄露透短或开线、破损的服装；着裙装应穿肉色长筒袜；禁穿拖鞋和带响声的高跟鞋等。

2. 协调

在办公室服饰穿着要协调，学会在适当的时候穿适合的衣服。男教师不蓄发留须,女教师不浓妆艳抹;染发不过于夸张;饰品饰物大方得体,不宜过多,走起路来摇来摇去的耳环会分散他人注意力,叮当作响的手镯也不宜佩戴。

3. 色彩

不同色彩的衣服会给人以不同的感受,如深色或冷色调的服装让人产生视觉上的收缩感,显得庄重严肃;浅色或暖色调的服装会有扩张感,使人显得轻松活泼。因此,可以根据不同需要选择和搭配不同色彩的衣服。

4. 细节

除了主体衣服之外,鞋、袜、手套等的搭配也要多加考究。如袜子以透明近似肤色或与服装颜色协调为好,带有大花纹的袜子不可登大雅之堂。正式、庄重的场合不宜穿凉鞋或靴子。黑色皮鞋适用最广,可以和任何服装相配。

"佛要金装,人要衣装。"菲尔莱狄更斯大学的沃尔特斯研究了给人印象深刻的职业形象和起薪之间的关系。她给一千多家公司发出一组相同的简历,其中的一些简历提供的是申请人在进行形象设计之前的照片,其他的简历提供的是申请人进行了形象设计之后的照片。当把一个普普通通形象的申请人,打扮成衣着光鲜的职业化形象之后,起薪提高了 8%～20%。

(二)办公室称谓礼仪

语言是双方信息沟通的桥梁,是双方思想感情交流的渠道。语言在人际交往中占据着最基本、最重要的位置。语言作为一种表达方式,能随着时间、场合、对象的不同表达出各种各样的信息和丰富多彩的思想感情。说话礼貌的关键在于尊重对方和自我谦让。

同事之间,恰当地打招呼是和谐沟通的开端。每个人都希望得到他人的尊重,且人们比较看重自己业已取得的地位。正确地运用敬语、谦语等,对有头衔的人称呼他的头衔是对人的尊重。

要做到恰当得体地打招呼,必须注意以下几点。

1. 敬语及其运用

敬语,是表示尊敬的礼貌词语。除了礼仪要求之外,多使用敬语还可体现一个人的文化修养。日常生活中使用敬语的场合有:比较正式的场合;与师长或身份、地位较高的人交谈;与人初次打交道或会见不太熟悉的人;会议、研讨会等公务场合等。

我们日常使用的"请"字,第二人称中的"您"字,都是敬语。还有一些常见用语,如初次见面称"久仰",很久不见称"久违",请人批评称"指教",请人原谅称"包涵",麻烦别人称"打扰",托人办事称"拜托",赞人见解称"高见"等,都是敬语。

2. 谦语及其运用

谦语,与敬语相对,是向人表示谦恭和自谦的词语。谦语最常见的用法是在别人面前谦称自己和自己的亲属。例如,称自己为"愚",称亲人为"家严""家慈""家兄"或"家嫂"等。自谦和敬人,是不可分割的统一体。尽管日常生活中谦语使用不多,但谦恭和自谦的精神无处不在。只要在日常用语中表现得谦恭和恳切,自然会获得他人的尊重。

3. 雅语及其运用

雅语是指一些比较文雅的词语。雅语常常在一些正规的场合以及长辈和女性在场的情况下,被用来替代那些比较随便甚至粗俗的话语。多使用雅语,能体现出一个人的文化素养以及尊重他人的文明素质。比如在待人接物中,若是正在招待客人,在端茶时应该说"请用茶"。

雅语的使用不是机械的、固定的。在办公室里,不能由于大家天天见面就省略问候语。"您好""早安""再会"之类的问候语要经常使用,不厌其烦。

4. 称谓的正确用法

直呼其名仅适用于关系密切的人之间。若与有头衔的人关系非同一般,直呼其名来得更亲切,但若是在公众和社交场合,还是称呼他的头衔更得体。同事之间也不能称兄道弟或乱叫外号。在学校,对于领导,可以以对方的职务来称呼,如某书记、某院长。对于高职称的老师,可以以对方的职称来称呼,如某教授、某工程师。对于博士学历的人士,也可以以某博士来称呼。在学校,同事间一律称呼老师,包括不熟悉、无法确定正确职务、职称、学历的领导前辈等,都可以以老师相称。每个办公室对于称呼某人名字或者是称呼他的头衔都有固定的习惯,新教师要遵循习惯,注意别人称呼的方式。

小张今年大学刚毕业,在一个学校的行政部门工作。一天,领导派他到车站去接省教育厅的吴丽晶处长。小张准时来到机场,在出口处吴处长见到小张手中的字牌,走到小张面前说:"你好!你是小张吧,我是吴丽晶!"小张连忙用不太标准的普通话说:"是的是的,我是小张,您好!您就是省教育厅过来的狐狸精(吴丽晶)处长吧?我是代表学校来接您的。"一边说一边伸手准备与吴处长握手。

面对小张这样的称呼、这样的自我介绍、这样的握手方式,吴处长会是什么感觉呢?

(三)办公室行为礼仪

1. 与人保持适当距离

在人际交往过程中,交往双方的关系以及所处的情境决定着相互之间自我空间范围的大小,不同文化背景下这种空间范围也有差异。美国人类学家爱德华·霍尔博士根据人们在交往中的不同程度,把个体空间划分为四种距离,即亲密距离、个人距离、社交距离、公众距离。其中亲密距离为 45 cm 以内,通常用于兄弟姐妹、亲密朋友、恋人以及父母子女之间。个人距离是人际间隔上略有分寸感的距离,基本没有直接的身体接触,范围在 45 cm～120 cm,适合双方亲切握手,友好交谈,是熟人之间交往、相处的空间距离,陌生人进入这个范围会使人感到不适,有威胁感。社交距离是工作场合与公众场所人们交往时运用的一种距离,充分体现出社交或礼节上的正式关系,范围在 120 cm～210 cm。接待因公来访的客人、上级向下级布置工作等,使用此种距离较为合适。公众距离是公开演讲时演讲者与听众之间所保持的距离,范围为360 cm～760 cm。

进入一个新的办公室环境,应按照先大后小、宁大勿小的原则,逐步适应新环境下的社交距离。

2. 注意交流的内容

交谈一般选择大家共同感兴趣的话题,有些不该触及的问题,比如对方的年龄、收入、个人物品的价值、婚姻状况、宗教信仰等,还是不谈为妙。打听隐私是不礼貌和缺乏教养的表现。

3. 行为要多加检点

男性要尊重一起工作的女同事,不能同她们拉拉扯扯、打打闹闹。在工作中要讲男女平等。要尊重女性的尊严和隐私,严禁在工作场合骚扰其他同事。

尽量不要在办公室里吸烟,女性更不要当众化妆。如很想吸烟或需要化妆,则应去专用的吸烟室或化妆间。

4. 遵守办公纪律

除了上课及因公外出,办公时间最好不要离开办公室。另外,工作时间看与工作无关的书报、吃零食、打瞌睡等也是不礼貌的。私人电话接起来没完没了会招致同事们的白眼,而坐在办公桌上办公或将腿整个跷上去的样子都是很难看的举止。

接待来访者要平等待人,不论其是否有求于自己。回答来访者提出的问题要心平气和、面带笑容,绝不能粗声大气,或者以拳头砸桌子来加重语气。

去别的办公室拜访同样要注意礼貌,一般需要事先联系,按时赴约,经过许可方可入内。在别的办公室里,没有主人的提议,不能随便脱下外套,也不要随意解扣子、卷袖子、松腰带。未经同意,不要将衣服、公文包放到桌子和椅子上,公文包很重的话,则放到腿上或身边的地上。不要乱动别人的东西。在别人的办公室停留的时间不宜太久,初次造访以 20 分钟左右为宜。

（四）电脑礼仪

电脑是现代人工作的重要工具,使用电脑也不只是开机、关机、上网那么简单,它也能体现一个人的素质和教养。

要爱护学校的电脑,平时要擦拭得干干净净;擦拭显示屏时,注意不要为了干净用湿抹布一擦了之,以至于损害屏幕;不用时正常关机,不要丢下就走;外接插件时,要正常退出,以避免数据丢失、电脑崩溃等故障。

在学校使用电脑,不要做与工作无关的事情,如打游戏、网上聊天等,这样既违反学校规章制度,慢慢地还会导致自己业务落伍。

很多学校不允许教师在公用电脑上打游戏、网上聊天,但仍有人私自玩,或用学校的内部网络开网吧,占用学校机房设备为自己牟利,这些都是违反学校规章制度的。

电子邮件在给人们带来方便的同时,也带来了礼仪方面的新问题。有的电子邮件充斥着笑话、垃圾邮件和私人便条,与工作相关的内容反而不多。我们应当讲究有关电子邮件的礼节,别让电子邮件出笑话。

要特别注意网络信息安全,严禁使用办公电脑打开不明来源的邮件、访问不明网址、访问非法网络资源等。

二、学校办公室礼仪的禁忌

在办公室中,有如下礼仪禁忌需要特别注意。

(一)过分注重自我形象

办公桌上摆着化妆品、镜子和靓照,还不时补补妆,不仅给人以工作不努力的感觉,而且众目睽睽之下不加掩饰实在有伤大雅。

(二)使用公共设施缺乏公共观念

单位里的一切公共设施都是为了方便大家,以提高工作效率,打电话也好,传真、复印也好,都要注意爱惜和保护公共设施。不要在办公室里聊天,以免影响他人工作。

(三)零食、香烟不离口

女士大都爱吃零食,只是工作时要把"馋虫"藏好,尤其有旁人在场和接听电话时,嘴里万万不可嚼东西。至于那些爱吸烟的男士,在公共场合也应注意尊重他人,不要随意抽烟污染环境。

(四)形象不得体

坐在办公室里,浓妆艳抹、暴露过多,或衣着不整、品位低俗,都属禁忌之列。工作时,语言举止要尽量保持得体大方,过多的方言土语、粗俗不雅的词语等都应避免。无论对上司、下属还是同级,都应该不卑不亢,以礼相待,友好相处。

(五)把办公室当自家居室

中午自带的饭盒用微波炉加热一下,再煮点小菜做汤,一顿挺丰盛的午餐有了,饭后再将餐具之类随手一放……可下午上班后,同事们要在这种充满菜味的屋子进进出出,感觉实在不妙。

(六)高声喧哗,旁若无人

有什么话慢慢讲,旁若无人地高声说话是失礼的行为。

(七)随便挪用他人东西

未经许可随意挪用他人物品,事后又不打招呼的做法是非常失礼的。至于用后不归还原处,甚至经常忘记归还的,会给他人带来极大不便,更应当尽量避免。

(八)偷听别人讲话

他人私下谈话或者在打电话时,不可停下手中工作去偷听,否则会使自己的形象大打折扣,招致反感。有可能的话,此时还是暂且回避一下为好。

(九)对同事的客人表现冷漠

无论是谁的客人,踏进办公室的门,就是大家的客人,办公室里每一个人都应尽主人之责,热情招待。如若三言两语把客人打发掉,或不认识就不加理睬,都有失主人的风度。

第二节　学校图书馆礼仪

博学于文,约之以礼,亦可以弗畔矣夫。

——孔子

"营造书香校园,丰富人文底蕴。"图书馆是教学科研辅助单位,面向全校甚至更广大范围的师生读者,所以,图书馆属于高雅服务场所,既是传播文化的地方,也应当是崇尚文明的地方。因此,教师在图书馆,从着装到表情,从语言到动作,都应表现出朝气蓬勃的面貌,为图书馆营造愉悦的工作氛围,为学生营造舒适的学习环境。宽敞的房间、明亮的灯光、丰富的图书、安静的环境,可以让人平心静气地专注于书本,提高学习效率。很多人偏爱到图书馆里学习,图的就是这份幽雅、宁静,既然大家怀揣同样的心愿,那么教师们在图书馆内学习时也要注意自己的言行,共同维护这方宁静的圣土。

一、基本原则

(一) 轻、静

一个"静"字,作为一种警示,告诫每位走进图书馆的读者,都应保持图书馆里的安静,做事轻手轻脚,说话轻声细语。如果穿着硬底并钉有铁掌的皮鞋走进图书馆,请尽量放轻脚步,以免影响他人。如果在图书馆遇到熟人,不宜交谈,只需点头示意即可。如若真的有话要说,请离开阅览室再说。进入图书馆应把手机关掉或者调成静音,如果手机时不时铃声大作,不仅自己没法好好学习和看书,还会影响到别人,这种行为极不礼貌。

(二) 洁、净

应注重个人仪表的整洁。图书馆是公共场所,读者应注意自己的仪表礼仪,培养自己的良好习惯,塑造自己的最佳形象。到图书馆、阅览室学习,要衣着整齐干净、大方得体,不能穿背心、吊带和拖鞋入内,不要披衣散扣。绝不允许赤脚进图书馆,应保持双手干净,这样翻书时才不会把书弄脏。

保持馆内环境的干净。在阅览时,不乱扔纸屑、不随地吐痰、不吃零食,这些都是需要保持的行为。

(三) 雅、敬

进入图书馆,应自觉排队,不拥挤,不争先恐后,并注意使用"您好""请""谢谢"等礼貌用语。就座时,最好不要为自己的同事预占位置,也不要去抢占暂时离开的读者的座位。现在很多图书馆都是自助选书,但如果需要工作人员帮忙,要耐心等待,不可多次催促,以免影响工作人员的工作。

要爱护图书馆里的公共设施。图书是公共财产,不能为了个人或小集体的需要而损坏属于大众的图书。不少人看书时有折角、在书上画重点号或其他标记的习惯,但对图书馆的书不能这样做。至于有意把自己需要的资料、图片撕下来,则更为恶劣。一旦发现这种情况,工作人员都会严肃处理,轻则批评教育,重则加倍赔偿。如果是珍贵书刊,还要依法从严处理。现在,较大的图书馆都在逐步发展复印和照相等业务,如果因工作关系确实需要某种资料,可以在图书馆里进行静电复印或照相,绝不可为了占有资料而不惜损毁图书。

对图书馆和阅览室内的桌椅板凳也应注意爱护。不在桌、台上乱刻乱画,坐着时不要摇摆凳子。即使人很少,也不能利用空座位躺卧休息和睡觉。离馆时,应把图书放回原处,不能随便摊放在桌子上,并自觉把桌椅恢复到原位。

(四) 快、速

图书要及时归还。"图书的价值在流动之中。"每一个求知者都应自觉地把图书发挥到最大的效益。当自己借到一本急需的图书时,应抓紧时间看完。特别是一些"热门书",更应该速看速还,以免影响他人借阅。借到好书就想占为己有、迟迟不还,这是缺乏社会公德的表现。

图书馆是校园神圣的一角,在图书馆的学习礼仪反映了读者的学习态度和道德涵养,只有自觉遵守才能有效汲取知识。

二、注意事项

在图书馆阅读,需要注意的事项有以下几方面。
(1) 不大声说话或通电话,不与旁人窃窃私语。
(2) 走路时鞋子尽量不发出声音。
(3) 不和身旁的异性做不合适的行为。
(4) 不吃东西,不嚼口香糖。
(5) 不用任何东西占位,不把自己的包放在旁边暂时没有人的座位上。
(6) 爱惜图书,不在书上标记或折页。
(7) 看完的书籍按照要求放在图书馆规定的位置上。
(8) 离开图书馆时把自己的位子清理干净,将座椅向书桌靠拢。
(9) 借书、还书时自觉排队。

第三节　学校会议室礼仪

礼节和礼貌是一封通向四方的推荐信。

——伊丽莎白

举行正式会议时,通常应事先排定与会者,尤其是其中重要身份者的具体座次。越是重要的会议,其座次排定往往就越受到社会各界的关注。有关会场排座的礼仪规范,不但要有所了解,而且必须认真遵守。在实际操办会议时,由于会议的具体规模不同,因此其具体的座次排定便存在一定的差异。

一、会议座次安排

(一) 小型会议座次安排

小型会议,一般指参加者较少、规模不大的会议。它的主要特征是全体与会者均应排座,不设立专用的主席台。小型会议的排座,目前主要有以下三种具体形式。

1. 自由择座。基本做法是不排定固定的具体座次,而由全体与会者自由地选择座位就座。

2. 面门设座。一般以面对会议室正门之位为会议主席之座。其他的与会者可在其两侧自左而右地依次就座。

3. 依景设座。这是指会议主席的具体位置,不必面对会议室正门,而是应当背靠会议室内的主要景致之所在,如字画、讲台等。其他与会者的排座,则略同于前者。

(二) 大型会议座次安排

大型会议,一般是指与会者众多、规模较大的会议。它的最大特点是会场上应分设主席台与群众席。前者必须认真排座,后者的座次则可排可不排。

1. 主席台排座

大型会场的主席台,一般应面对会场主入口。在主席台上的就座者,通常应当与在群众席上的就座者呈面对面之势。主席台每一名成员面前的桌上,均应放置双向的桌签。

主席台排座,具体又可分为主席团排座、主持人座席、发言者席位三类。

(1) 主席团排座。主席团是指在主席台上正式就座的全体人员。目前,国内排定主席团位次有以下三个基本规则:一是前排高于后排;二是中央高于两侧;三是左侧高于右侧。

(2) 主持人座席。会议主持人,又称大会主席。其具体位置有三种方式可供选择:一是居于前排正中央;二是居于前排的两侧;三是按其具体身份排席,但不宜令其就座于后排。

（3）发言者席位。发言者席位，又叫做发言席。在正式会议上发言者发言时不宜就座于原处发言。发言席有以下两个常规位置：一是主席台的正前方；二是主席台的右前方。

2.群众席排座

在大型会议上，主席台之下的一切座席均称为群众席。群众席的具体排座方式有以下两种。

（1）自由式择座。即不进行统一安排，而由大家各自择位而坐。

（2）按单位就座。它指的是与会者在群众席上按单位、部门或者地位、行业就座。它的具体依据既可以是与会单位、部门名称汉字笔画的多少或汉语拼音字母的顺序，也可以是平时约定俗成的序列。按单位就座时，若分为前排后排，一般以前排为高，后排为低；若分为不同楼层，则楼层越高，排序越低。

在同一楼层排座时，又有两种普遍通行的方式：一是以面对主席台为基准，自前往后进行横排；二是以面对主席台为基准，自左向右进行竖排。

二、会议的流程

会议流程是指会议议程的先后顺序。会议流程不仅使会议有据可依，有条不紊地进行，而且从一个侧面反映出会议组织者的礼仪水平。

无论是举办工作例会、庆祝表彰会，还是举办座谈会或代表大会，都无一例外地要事先拟定会议议程。虽然各种会议的内容、形式不同，繁简不一，但都有约定俗成的基本程序。这里仅简要介绍报告会、讨论会的常规程序，读者可举一反三，以此类推。

（一）报告会

报告会通常是邀请某位领导干部、专家学者等作报告的会议，例如形势报告会、学术报告会等。

报告会的常规流程如下：

（1）主持人宣布报告会开始，并向听众介绍报告人的简历及成果等；

（2）报告人作报告；

（3）主持人简评报告内容，并宣布提问开始；

（4）报告人回答听众的书面提问或口头提问；

（5）主持人宣布提问结束，总结报告会，宣布报告会结束。

报告会举办单位，要注意以下礼仪：

（1）对报告人的邀请、迎送以及招待应热情、周到；

（2）事先向报告人简要介绍听众情况，以便报告人有的放矢；

（3）报告会主持人应在场作陪，仔细聆听报告，以便对报告内容做出恰如其分的评价；

（4）维持会场秩序，确保报告会善始善终。

（二）讨论会

讨论会往往就某一专题召集有关人员进行探讨，旨在互通情报、交流意见等。

讨论会的常规流程如下：

（1）主持人宣布讨论会开始；

（2）单位领导致辞；

（3）发言人相继发言；

（4）有关负责人作总结发言；

（5）主持人宣布讨论会结束。

讨论会开始前先介绍来宾，讨论会结束后要及时写出会议报道和会议纪要。会议报道应简明、扼要，会议纪要应客观、准确。

三、主持人的礼仪

研讨会或报告会通常由部门负责人或德高望重的学者主持。会议成功与否很大程度上取决于主持人。作为主持人，应注意主持人礼仪：

1. 服装整洁，给人以庄重的感觉

男主持人若穿中山装，应扣好领扣、领钩和裤扣；若穿西服，则应按常规系领带。女主持人着装宜高雅，给人以端庄的感觉。根据会议的内容、形式和特色，对主持人的服饰也不必做单一的要求，可以丰富多样。

2. 提前到会，以便做好相应的准备和安排

主持人宜提前到达会场，检查会场布置、音响效果等。

3. 步伐自然

男主持人的步伐要稳健，表现出刚劲、洒脱的阳刚之美；女主持人的步伐可以略显轻盈，体现出恬静、典雅的阴柔之美。

4. 坐姿端正

主持人落座后，上身挺直而稍向后倾，面对前方。

5. 谈吐文雅

开会时，主持人首先讲明会议主题及有关程序，介绍来宾和发言人等。主持人讲话应尽量使用普通话，力求做到言简意赅。

6. 聆听发言

当发言人开始发言和发言结束时，主持人应带头鼓掌致意。主持人注意倾听发言人的发言，对发言表示重视，而不要埋头看与发言无关的材料或同他人交头接耳，同时还应尽量避免出现抓头发、挖耳鼻等不雅观的动作。

7. 全神贯注

主持人主持会议时应全神贯注，审时度势，引导会议有条不紊地顺利进行。

8. 掌握时间

主持人应严格掌握会议的时间，适时做出总结，按时结束会议，切忌把讲求实效的短会开成"马拉松"式的长会。

四、会议发言人的礼仪

会议发言有正式发言和自由发言两种,前者一般是领导报告,后者一般是讨论发言。正式发言者,应衣冠整齐,走上主席台应步态自然、刚劲有力,体现一种成竹在胸、自信沉稳的风度与气质。发言时应口齿清晰,讲究逻辑,简明扼要。如果是书面发言,要时常抬头扫视一下会场,不能低头读稿,旁若无人。发言完毕,应对听众的倾听表示谢意。自由发言则较随意,但要注意发言应讲究顺序和秩序,不能争抢发言;发言应简短,观点应明确;与他人有分歧,应以理服人,态度平和,听从主持人的指挥,不能只顾自己。自由发言不可主观武断、强词夺理。谈话中,即使自己所言为对方所接受,亦不可滔滔不绝,以免影响他人发言;如与对方意见相左,要机智地转变话题,幽默地调节气氛。

如果有会议参加者对发言人提问,应礼貌回答,对不能回答的问题,应机智而礼貌地说明理由。对提问人的批评和意见应认真听取,即使提问者的批评是错误的,也不应失态。

五、会议参加者礼仪

作为会议与会者,应讲究出席会议礼仪,出席会议时应衣冠整洁,按时到会。进入会场时应听从会务人员的安排,在事先排好或临时指定的位置上就座。落座后,上身要正坐,不要瘫坐在椅子里给人一种无精打采的感觉,让别人以为你对会议的内容不重视或者不感兴趣。脚要平放,背靠椅背,身体可略微前倾。不要来回挪动椅子发出噪声。也不要忽站忽坐,东张西望。

当大会发言人发言时,与会者要认真聆听,而不要与邻座交头接耳,以免影响他人。最好事先准备好纸笔,将听到的关键之处记录下来,留作会后提问或者日后参考之用。开会期间,不要因无聊而打盹或者玩弄文具。若无特殊情况,不要中途退场。如有需要提前离会,应事先打招呼,或事后向有关人员说明原委。当大会发言人发言结束时,与会者应礼貌地鼓掌致意。

作为与会者,对会议组织者在接待方面存在的不足之处要予以谅解,可以在合适的时候向东道主提出改进工作的建议,但不要当众非议东道主。

六、会议签到方式

参加会议人员进入会场时一般要签到,会议签到是为了及时、准确地统计到会人数,便于安排会议工作。有些会议只有达到一定人数才能召开,否则会议通过的决议无效。因此,会议签到是一项重要的会前工作。会议签到一般有以下几种方法。

(一)簿式签到

与会人员在会议工作人员预先备好的签到簿上按要求签上自己的姓名,表示到会。签到簿上的内容一般有姓名、职务、所代表的单位等,与会人员必须逐项填写,不得遗漏。簿式签到的优点是利于保存,便于查找;缺点是这种方法只适用于小型会议。一些大型会议,参加会议的人数很多,采用簿式签到就不大方便。

(二)证卡签到

会议工作人员将印好的签到证事先发给每位与会人员,签证卡上一般印有会议的名称、日期、座次号、编号等,与会人员在签证卡上写好自己的姓名,进入会场时,将签证卡交给会议工作人员,表示到会。其优点是比较方便,避免临开会时签到造成拥挤;缺点是不便保存查找。证卡签到多用于大中型会议。

(三)会议工作人员代为签到

会议工作人员事先制定好参加本次会议的花名册,开会时来一人就在该人名单后画个记号,表示到会,缺席和请假人员也要用规定的记号表示。例如,用“√”表示到会,用“×”表示缺席,用“○”表示请假等。这种会议签到方法比较简便易行,但要求会议工作人员必须认识绝大部分与会人员,所以这种方法只适宜于小型会议和一些常规性会议。对于一些大型会议,与会人员很多,会议工作人员不能认识大部分人,逐个询问到会人员的姓名很麻烦,所以大型会议不适宜采用这种方法。

(四)座次表签到

会议工作人员按照会议模式,事先制定好座次表,座次表上每个座位按要求填上正确的与会人员姓名和座位号码。参加会议的人员到会时,就在座次表上销号,表示出席。印制座次表,与会人员座次安排要求有一定规律,如从×号到×号是某部门代表座位,应将同一部门的与会人员集中在一起,便于与会者查找自己的座次号。采用座次表签到,参加会议的人员在签到时就知道自己座位的排数和座号,起到引导的效果。

(五)手机签到

会议工作人员在醒目位置张贴或展示二维码,与会者用手机扫码签到的方式越来越成为一种常见的签到方式。

七、参加会议时的注意事项

参加会议时需要注意的事项主要有以下几点:发言者发言时不可长篇大论、滔滔不绝(原则上以3分钟为限);不可取用不正确的资料;不要尽谈些期待性的预测;不可进行人身攻击;不可不懂装懂、胡言乱语。与会者不可从头到尾沉默到底;不可打断他人的发言;不可对发言者吹毛求疵;不要中途离席。

第四节　交通工具礼仪

爱人者,人恒爱之;敬人者,人恒敬之。

——孟子

一、乘公共汽车礼仪

公共汽车是城市居民最常用的交通工具。平时上下班,双休日上街购物,通常都乘坐票价便宜的公共汽车。作为教师,乘公共汽车应注意以下礼仪:

(一) 自觉排队

乘客乘坐公共汽车应自觉排队,依序上车。在中间站,车靠站后,乘客要先下后上,或从前门上后门下。应主动让老弱病残、妇女儿童先上。上了车的乘客应酌情向车厢内移动,不要堵在车门口,以免妨碍后面的乘客上车。

(二) 主动购票

乘客上车后应主动购票或出示月票。下车前,应自觉地向售票员出示车票、月票。在不少城市,绝大部分公交车为无人售票车,乘坐无人售票车时应自觉刷卡、投币或扫码购票。

(三) 互谅互让

在车上遇到孕妇、病人、老人和抱孩子的妇女,有座位的年轻乘客应主动让座。当他人给自己让座时,要立即表示感谢。车上人多时,乘客之间难免拥挤和碰撞,大家都应表现出高姿态,互相谅解。乘客还应尊重司机、售票员。此外,乘客应注意乘车安全,例如,不要在车上织毛衣,不要将雨伞尖指向他人,以免误伤其他乘客。

(四) 注意卫生

在车上不要吸烟,要讲究公共卫生,不要随地吐痰、乱扔果皮纸屑。随身携带机器零件或鱼、肉等的乘客,应将所带物品包好,以免弄脏其他乘客的衣服。

公共汽车上,一位老大爷给一个姑娘让了座。老大爷说:"孩子啊,你坐下吧。"那个姑娘高兴地坐下了,而后,问老大爷:"你是不是要下车?"老大爷摇摇头说:"不是,我给你让座是因为你吃的点心渣总是掉在我的脑袋上和脖领里。"

二、乘轿车礼仪

随着城市出租车的普及和私家车的增多,轿车已成为人们常用的交通工具。因此,乘客应当了解轿车有关知识,讲究乘车礼仪。

轿车上的座位有尊卑之分。一般说来,车上最尊贵的座位是后排右座,其余座位的尊卑次序依次是:后排左座、后排中座、前排右座。如果是专业司机开车,贵宾坐在后排右座。但是,如果是轿车主人开车,贵宾也可以坐在前排右座(即副驾驶座),以便交谈。

亲友一同乘车时,男士和晚辈应当照顾女士和长辈,请他们先上后下,并且为他们开、关车门。

女士上车时,可面朝车门轻轻坐到座位上,然后双腿并拢进入车内。下车时,最好双脚同时着地,不要一前一后。

乘出租车,若无特殊情况,乘客宜坐在后排。乘客应当尊重出租车司机,一般情况下,不要催促司机加快车速,也不要对司机的驾驶技术说三道四。乘客下车时,应向提供优质服务的司机道谢。

三、乘火车礼仪

乘坐火车、高铁,应注意以下礼仪:

（一）对号入座（卧）

乘坐火车的旅客,应提前到火车站候车,到时排队检票上车。进车厢后应对号入座(卧),不可占用别人订好的座位(铺位)。

（二）互相关照

旅客上车后,应迅速把携带的物品安放在行李架上,而不要把提箱、包裹等乱放在车厢通道上,以免影响他人通行。吸烟者不要在车厢内吸烟,可在车厢设置的吸烟区吸烟。高铁或动车组列车禁止吸烟。

旅客之间的寒暄、交谈应掌握好尺度,不要随便打听别人的收入等私事。与人聊天时,不要信口开河或大声讲话。打扑克牌时,不要高声喧哗,以免影响他人休息。

四、乘地铁礼仪

随着国民经济的发展与科学技术的进步,我国北京、上海、深圳、南京、武汉等许多城市均修建、开通了地铁。地铁准时、便捷、安全,受到了大众的喜爱。乘坐地铁,应注意以下礼仪:

（1）先下后上。候车时禁止越过黄色安全线或倚靠屏蔽门;按线排队候车,先下后上;车门或屏蔽门开、关过程中,禁止强行上下列车;车门或屏蔽门关闭后,禁止扒门。

（2）注意仪态。禁止在地铁站、车内追逐打闹;禁止在站台、大厅、出口、通道久留,禁止在出入口平台上坐卧。

（3）讲究卫生。不得随地吐痰、乱扔果皮纸屑、在车厢内饮食。

（4）保持安静。乘坐地铁时,交谈应尽量轻声细语,不要大声喧哗。使用手机通话时，不要大喊大叫，以免影响其他乘客。

五、乘客轮礼仪

乘坐客轮，应注意以下礼仪：

(一) 遵守规则

乘客上船后，应听从客轮工作人员的安排，到自己的铺位休息，而不要随意挪动铺位。

乘客可在甲板上散步、观景，也可去阅览室读书看报等。但注意不要随便闯入别人的客房，更不要到"旅客止步"之处游逛。"旅客止步"之处，多为船员或工作人员工作或休息的场所。

乘客乘船时还应遵守航行规则。例如，白天不要站在船头或甲板上挥舞衣服或手帕，以免被其他船只误认为打旗语；晚上则不可拿着手电筒乱照，以免被当成灯光信号。

(二) 彬彬有礼

乘客应依序排队上船。上船时，男士或年轻者应留意照顾同行的女士和年长者，让他们走在前面。下船时，男士或年轻者可以走在前面，以便帮助同行的女士和年长者下船。

乘客要尊重船员，乘客之间也应以礼相待，友好相处。

六、乘飞机礼仪

乘坐国内航班应提前两小时左右到达机场，乘坐国际航班则需要提前三小时左右到达机场，以便有足够的时间取登机牌，办理行李托运手续等。

上下飞机时，均有空乘和其他机组人员站在机舱门口迎送乘客。乘客进出舱门时，应向热情迎送的机组人员表示感谢或点头致意。

飞机起飞或降落时，颠簸较厉害。为安全起见，乘客应注意机舱内的广播，不要随意离开座位。

在飞机上使用盥洗室时，动作要迅速，并注意保持其整洁，把用过的纸巾投入收集脏纸巾的容器内。

乘国际航班，航程较长。在座位上坐久了感觉疲劳时，可以放下座椅靠背仰身休息。放座椅靠背之前，应先看看后面的乘客是否正在饮食，最好等他（她）用餐完毕已不需要座椅后面的小桌板时，再缓缓放下自己的座椅靠背。

第五节 其他场所礼仪

> 要记住,你不仅是教课的教师,也是学生的教育者,生活的导师和道德的引路人。
>
> ——苏霍姆林斯基

除了在正式场合需要注意礼仪外,在其他场所,教师也应做到彬彬有礼。

一、洗手间礼仪

洗手间是我们每天必须"光顾"的地方,由于学校的洗手间是共用的,所以在使用时就必须遵守相关礼仪,以免影响下一位使用者的使用。而洗手间的使用礼仪是最能体现出文明程度高低的。

不论男女,在洗手间有人占用的情况下,后来者必须排队等待,一般是在入口的地方等待。按先来后到依序排成一列,一旦其中某一间空出来时,排在第一位的自然拥有优先使用权,这是国际通行的惯例。

洗手间最忌讳肮脏,所以在使用时应尽量小心,如果有污染也应尽可能加以清洁。女性卫生用品千万不要顺手扔入马桶内,以免造成马桶堵塞。其他如踩在马桶上使用、大量浪费卫生纸导致后来者无纸可用等,都是相当失礼的行为。

有些地方的冲水按钮位置和平常所见的有所不同,但一般都是在水箱附近,有的在头顶用拉绳来拉,或在马桶后方用手拉,也有一些设置在地面上用脚踩的。实际上,用脚踩的方式应该是最符合卫生标准的。如果是怕冲水时手被污染,则不妨用卫生纸包住冲水按钮再按冲水。用完洗手间应该故意留下明显缝隙,让后来者无需猜测就知道里面是空的。

儿童一般是可以和父亲或母亲一起使用洗手间的。但请注意,母亲带小男孩或父亲带小女孩如厕时,请使用第三卫生间。

各个地方洗手间标志也各不相同。国际上最通用的厕所标志是"WC"。另外,常用的标志还有:Toilet(盥洗室),Lavatory(厕所),WashRoom(洗手间),RestRoom(休息室),BathRoom(浴室)。也有是用图案来标示的,男厕多是烟斗、胡子、帽子、拐杖、男士头像,女厕则多以高跟鞋、格子、洋伞、嘴唇、女士长发头像等来表示。

二、楼梯、电梯礼仪

楼梯、电梯间有以下礼仪规范需要注意。

(一)电梯礼仪

随着城市建设的发展,电梯在许多场所使用,教师有必要学会乘电梯的礼仪。等乘电梯,应站在电梯门两侧。门开时,应先出后进。当人数超载时,应主动退出。电梯虽是小空间,但是里面的学问不浅,可以充分展示出人的道德与修养。

1. 电梯礼仪的基本原则

(1) 谁来按键?

操作按键是晚辈、下属或接待人员的工作。如果电梯里都是不认识的人,年轻人应争取做这个服务工作。

(2) 谁靠里站?

愈靠内侧,是愈尊贵的位置。因此,可以让老者或者尊者先进电梯站这个位置;较靠电梯门口处,为第二顺位。

(3) 谁先进出?

依序进出,进入电梯后应立即转身面朝门的方向站立,以等待即将快要到达者。如乘坐自动扶梯应靠右侧站立。即使电梯中的人互不认识,站在按键处者,也应主动操作按键。

(4) 尽量避免交谈。

(5) 不要对镜整装、补妆。

(6) 电梯内由于空间狭小,避免过度使用香水。

2. 电梯礼仪的具体要求

(1) 一个人在电梯里不要看四下无人就乱写乱画,抒发感想,以致电梯成了广告牌。

(2) 电梯门口处,如有很多人在等候,请勿挤在一起或挡住电梯门口,以免妨碍电梯内的人出来。应先让电梯内的人出来之后方可进入,不可争先恐后。

(3) 伴随客人或长辈来到电梯厅门前时,先按电梯按钮;电梯到达门打开时,可先行进入电梯,一手按住开门按钮,另一手按住电梯侧门,请客人们进入。客人进入电梯后,按下客人要去的楼层按钮;行进中有其他人员进入,可主动询问要去几楼,帮忙按下。电梯内尽量侧身面对客人,不要高声喧哗。

(4) 电梯内可视情况看是否寒暄,如果没有其他人员时,可略作寒暄;如果有外人或其他同事在时,可斟酌是否有必要寒暄。在电梯内,勿高声谈话。

(5) 上下班时,电梯里面人非常多,在电梯里,尽量站成"凹"字形,挪出空间,以便后进入者有地方可站。先上来的人,要主动往里走,为后面上来的人腾出地方;后上来的人,要视电梯内人的多少而行,当超载铃声响起,最后上来的人主动下来等后一趟。

(6) 在自己的目的楼层快要到时,应尽早等候在电梯门旁,不要等电梯打开时,才匆匆忙忙出来。一般来说,与不相识者同乘电梯,出来时应由外至内依次而出,不要争先恐后。

(二) 上下楼梯的礼仪

上下楼梯时,男女长幼的顺序如下:上楼时,女士在前,男士在后;长者在前,幼者在后。下楼时,男士在前,女士在后;幼者在前,长者在后。此为安全考虑之故。但若与身着短裙的女士一起上下楼梯时,男士一定要走在女士前面,否则,走在后面的男士的视线正好落在女士的腰臀部,会让女士感到不舒服,属于失礼行为。

三、旅游景点礼仪

目前,旅游业被确立为我国的支柱产业,成为国民经济新的增长点。很多老师在节假日或寒暑假不再待在家中,更喜欢去游览胜地、古迹。在放松心情、陶冶情操、开阔视野和增长知识的同时,更要遵守旅游观光的礼仪。

通过旅游景点游人的言谈举止,能够反映出其素质高低。若想在游览中表现得高素质、有教养,就要注意旅游景点观光礼仪。

(一) 文明游览,爱护设施

凡旅游观光者都应爱护旅游观光地区的公共财物,这是对一个旅游者的基本要求。具体地说,大至公共建筑、设施和文物古迹,小至花草树木,都要珍惜和爱护,不能随意损坏。山川名胜和历史古迹是不可再生的宝贵的自然资源、文化遗产,是我国广大人民血汗的结晶,更是我国古老文明的标志、中华民族的骄傲,每一个中国人都应倍加珍惜。

旅游者还要十分注意爱护亭廊水榭等建筑物的结构、装饰,不要用脚去踩,以免把鞋印留在上面。在柱、墙、碑等建筑物上,更不能乱写、乱画、乱刻。然而,现实生活中,常常会出现一些不文明的旅游者,有些名胜古迹几乎被这些不文明游客写满了"某某到此一游"的字样,更有甚者还用刀子刻字;有些景点刚刚修缮一新,没多久又被那些不堪入目的涂抹弄得一塌糊涂。

旅游者要爱护旅游景点的一砖一瓦、一草一木。不要采折花卉、践踏草地,不用树木作为承重载体做各种运动,在照相时不要拉扯树木的花枝;不要触摸珍贵的文物展品;不要用棍棒去捅逗或用东西投掷动物取乐,也不要随便给动物喂食。

旅游者使用游乐等公共设施时要遵守排队的秩序,不要随便参加一些赌博、迷信活动。在一些山区游览时,要注意防火区内不能使用明火。这是出游时必须遵守的起码的公德秩序,游览前应先了解在景点旅游的相关注意事项。所到之处要入乡随俗,尊重当地的风俗习惯和一些宗教戒规,否则可能会因小事而酿成大错。

(二) 保持安静,注重环保

作为一个文明的旅游观光者,游客要尽量保持旅游观光地区的环境卫生和静谧气氛。游客在旅游观光时,都有维护环境整洁的责任与义务。进入旅游观光区后,不要大声喧哗、嬉笑打闹,否则只能招来别人异样的眼光。

在旅游观光区内,游客不要随地吐痰、随地大小便,以防弄污环境;不要把果皮纸屑、杂物弃置在地上或抛入水池中,以致污染景点内的水资源,要尽量保持水域的环境卫生。在外野餐之后,将所挖灶坑恢复原状后再离去。一定要将垃圾收拾干净,集中丢弃在垃圾箱或垃圾点,不可随手丢弃。

(三) 以礼相待,主动谦让

作为一个文明的旅游者,游客在旅游中要关心他人,注意礼让。旅游途中,走在狭窄的曲径、小桥、山洞时，要主动给老弱妇孺让道，不争先抢行。如果不小心冒犯了他人，应及时致歉，不要与之发生纠纷。在随团队旅游时，一定要听从导游的安排，征得导游同意方可离队，在自由游览时不可玩得忘乎所以而延误归队时间，以致全队人为你担心、等待。

拍照时，要注意景点的相关提示，有些地方禁止拍照就不能拍摄，偷拍有失公德，在不知道能否拍照的情况下要询问相关工作人员。大家都想在景点前留影时，不可争抢，要有秩序地排队。而且在人多的地方拍照，要事先把相机调好，做好准备工作，不要让其他人等待太久，多考虑周围人，可避免不必要的纷争。在帮助别人拍照时，要事先询问对方的意见，不要随随便便应付，或是胡乱摆弄他人相机。别人帮助拍照时，结束后要有礼貌地说声"谢谢"。

当游人较多时，游客不可躺在长椅上睡觉，也不要人坐在椅背而脚踩在凳面上。见到老、弱、病、残、孕妇和怀抱小孩者，应主动让座。当自己见到空位时，应征得别人同意后方可入座，并要表示谢意。

旅游时如果划船，要小心不要让桨碰到他人，或将水溅到他人的船和身上；在两船过狭窄水面时不要争先抢行，以避免碰撞。在海滩上玩耍时，投掷沙子或球等都是令人讨厌的事；海滩上休息时，不要占用过多的地方，更不要堂而皇之地做出过分亲密的动作，引起别人的反感。带孩子到儿童乐园去玩时，不要让自己的孩子长时间独占游乐场里的设施，作为大人更不应该去占用儿童的游乐设施。

乘坐游览车时，游客要提前十分钟上车，不要迟到，以免让他人等候，耽误行程。年轻的游客尽量坐到车厢后面，把前排座位让给老人、妇女和儿童。观光车的第一排座一般都是留给领队导游的，游客尽量不要坐。

📷 知识卡片

中国公民国内旅游文明行为公约

(1) 维护环境卫生。不随地吐痰和口香糖，不乱扔废弃物，不在禁烟场所吸烟。

(2) 遵守公共秩序。不喧哗吵闹，排队遵守秩序，不并行挡道，不在公众场所高声交谈。

(3) 保护生态环境。不踩踏绿地，不摘折花木和果实，不追捉、投打、乱喂动物。

(4) 保护文物古迹。不在文物古迹上涂刻，不攀爬触摸文物，拍照摄像遵守规定。

(5) 爱惜公共设施。不污损客房用品，不损坏公用设施，不贪占小便宜，节约用水用电，用餐不浪费。

（6）尊重别人权利。不强行和外宾合影，不对着别人打喷嚏，不长期占用公共设施，尊重服务人员的劳动，尊重各民族宗教习俗。

（7）讲究以礼待人。衣着整洁得体，不在公共场所袒胸赤膊；礼让老幼病残，礼让女士；不讲粗话。

（8）提倡健康娱乐。抵制封建迷信活动，拒绝黄、赌、毒。

四、其他社会公共场所礼仪

公园、商店、博物馆、体育场等场所是供各种社会成员进行多种活动的公共场所。人们在公园里漫步，在商店里购物，在博物馆欣赏文物，在体育场锻炼身体或观看比赛等。

教师在公共场合的仪表体态、言谈举止，常常反映出一个人内在的素质和修养。因此，教师在公共场所活动时，应自觉遵守社会公德，讲究公共场所礼仪，共同维护公共生活秩序。

（一）购物礼仪

购物并非简单的掏钱买东西。一位懂得购物礼仪、讲究文明礼貌的教师会获得购物的满足和心情的愉悦。作为教师，在购物时应明了以下礼节。

进商店购买物品，要自觉维护商店的环境卫生，不可随地吐痰，吸烟，乱扔糖纸、果皮等，也不可大声呼叫。

在需要排队结账的地方，不插队，对他人要有礼让精神。

对营业员应礼貌客气，不能颐指气使、盛气凌人，选择合理尊敬的称呼。

当营业员正在为别的顾客服务时，应稍等片刻，不要急于与之招呼，以免弄错账目。有时商店里声音嘈杂，营业员可能听不见你的招呼，这时千万不要用手敲击柜台或橱窗，而应耐心等待或继续招呼。

挑选商品要预先考虑，尽量避免售货员的无效劳动；肯定不买的商品，不要让营业员拿给你观赏。选好的商品，要当面交清钱和票证。在挑选易损或易污的商品时，必须小心谨慎。

推手推车时要抓稳，选购时要把推车停在适当的位置，以便他人可顺利通过。

（二）排队礼仪

排队是一个民族文明程度最明显的表现之一。在公共场合，不管有没有明文规定或是他人监督，教师都应该主动排队。

排队时应与前面的人保持适当距离，靠得太近则可能有侵犯人家私人空间之虞，站得较远又会令别人无法确定你是不是要排队。

当需要排队又没有其他人时，应当站在龙头位置而不是四处走动。只为自己排队,最多为一位朋友占位,而不是"一人排队,全村受益"。

遵守公共秩序是每个人的义务,所以批评、制止不守秩序的人也是在帮助维护公共秩序。

(三) 住宿礼仪

教师由于工作关系,外出公差,当需要住宿,走到旅馆或酒店的服务台时,应先有礼貌地和服务台工作人员打个招呼,然后再询问是否还有客房。若该旅馆已客满,应大方地向服务人员道别,再找其他住处。

在办理住宿登记手续时,应耐心地回答服务台工作人员的询问,按旅馆的规章制度办理登记手续,办理入住要服从服务台的安排,有事多协商。

住进客房后应讲究卫生,不要乱扔果皮、纸屑,应将废弃物扔进纸篓。应爱护房内设备,不要随便移动电视的位置等,也不要在墙壁上乱涂乱画。

旅馆是公众休息的场所,教师在酒店、宾馆、旅馆中住宿应保持安静,不要大声喧哗,不要将电视机的音量调得太大,或长时间打电话,以免影响他人休息。应自觉遵守酒店、宾馆、旅馆的各项规章制度。

离开酒店、宾馆、旅馆前,应及时到服务台办理退房手续,并同工作人员告别。

(四) 影剧院礼仪

电影院、剧院是比较高雅的场所,人们把进剧院看戏、听音乐视为一种高雅的艺术享受。因此,要求教师的仪态举止应当与其氛围相协调。

教师到电影院看电影,应衣着整洁。到剧院观看演出,着装应庄重得体,夏天不能穿背心、拖鞋入场。禁止在场内吸烟。

去影剧院看电影或观看演出时,应尽量提前或准时入场。在入口处,主动出示票证,请工作人员检验,进场后对号入座。若到达较迟,其他观众已坐好,自己的座位又在里面,这时应有礼貌地请别人给自己让道。从别人面前经过时,应面向让道者一边道谢,一边侧着身体朝前走,而不要背着人家过去。

从礼仪的角度出发,去剧场观看演出,迟到者应自觉站在剧场后面,只能在幕间入场,或等到台上表演告一段落时悄然入座。

到剧场观看演出,入座后,戴帽者应摘下帽子。坐下时不要将椅子两边的扶手都占据了,要照顾到左右两边的观众。观看演出时,不要摇头晃脑、手舞足蹈或交头接耳,以免妨碍后面观众的视线。也不要高谈阔论,以免影响周围观众。观看演出时,切忌起哄、吹口哨、怪声尖叫。

在剧院看演出时,场内应保持安静,要有礼貌地适时鼓掌,以表达对演员、指挥的尊敬、钦佩和谢意。鼓掌要掌握好时机,例如,当受欢迎的演员首次出台亮相时应鼓掌;观看芭蕾舞,乐队指挥进场时鼓掌;一个个高难度的杂技动作完成时应鼓掌;一首动听的歌曲演唱完毕时应鼓掌;演出告一段落时应鼓掌;演出全部结束时应起立热烈鼓掌。

在观看演出时,鼓掌若不得当,就会产生副作用。如演员的台词还没说完、交响乐的一个乐章尚未结束时就贸然鼓掌,不仅影响演出,而且有损自身形象。

在剧院看演出时,不宜中途退场。如果临时有急事或确实不喜欢看,应在幕间休息或一个节目结束时离场。

观看演出应善始善终。演出结束时,不要匆忙离场,应等演员谢幕或主宾在主人陪同下登台向演员致谢后,再秩序井然地离场。

(五) 体育场礼仪

体育场是进行体育锻炼和体育比赛的场所。教师在体育场观看体育比赛,应讲究相关礼仪。

去体育场观看比赛,衣着不用太讲究,但要整洁、大方。人多时,应自觉排队购票,按时入场。倘若姗姗来迟,入座时会影响别人观看比赛。入场后尽快找到看台座位坐下来。

观看体育比赛时,希望自己喜欢的运动队获胜是人之常情,也是可以理解的。但是,作为一名文明观众,教师应尽量克制在感情上一边倒的倾向,要为双方队员鼓掌加油,为每位运动员的出色表现喝彩。不要只当一方的拉拉队,而对另一方喝倒彩或故意起哄。

"人有失手,马有失蹄。"作为一名观众,对运动员在比赛中的失常、失误表现要给予谅解,而不发出嘘声、怪声或讥笑声。要尊重运动员、裁判员、服务人员的劳动,不嘲讽、辱骂裁判员和运动员。

作为一名文明观众,教师要自觉维护体育场内的卫生,不随地吐痰,不乱扔果皮、瓜子壳等废弃物,不要乱踩座位,不可翻越栏杆,不能在室内体育馆吸烟。

比赛结束后,散场时应按秩序退场,不要拥挤,遇到老弱病残者应主动礼让。

在乒乓球、羽毛球比赛中,闪光灯对运动员眼睛的刺激非常大,会闪花运动员的眼睛,致使运动员很难判断来球的方向和角度,因此,会严重影响比赛的结果。而在冰上项目中,由于一般场地较小,距离观众较近,闪光灯的光亮会使运动员看不清方向,所以在做一些高难动作时,很有可能发生致命的危险。还有,体操运动员在做一些项目时,如在平衡木上翻跟头时,一旦被闪光灯刺激到双眼,就很可能发生从器械上摔下的危险。

(六) 公园里的礼仪

公园是人们休息、娱乐的公共场所,无论春夏秋冬,许多老人清晨来到公园,进行活动和晨练;白天,游园者来到公园观光赏景;每逢周末或节假日,一些家庭全家外出,去公园享受和体会大自然的美;不少学生周末或节假日也来到公园僻静处看书学习;公园更是少年儿童的乐园。

人人都热爱美丽的大自然,都喜欢在空气清新、景色迷人的公园里休息、娱乐或举办活动等。因此,也都有责任和义务爱护公园,并讲究游园礼仪。

在公园里活动和游玩的教师,应当自觉保持公园的卫生和宁静。在公园内不要随手乱扔果皮、纸屑、饮料瓶罐,也不要大声喧哗、嬉笑打闹。公园游玩、野餐时,不要忘了将废弃物收拾干净。

同时,还应自觉遵守公园的规章制度,爱护公园的花草树木和娱乐设施,不能攀树折枝、掐花摘果、践踏草坪,也不要在文物古迹上刻画、书写自己的名字。

教师在公园里游玩和活动,要讲风格、讲礼让、讲互助。不要躺在公园的长椅上睡觉;在景点拍照时,若要请别人帮忙,应礼貌地说出来,请别人帮忙后,别忘了道谢。

五、特殊场合下需要注意的礼仪

(一)银行

在银行办理相关业务时,应按照银行划定的区域顺序排队。在前面的人临近窗口办理个人业务时,后者应主动远离,在一米线后等待。窥视、越步上前询问或未等前面的人办完就争抢办理业务,都是非常不礼貌的行为。在排队时,个人物品应拿好,以免别人碰到造成不必要的误会。不要窥视和记录他人的账号和密码,也不要偷听他人与银行业务员的谈话内容。

(二)驿站

不要妨碍或干涉他人办理快递业务,不要偷窥他人填写的快递单据信息。

(三)机场

不要拥挤和插队,不要偷窥他人的证件,安检前提前拿出手机、电脑等随身携带的物品,登机后不要忘记关闭手机。

(四)海关

不要携带违禁或非法物品,不要使用伪造的身份证,当海关人员询问时不得有所隐瞒。

(五)餐厅

排队等候需要有一定的耐心,不要插队,也不要敲击碗筷,制造不安的气氛。排队时彼此的距离可稍近,但不要紧挨着排在前面的人。

(六)医院

排队时不要大声喧哗,不要偷窥他人的处方或化验单,更不要随意询问陌生人的病情、站在诊室门口倾听、观看别人的检查诊断。

当亲友、同事、同学患病时,前往探望、慰问是人之常情,也是一种礼节。对病人而言,也能起到安慰的作用,有利于早日康复。

但如果探望者言行举止失当,就会给病人造成不利影响。到医院探视前,先向其家属亲友了解一下病人的病情、心情以及饮食起居,以便到病房后做些针对性的安慰。

送给病人的礼品要精心挑选,鲜花、水果、书刊是普遍受欢迎的。如送食品或营养品,要先考虑病人的病情。

探望病人时应选择适当时机,尽量避开病人休息和医疗时间。由于病人的饮食和睡眠比常人更为重要,所以不宜在早晨、中午、深夜以及病人吃饭或休息时间前往探视。如果是探望住院的病人,还应在医院规定的时间内前往。若病人正在休息,不应打扰,可稍候或留言相告。若病人在家静养,一般以下午探望为宜。或依据当地习俗选择探望时间。午间和晚上是病人休息的时间,最好不要去打扰。

进病房要先轻轻敲门,然后进去。到病床前,先把礼物放下,看到病人同往常一样自然、平静、面带笑容,主动上前握手,不能握手时,可点头致意以示招呼,在病人身旁拿一把椅子坐下。

同病人交谈,要冷静、自然,让病人介绍些情况,多说安慰、开导的话,也可以说一些逸闻趣事、社会新闻中战胜疾病的事例,让病人开心而暂时忘却病痛,恢复自信。与病人谈话时,一般应先询问病人身体状况及治疗效果。在病人讲述病情时,要认真地听,不要心不在焉、左顾右盼。但最忌探望者详细地向病人询问其病情,或当着病人的面向主治医生询问医疗方法。

不要向病人介绍道听途说的偏方、秘方,不推荐未经临床试验的药物。如病人的病情需要保密时,不要和病人一起去乱猜,已知道应保密的病情,更不能对病人进行暗示。

为照顾病人休息,谈话和逗留的时间应较短,十分钟左右即可起身告辞。注意避免谈论可能刺激对方或有关忌讳的话题。询问一下病人有什么事情需要帮助,再嘱咐病人安心治疗,表示过两天再来探望。告别时,一般应谢绝病人送行,祝他早日恢复健康。

(七) 健身房

健身房是供人们锻炼身体的场所。教师在公共健身房活动,要讲究以下礼仪。

(1) 互相关照。公共健身房内配备多种器材,分别用于锻炼身体不同部位的肌肉。有鉴于此,一个人不要长时间霸占某一项器材,以免妨碍他人进行全身运动。此外,运动完毕,应将器材归回初始状态,计时计数归零。

(2) 保持器材干净。在锻炼时汗水弄湿了器材,应用毛巾等擦干器材。

(3) 保持安静。健身房是运动场所,应避免高声谈笑或大声喧哗。

(4) 致意。离开健身房前,应向指导教练致意,感谢他的指导与陪伴。

(八) 游泳池

游泳池是人们健身和消暑的好地方。教师在游泳池游泳,要讲究以下礼仪。

(1) 保持池水清洁。入池前,先冲个澡,把身上的汗水、灰尘等洗干净,以免污染了池水。

(2) 为他人着想。在公共游泳池游泳时,最好按照一定的路线前进,不要突然急转弯,以免碰到他人。

(3) 注意安全。在游泳池嬉戏,要注意安全,尽可能避免出现呛水或身体碰撞等情况。

📖 课后习题

一、简答题

1. 在办公室场合,教师应注意哪些着装礼仪?

2. 图书馆礼仪有哪些基本要求?

3. 参加会议时需要注意哪些事项?

二、判断

1. 进入图书馆时,不可以穿背心、拖鞋,但可以穿超短裙和高跟凉鞋。　　（　）

2. 在开会时不能大声喧哗,影响会场秩序,但可以私下里窃窃私语。　　（　）

3. 下班之后较为放松,在楼梯间走路时可以边走边大声聊天。　　（　）

4. 在电梯间可以随意跟同事开玩笑,因为这是非工作时间。　　（　）

5. 如果是最后一个进入电梯,刚好超重了,就请一个看起来最胖的人出去,以保证电梯正常运行。　　（　）

6. 为了节约时间,进入电梯后要马上占住靠近门口的位置,以便电梯一停迅速出去。　　（　）

7. 为了节约资金,可以借图书馆里的教材并占用一个学期。　　（　）

8. 去餐厅吃饭时可以边吃饭边大声交谈工作经验。　　（　）

第八章　教师沟通礼仪

知识导图

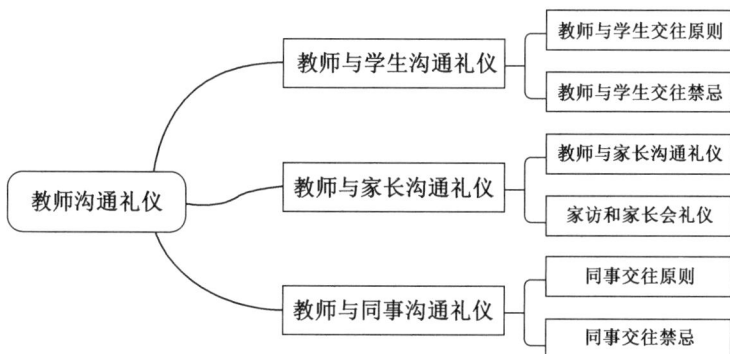

学习目标

1. 理解沟通礼仪的内涵、原则和规范,掌握教师在不同场景下的沟通技巧。
2. 能够运用良好的沟通礼仪进行有效的师生交流和教学互动。
3. 掌握教师与家长、同事之间的交往原则。
4. 通过教师与学生沟通、教师与家长沟通的礼仪体会教育工作的责任感,理解教师的尊重与平等、责任与担当。

案例导入

张启帆参加了一门课的补考,开学教务处说他没参加考试,没成绩,拿不到学分。室友王明了解下情况,决定带他一起去教务处解决问题。

到了教务处,王明说:"老师您好,张启帆同学去年参加了一门课程的补考,但是现在没有成绩……"教务处的老师说:"哦,这个事我们知道。没有他的试卷,所以没成绩。"王明说:"没有试卷不能代表一定没参加考试,有没有别的可能性呢?"王明又问张启帆:"你说说看,补考的时候身边坐着哪些人?"他报出一串名字。王明又对老师说:"老师,我们是咱们学校培养出的学生,相信您对学生有基本的信任。能否联系一下这门课的老师,看看有没有别的可能?"老师被说动了,打电话联系任课老师。最终,发现张启帆同学的卷子被夹在中间漏批改了。结束后教务处的老师问王明:"你是班长吗? 为什么这么热心?"王明说:"我不是班长,我只是觉得应该好好沟通一下。"

沟通最大的问题在于，人们想当然地认为已经沟通过了。

——萧伯纳

沟通，是指人与人之间、人与群体之间思想与感情的传递和反馈的过程，以求思想达成一致和感情通畅。在人际交往中，人们通常有接触才会了解，有了解才会沟通，有沟通才会互动。因此，可将沟通视为人际交往中人与人之间的互动桥梁。在现代礼仪中，沟通的原则要求人们在人际交往中，既要了解交往对象，更要被交往对象所了解。礼仪的主旨在于"尊重"，而尊重他人，必须首先了解他人，并令自己被对方所了解。由此，才能实现有效的沟通。

第一节　教师与学生沟通礼仪

其身正，不令而行；其身不正，虽令不从。

——孔子

学校是学生成长的摇篮，是塑造人格、培养品德的重要场所。教师和学生的关系是学校里最基本的人际关系，教师与学生在人格上是平等的。师生之间良好沟通礼仪，不仅是一种外在表现形式，更是内在素养与情感的传递。它涵盖了语言的艺术、肢体的表达、表情的运用等诸多方面。教师处理好师生关系，能够体现教师高尚的个人品格、优雅的礼仪修养。

得体的沟通礼仪，能够塑造教师可亲、可敬、可信的形象，让学生感受到尊重与关爱，激发学生内心对知识的渴望和对成长的追求。并在这种友好自由的氛围中，学会尊重他人、表达自我，培养出良好的品德和社交能力。

这不仅关乎当下课堂的和谐与成效，更对学生的未来发展有着深远的影响。它是教育过程中潜移默化的力量，引导着学生走向成熟与优秀，塑造着他们的人格与价值观。

一、教师与学生交往原则

师生交往是校园中最基本的人际交往，在这一交往过程中，师生之间进行着思想的沟通和文化的交流。和谐的师生交往离不开教师良好的个人品德和礼仪修养。

（一）热爱学生

热爱学生是教师职业的基本要求，也是教师与学生交往的礼仪之本，教师必须全身心地去热爱所有的学生并且尊重学生。教师爱学生，能激起学生的上进心、自信心。教师真诚地爱学生，会使他们内心感受到温暖，产生一种精神力量。这是促使学生前进的内部动力,是学生接受教育的前提。

1. 平等相待,尊重学生

在人际交往过程中,每个人都希望得到他人的尊重。只有尊重的需要得到了满足,人际关系才可能和谐。因此,教师在与学生交往时,要尊重学生,尊重学生的自尊心,尊重学生的人格,尊重学生的个性。

教师要平等地对待每一个学生。对不同相貌、不同性别、不同种族、不同籍贯、不同出身、不同智力、不同个性、不同关系的学生,要一视同仁,不偏心、不偏爱、不偏袒、不歧视,正如苏霍姆林斯基所说:"让每一个学生在学校里抬起头走路。"要尊重学生的人格,无论在何种情况下都不能用尖酸刻薄的语言讽刺、挖苦、嘲笑、打击学生,尤其不能体罚和变相体罚学生。教师要与学生建立平等合作的关系,要经常与学生和学生集体平等交换意见,采纳他们合理的意见、建议和要求。

2. 倾注爱心,关注学生

热爱学生是建立良好师生关系的关键,教师只有对学生倾注自己的爱,才能赢得学生的依赖。进入学校以后,学生自然地就把爱的希望寄托在教师身上,他们希望教师能够像父母一样关心、爱护自己。如果学生这种爱的需要得到了满足,他们就会对教师产生一种依恋感,就会在内心深处产生与教师交往的需要。这样,学生就会把学习看成一种快乐,这时爱就成为学生健康成长的动力。

教师在和学生交往的过程中要多展示笑脸,因为笑是构筑师生间心灵桥梁的基础。要让学生在轻松、愉快中与教师交流。

教师热爱学生,还必须关注学生,要对学生的发展充满期待。具体来说,教师要从以下几个方面对学生予以关注:关注学生的潜能——通过仔细观察,发现每个孩子的优势潜能,对每一个学生都充满信心;关注弱势群体——弱势群体包括学习上的落伍者、智能上的滞后者、家庭条件上的困难者,一般表现为自信心较弱甚至缺乏自信心;关注对学生的"无意伤害"——教师的"无意伤害"常常会在学生心灵中留下阴影,甚至抵消学生所受教育的总和;关注教师自身的行为效应——多用"大拇指"赞许,不用"食指"指责,多用肯定的目光,多与学生打成一片。

(二) 主动交往

在师生交往中,学生常常喜欢主动亲近教师,与教师沟通。但有些教师却常常因为工作上的种种问题,有意或无意中忽略了与学生的沟通和交流,因而在一定程度上造成了"课上忙学习,课下忙补课"的师生关系。长此下去,师生交往是很难发展的。因此,教师必须重视与学生的主动交往,教师在与学生交往时所采取的态度又是决定师生关系发展的关键。教师对学生的指导、帮助和尊重会引发学生的尊敬、服从、信任等相应行为;对学生的攻击、拒绝、惩罚会引起学生的拒绝、反抗和仇恨等相应行为;迎合、讨好和无原则退让,会导致学生的不尊重、放任和不服从等相应行为。因此,教师从第一次与学生交往时就必须明确自己应该和学生建立什么样的交往模式,要求学生对自己抱有什么样的态度和采取什么样的行为。当学生的态度和行为不符合教师的期望时,唯一的办法是教师主动改变自己对学生的态度和行为,这样,学生的态度和行为才会发生相应的改变。总之,学生对教师的态度和行为总是与教师对学生的态度和行为相一致的。

(三)变换角色

教师角色与其他行业的人相比有其特殊性,这主要表现在两个方面:一是教师每天频繁接触、打交道的对象是一群心理尚不成熟且具有思想认识和主观能动性的孩子;二是教师担负着培养和教育学生的社会责任。因此,教师的职业特点对教师的角色意识提出了更高的要求。教师要充分认识这一特殊性,更好地完成教书育人的任务。具体地说,教师绝不能在学生出现不良行为时与不成熟的学生一般见识,而是要理智地控制情绪,客观地处理学生问题,帮助学生进步。要时时处处做学生的朋友,站在学生的角度分析问题,寻找解决问题的办法。教师要时刻注意自己的言行举止,不断强化角色意识,优化教育行为。

(四)严爱结合

在与学生交往的过程中,教师对学生要做到"严爱结合"。在一次课堂作业中,有个学生因为偷懒没有认真完成,字迹潦草且错误很多。老师发现后,表情严肃地把这个学生叫到面前,严厉地指出他这种不认真对待学习的态度是不正确的,并让他重新认真完成作业。这体现了老师的"严"。然而,在学生重新完成作业的过程中,老师一直耐心地在旁边指导他,帮助他理解难题,还鼓励他只要认真就能做好。当学生最终高质量地完成作业后,老师给予了他充分的肯定和赞扬。这又展现了老师的"爱"。通过这样的方式,既让学生认识到了自己的错误,又感受到了老师的关爱和期望,从而激励他在以后的学习中更加努力和认真。

二、教师与学生谈心礼仪

由于课堂教学是教师同时面对几十名学生进行教学,每一个学生的心理过程都不相同,而且有的学生极易受外界信息的干扰,因此教师无论采取何种预防控制措施,在课堂上,总会有学生开小差、做小动作、走神。对于这些学生,除了课堂上教师采取相应的策略帮助他们外,课后要找他们谈话,了解他们的思想状况、违纪原因,并及时加以劝诫、指导、鼓励,帮助他们形成良好的听课习惯、学习习惯。还有那些成绩不理想、有网瘾、对教师有抵触情绪甚至有逆反心理的学生,教师同样要找他们谈心,为他们讲解人生的道理,给他们以信心、鼓励。教师在准备找学生谈心前,要注意相关礼仪,不要让学生觉得很突然,不愿接受,甚至产生抵触情绪,使谈心起了反作用。

(一)选择合适的场所

在师生谈心时,选择合适的场所至关重要。要寻找一个安静且能让人感到放松的地方,比如安静的教室角落,那里没有嘈杂的声音干扰,可以让师生全身心地投入交流中;或者校园中的亭台,周围环境优美宁静,能营造出一种舒缓的氛围。这样的环境有助于学生敞开心扉,更愿意与老师分享内心的想法和感受。

张勇最近在学校总是情绪低落，上课时常走神。他的班主任刘老师决定找他谈心。

刘老师考虑到需要一个安静且能让小张放松的环境，于是选择了学校的小花园。在一个阳光温暖的午后，刘老师找到了张勇，微笑着对他说："张勇，我们一起去小花园走走吧。"张勇有些惊讶，但还是跟着老师去了。

他们走进小花园，这里绿树成荫，还有一些盛开的花朵，环境十分宜人。刘老师和张勇慢慢地走着，没有立刻开始谈话。过了一会儿，刘老师温和地开口："张勇，你看这里多美呀，是不是让人感觉很舒服？"张勇点了点头。

刘老师接着说："我注意到你最近好像心情不太好，是有什么事情困扰着你吗？在这里，你可以放松地和老师说。"张勇犹豫了一下，然后鼓起勇气说："老师，我爸爸妈妈最近总是吵架，我很担心他们会离婚，心里特别乱。"刘老师停下脚步，看着张勇的眼睛，轻声说："原来是这样啊，我能理解你的担心。但大人之间的事情有时候很复杂，也许他们只是在沟通中出现了一些问题，不一定就会离婚呀。"

刘老师拉着张勇在一个长椅上坐下，继续说："你要知道，无论他们怎么样，你都是他们最爱的孩子。而且你现在最重要的任务是好好学习，让自己变得更优秀。不要让他们的事情过于影响你。老师也会一直在这里支持你，帮助你的。"张勇听了老师的话，心里似乎踏实了一些。

他们在小花园里又聊了一会儿，张勇渐渐打开了心扉。最后，刘老师拍了拍张勇的肩膀说："我们回去吧，要打起精神来哦。"这次谈心让张勇的情绪得到了很大的舒缓，也让他更加信任刘老师。

（二）保持平等姿态

教师在与学生交谈时，需保持平等的姿态，不可以一种高高在上的姿态出现。平等地坐在学生旁边或对面，会让学生感受到被尊重和重视，从而减少心理上的距离感。在倾听学生说话时，要做到专注，给予学生充分表达自己的机会。眼神始终保持专注，不游离或分心，让学生真切地感受到老师是在认真聆听自己每一句话。

（三）面部表情温和

始终保持温和、亲切的表情，让学生感受到关心。不能有冷漠、厌烦或不耐烦的神色，要用温暖的笑容让学生感到放松和安心。说话的语气也需轻柔、和缓，避免过于生硬或严厉，以免给学生造成心理压力。在询问时可以用平和的语调了解学生的情况，避免使用命令式的口吻。

（四）肢体语言恰当

谈心过程中，可以在合适的时候给予一些鼓励性的肢体动作，比如轻轻拍一下学生的肩膀，给予他们力量和支持，但动作不能过于随意或亲昵，以免引起学生的不适或误解。同时，在学生表达的过程中，要及时对学生的话做出适当的回应和反馈，让学生知道老师在认真对待自己所说的每一个细节。

陈永森最近在课堂上总是无精打采,与以往活泼开朗的样子大相径庭。班主任赵老师注意到了这一变化,决定和他谈心。

赵老师把陈永森带到了学校的阅览室角落里,面带微笑,轻轻地拍了拍身边的椅子,示意他坐下。坐下后,赵老师身体微微前倾,双肘撑在膝盖上,双手交握,用温和的眼神看着陈永森,说:"小陈呀,老师发现你最近好像不太开心呢,能和老师说说怎么回事吗?"

陈永森咬着嘴唇,欲言又止。赵老师没有着急,而是伸出一只手,轻轻地放在他的肩上,给予他鼓励。陈永森感受到了老师的关心,终于鼓起勇气说:"老师,我最近学习压力很大,感觉什么都学不会,就自暴自弃……每天晚上偷偷打游戏到很晚……我知道这样不对,可就是控制不住。"赵老师皱起眉头,流露出关切的神情,然后用手轻轻抚摸了一下他的头,说:"你能说出来,已经非常勇敢了。"

在陈永森讲述的过程中,赵老师不时地点头,用眼神给予回应,表示自己在认真倾听。当陈永森越说越沮丧时,赵老师轻轻地搂住了他的肩膀,让他感受到温暖和安慰。

赵老师接着说:"小陈,学习是一段漫长的旅程,在这条道路上,我们不可避免地会遇到各种挑战和困难。有时,是复杂难懂的知识点让我们感到困惑;有时,是繁重的学业压力让我们喘不过气来。然而,正是这些挑战,让我们学会了坚持与努力,学会了在失败中寻找教训,在挫折中汲取力量。每一次克服困难,都是一次自我超越的过程,让我们变得更加坚韧和成熟。今天晚上,你先试着想一想,怎么克服这次的困难,制定个计划。明天咱们再次讨论,共同面对,好吗?"说着,赵老师用手比画了一个加油的动作。

谈心结束后,陈永森的心情明显好了很多。赵老师恰当的肢体语言让陈永森充分感受到了老师的关爱和支持。

(五) 尊重隐私

要充分尊重学生的隐私,对学生谈及的隐私内容严格保密,不随意向他人透露,这是建立师生信任关系的关键。谈心过程中,多以引导、鼓励为主,尽量少批评指责。善于发现学生的优点和进步,及时给予肯定和赞扬,增强学生的自信心和积极性。

学生小林在一次体育课上不小心受伤了,之后变得有些沉默寡言。班主任李老师察觉到了小林的变化,决定和他谈心。

李老师找了个安静的会议室,和小林面对面坐下。李老师轻声说:"小林,老师发现你最近好像有心事呀,能和老师说说吗?"小林犹豫了一下,然后小声说:"老师,我受伤那次其实不是意外,是有几个同学在打闹的时候不小心撞到了我。"

李老师皱了皱眉,但还是很温和地说:"哦,原来是这样呀,那你为什么不早点告诉老师呢?"小林低着头说:"我怕说出来那几个同学会被批评,以后不和我玩了,而且我也不想大家都知道这件事。"

李老师点点头,认真地看着小林说:"小林,老师理解你的担心。你放心,老师会尊重你的想法,不会公开这件事情,也不会让那几个同学知道是你告诉我的。老师会私下和他们沟通,让他们以后注意安全,避免再发生这样的事情。同时,你也要勇敢一点,不要总是一个人默默承受呀。"

小林听了老师的话,眼里泛起了感动的泪花。接着,李老师又和小林聊了一些其他的话题,鼓励他要积极面对生活中的小挫折。谈心结束后,小林的心情明显轻松了许多。李老师也确实如他所说,私下妥善处理了这件事,没有让其他同学知道是小林说的,充分尊重了小林的隐私。

(六)区别对待,动之以情,晓之以理

每个学生都有自己的长处和弱点,教师要了解学生的个性特点,分别采取不同的方式找他们谈话。

对自尊心较强的学生,教师要注意语气和声调,用温柔、委婉的方式更有效。对自尊心较差、逆反心理较强的学生,教师要注意逻辑性,特别是引导性,要做好打持久战的准备,用耐心、恒心、爱心去感化他们。对自觉性好、成绩较好的学生,教师要注意暗示,用"借题发挥""旁敲侧击"让学生自己了解自己的缺点。对性格外向的学生,教师可开门见山、直截了当地进行谈话。对成绩不理想、没有自信心的学生,教师要注意对他们自信心的培养,多用鼓励的言辞,对他们身上的优点多加表扬。

(七)控制时间

注意控制谈心的时间。不宜过长时间地谈话,以免让学生感到疲惫和厌烦,但也要确保谈话内容得到充分交流,避免匆匆结束而让学生觉得没有被重视。要根据具体情况灵活掌握,找到一个合适的平衡点。

总之,师生谈心礼仪,旨在营造和谐、信任且有效的沟通氛围。而谈心礼仪的核心在于尊重、理解、关爱与引导,让谈心成为师生关系的良好促进剂,帮助学生更好地成长与发展。

三、教师与学生交往禁忌

教师常常被称为是人类最崇高的职业,因为他们担负着把人类创造的文明传授给新一代的神圣使命。在师生交往中,如果不注意方式方法,势必影响教育的效果。教师与学生交往有以下礼仪禁忌。

(一)忌冷漠无情

学生在渴求知识的年龄,对教师的期望和信任某种意义上不亚于对亲生父母的

感情,这就决定了师生之间的交往离不开情感。一个态度冷漠的教师无法让学生体会到情感的召唤,无法受到学生的信任和爱戴。

(二)忌傲慢与粗暴

教师更不能对学生傲慢和粗暴,这是缺乏修养的表现。傲慢的教师原本想显示自己的能耐,然而真正的能耐是由学生感受到的,而不是自己标榜和炫耀的。教师的粗暴也许能暂时镇服学生,但是这种方法永远不可能征服学生的心。退一步说,即便教师的粗暴里包含着让学生追求上进的良好愿望,也很可能被粗暴的教育管理方法给弄得面目全非。

(三)忌过分偏爱

教师不应该对学生过分偏爱。十个指头不一般长,学生之间同样也存在着差异。让教师对学生完全一视同仁,是很难做到的,而且也是不现实和没必要的。但是,后进生也期待着教师的培养教育,有很多后进生就是在逆境中奋起,取得了可喜的进步。教师如果过分偏爱优秀生、冷落后进生,就会大大伤害学生的自尊心,造成师生之间的隔阂与对立,有的学生则由此更加自卑,进而影响学业甚至人生的道路。

第二节　教师与家长沟通礼仪

没有家庭教育的学校教育和没有学校教育的家庭教育,都不可能完成培养人这样一个极其细微的任务。

——苏霍姆林斯基

要让学生健康、快乐地成长,学校、家庭和社会三方都有责任,但具体落实到孩子身上的主要是学校和家庭,而在学校和家庭中对孩子的教育有直接影响的是教师和家长。学生的教育,仅靠教师的努力肯定是不够的,因为教师不了解孩子在家的真实情况,这就需要家长的配合。同样家长也不清楚孩子在校的表现,想从教师那里知道孩子在校的相关情况,这就需要教师与家长及时沟通,形成家校两者间的合力,这样对孩子的教育才会有针对性和连贯性。教师与家长交往,是教师和家长为了及时、准确地了解学生成长的各种信息、解决学生成长中的问题,相互交流思想、信息,尽量避免教师与家长对学生要求不一致、家校要求不协调的情况,减少家校双方在共同教育中的某些偏差、失误,及时有效地运用家校联系系统以使学校教育与家庭教育协调、统一,促进学生向预期的目标转变。

家庭是社会的细胞,是孩子健康成长的重要场所,家长则是孩子的第一任老师。孩子入学以后,他们的全部生活仍然与家庭保持着密切关系,家长的教育仍然具有十分重要的意义。教师要经常通过各种方式与学生家长相互联系、互通情况,与家长共同商讨教育学生的方法。教师只有与家长密切联系,促进家庭与学校之间的积极配合,形成教育学生的合力,才能有利于学生的发展。

一、教师与学生家长沟通的礼仪原则

教师与学生家长交往的过程中,遇到的家长是各式各样的,他们文化程度不同,工作性质不同、职位职务不同。教师在接待家长时要注意,良好的礼仪和态度是对家长的欢迎和尊重,切不可厚此薄彼,使自己失礼于人。因此,在对待家长时要注意以下几条原则。

(一) 尊重家长,平等相待

教师在与家长交往时,要尊重家长,不要摆出教训人的架势,以免损害家长的自尊心。教师与学生家长虽然社会角色不同,但任何一方都不能采取凌驾于对方之上的态度。教师和家长的地位是平等的,教师要把家长看做是"教育者"和"合作者",而不要看成"对立者"。教师要谦虚谨慎、讲究礼貌、营造和谐气氛,这样才能缩短双方可能产生的距离,家长才会敞开心扉。

教师在与家长谈话时,不要采用命令、警告、责备、提意见和教训人的语气。教师应以热情、关心、委婉、含蓄的语气与家长谈话,这样才能奠定良好的合作基础。当然,在教师与家长交往中,并非都要迁就家长意见,如果发现家长有不正确的观点和行为,可以委婉地指出家长的不足。

(二) 态度真诚,举止大方

教师和家长交往时态度要真诚,要常常微笑着同家长交谈。当家长自我介绍时,教师应集中精力记住家长的名字。在以后的交往中,如果一见面就能叫出家长的名字,家长就会觉得这个教师很热情、很有心。教师要真诚地对待家长的来访,在接待时要做到热情有礼,先让座,再上茶。在交谈时,双方要互相正视、互相倾听,不能东张西望、看书看报、面带倦容、哈欠连天,否则会给人心不在焉、傲慢无礼等不礼貌的印象。站立时,身体不要东歪西靠,不要斜靠在桌面或椅背;坐时,姿势要端正,不要跷脚、摇腿,也不要显出散漫的样子,女教师不要支开双腿;走路时,脚步要轻,如遇急事可加快脚步,但不要慌张奔跑等。

(三) 正确评价学生

教师与学生家长接触,往往离不开评价学生。在家长面前评价学生,首先,要了解学生家长所从事的职业、文化程度、性格特点、教育修养水平等,请家长谈学生在校外的表现,然后教师谈学生在校内的表现,这样彼此之间达到心理平衡。避免在与家长的交谈过程中,由于学生所出现的问题而造成教师和家长相互责备对方"没有教育好学生",从而产生心理阻碍搞僵关系。其次,要树立正确的"学生观",客观地、全面地评价学生,使学生家长感到学校教育的目的和任务是与自己的愿望一致的,从而做到心理相容,共同教育学生。再次,要讲方式,切忌挫伤家长的自尊心。因为家长都有望子成龙的思想,"庄稼别人的好,孩子自己的好",如果教师在家长面前尽说学生这也不好那也不好,无药可救,把学生看扁了,将会严重地挫伤家长的自尊心。毕竟,最差的学生也会有他的闪光之处。因此,教师在与家长交往的过程中,出于对学生的关心爱护,出于对学生的高度负责,一定要正确地评价学生,以达到与家长感情上的沟通,从而共同教育好学生,取得最佳的教育效果。

二、教师与学生家长的沟通礼仪

由于学生家长的职业不同、层次不同,教育孩子的观念也不相同,要让他们都能与学校、教师"步调一致",真的很不容易,因此教师,尤其是班主任老师,一定要学会与家长交往,用自身的素质、魅力、学识、人格等,打动家长,争取家长的理解、支持,取得家校协同教育的良好效果,为培养人才提供一个良好的大教育环境。

(一)仪容整洁,仪表端庄,举止得体,语言文明

社会大众认为教师不仅是传授知识、传承文明、学识渊博的人,还首先应是高尚、积极向上、理智、稳重的典范。教师职业的特点要求教师必须注意并维护自己的积极形象。在与家长沟通前,教师应事先有计划,把双方时间安排好,并事先列出具体谈话内容。

在与家长交往时,应注意使自己仪容整洁、仪表端庄、举止得体。家长来访,教师要面带微笑、热情相迎、表情诚恳、态度和蔼,家长走时要起身相送。在交谈中使用文明用语,如"请坐""请喝茶"等。当其他教师与家长交谈时,不随意插嘴干扰。这样会给家长留下很有道德修养的印象,为彼此间的交流奠定良好的基础。

一天下午,王老师约了学生李明的妈妈到校沟通。王老师提前整理好了自己的着装,穿着整洁的衬衫和西裤,头发梳理整齐。

李明妈妈来到学校后,王老师微笑着起身迎接,伸出手与她礼貌地握手,并说道:"您好,李明妈妈,感谢您在百忙之中能来学校交流。"

接着,王老师请李明妈妈坐下,倒好茶水之后,自己也在对面端庄地坐下,挺直了腰板,双腿并拢微微倾斜。在交流过程中,王老师始终保持着温和的表情,眼神专注地看着对方,认真倾听家长的每一句话。

当王老师阐述李明在学校的情况时,她语速适中,条理清晰地说:"李明在学习上很有潜力,但最近有些粗心的问题。我们希望能和您一起帮助他改进。"

其间,王老师的手势自然而得体,没有过多夸张的动作。当李明妈妈提出一些疑问时,王老师耐心地解答,没有表现出一丝不耐烦,始终用文明的语言与之沟通,比如"您说得很有道理""我们可以共同探讨一下这个问题"。

整个沟通过程氛围融洽,王老师通过自己整洁的仪容、端庄的仪表、得体的举止和文明的语言,给李明妈妈留下了非常好的印象,也为家校合作打下了良好的基础。

人们常说:"教师无小节,处处是楷模。"以身作则是教师职业品德的重要内容,也

是教师教育的魅力所在。教师的一言一行、政治态度、思想作风、道德品质、治学精神、行为习惯，都会对学生和家长造成很深的影响。只有严于律己，才能以身作则，"凡是要求学生做到的事，教师必须首先做到；凡是不让学生做的事，教师必须带头遵守"，这是所有优秀教师的共同经验。因此教师在与家长交往的过程中，要注意自己的形象，给学生和家长留一个好印象，用自己良好的个人素质奠定交往的良好基础，为自己的教育增添一抹亮丽的色彩。

（二）了解学生，肯定学生的闪光点

了解学生，这是教师与家长交往的首要前提。只有这样，教师在与家长谈论学生的时候，才能有针对性，才能够得到家长的认同。同时，在了解学生的基础上，要尽可能地挖掘学生的闪光点，并加以肯定。金无足赤，人无完人，再优秀的学生也会有缺点，同样，也不可能存在一无是处的学生，再调皮捣蛋的孩子，他的身上也会有闪光点，关键在于教师要善于发现其闪光点并加以肯定，以帮助家长树立起教育孩子的信心。有的学生家长，由于经常听到对自己孩子在学校表现的负面评价，对教育好自己的孩子已经失去了信心，觉得孩子一无是处，甚至无可救药，从而放弃对孩子的教育，那么教师在学校所进行的教育，即使不算是完全失败的，也必然大打折扣。所以，教师必须避免告状式的家校联系，不能在家长面前一味地数落学生的不是。如果确实因为学生犯了差错需要与家长联系，也应该与家长坐下来，共同分析学生之所以会犯错误的根源，积极与家长达成共识，互相配合，研究出好的解决办法。尤其是对后进生的家长，更要体谅他们的难处。

　　王小满同学学习成绩中等，但在艺术方面很有天赋。

　　班主任赵老师约了王小满的家长来学校沟通。王小满爸爸到来后，赵老师热情地打招呼并请他坐下。

　　赵老师微笑着对家长说："王小满爸爸，今天请您来主要是想和您交流一下小满的情况。我发现小满在艺术上真的很有潜力，比如在美术课上，他的绘画作品总是非常有创意，色彩搭配也很出色。"王小满爸爸听了脸上露出了欣慰的笑容。

　　赵老师接着说："而且小满在学校的一些文艺活动中也表现得很积极，他的这种热情和创造力是非常难得的闪光点。"王小满爸爸点头说道："是的，老师，他在家里也特别喜欢涂涂画画。"

　　赵老师又说："我觉得我们应该好好培养他这方面的才能，也许这会成为他未来发展的一个优势呢。当然，其他方面我们也不能放松，小王在学习上还是有很大的提升空间的。我们可以一起鼓励他在保持艺术兴趣的同时，也努力提高学习成绩。"

　　王小满爸爸表示非常赞同："老师您说得太对了，我们一定全力配合，多鼓励他。"赵老师又和家长具体探讨了一些可以在家帮助小王提升的方法，比如提供更多的练习机会，鼓励他参加一些绘画比赛等。

这次沟通让家长了解到了孩子在学校的闪光点,也让家长对孩子的未来发展有了更明确的方向,同时也增进了老师和家长之间的信任与合作。

(三) 对学生的评价客观、公正,与家长共同探讨教育孩子的方法

教师在向家长介绍其子女在校的情况时,一般会谈到学习成绩、作业情况以及上课听讲等方面。对于差生,教师总是喜欢在家长面前数落孩子的不是,"这孩子经常不爱交作业""上课总爱开小差""考试一般是倒数"等。家长一听说孩子经常不交作业,回家就会强迫孩子做作业甚至因孩子反抗而打骂孩子,不准孩子出去玩。这样一来,学生就会对教师产生抵触情绪,从内心痛恨教师与家长联系。"学生经常不爱交作业",是不是这个学生从来没完成过作业? 有没有那么一次作业交过且做得好的情况? 因此,教师在向家长介绍学生的情况时,应实事求是,优点、缺点都要做出分析,力求全面、客观、公正,让家长对自己的孩子有客观全面的了解,并和家长共同探讨教育孩子的方法。

有些家长,认为自己受教育程度不高,文化素质较低,或者由于工作繁忙,从而向教师表示对教育孩子感到无能为力;有的家长则溺爱孩子,放任不管;有的家长甚至认为只有打骂才是让孩子屈服的唯一办法。此时,教师要帮助家长改进不良的教育方法,真诚地帮助家长改变错误的教育观念、教育态度和教育方法,使家长认识到自己教育方式的错误,体会到教师对他们的孩子发自内心真诚的关爱,自然会想方设法对孩子多加督促与关心,把孩子教育好。例如,当孩子没有完成教师布置的任务时,教师会教育孩子:"自己要对自己的事情负责。"而有的家长怕孩子受批评,竟主动替孩子开脱责任:"是我不好,我没有提醒他。"从而使孩子心安理得地认为"完成老师的任务是爸爸妈妈的事,和我没有多大关系"。而有的家长则是恨铁不成钢,当众指责孩子:"你看别人怎么都完成了? 就你忘了?"从而使孩子羞愧难当,自信心大受伤害。

教师在与家长交往时,首先要理解、肯定家长良好的出发点,不要使家长有挫败感,同时建设性地给家长一些建议,使他们能够正确运用爱去教育孩子,使孩子健康成长。

(四) 尊重家长,理解家长,指导家长

尽管在教师与家长关系中,教师起主导作用,但双方在人格上是完全平等的,不存在尊卑、高低之别。因此,教师必须尊重学生家长的人格,特别是要尊重所谓"差生"和"不听话"孩子家长的人格。教师作为教育工作者,一般比家长,特别是农村的家长,要熟悉教育理论和方法,更懂得教育规律,在与家长交往时,教师要采取尊重与指导相结合的态度。教师不应使用深奥难懂的专门术语,更不能因此以教训、指责的口吻与家长谈话。如果当着学生的面这样说,不仅损伤了家长在孩子心目中的威信,还会使家长难堪。一旦家长将这种羞愤之情迁怒于孩子,极易造成学生与教师的对立情绪,甚至是怨恨。学生的学习态度也会一落千丈,家校联系的初衷和结果就南辕北辙。

尊重别人是自尊的表现,也是得到别人尊重的前提,正如常言所说:"敬人者,人恒敬之。"所以教师要以真诚与平等的态度对待学生家长,取得他们的信任,争取他们最大程度的配合,共同探讨对孩子的最佳教育方法,以达到共同教育的目的。教师绝对不能因为自己是专业的教育工作者,就以为只有自己才懂教育,只有自己才对如何教育学生具有发言权,从而觉得高人一等,与家长谈话的时候居高临下、盛气凌人。这样,就会造成教师与学生家长之间不应该有的隔阂甚至对立,于学生的教育工作有百害而无一利。

(五)公平对待每一位学生家长

教师不能戴着有色眼镜看家长,以貌取人,以职业、地位等区别对待家长。家长之间的差异是客观存在的,学历、文化水平、职位、性格均有所不同。无论家长间存在什么样的差异,从他将自己的孩子送到学校的那一天起,家长与教师就开始了共同的历程——教育好孩子。因此,教师应该深入地了解家长,学会与每一位家长交流,有针对性地与家长沟通,让每位家长都能感受教师的关注或重视。

李老师是一位资深的班主任,一天下午,她要和两位学生家长进行沟通。一位是成绩优异的学生周炎的家长,另一位是成绩相对落后的学生吴小江的家长。

周炎的妈妈先到了,李老师热情地迎接,微笑着说:"您好呀,周炎妈妈,感谢您百忙之中过来。周炎在学校各方面表现都很优秀,学习上非常自觉,也经常帮助其他同学,是同学们的好榜样呢。"周炎妈妈听了很高兴,李老师接着说:"不过我也希望他能在一些竞赛活动中多锻炼锻炼,进一步提升自己。"周炎妈妈表示会全力支持。

随后吴小江的妈妈也来了,李老师同样热情地起身打招呼:"小江妈妈,您好呀,快请坐。"然后认真地说道:"小江其实是个很有潜力的孩子,他特别善良、热心肠,和同学们相处得很好。虽然目前学习成绩不太理想,但我相信只要他肯努力,一定能取得进步。我们可以一起想想办法,怎么帮助他提高学习的积极性和效率。"吴小江妈妈原本有些忐忑的心也放松了下来,和李老师积极地探讨起来。

在整个沟通过程中,李老师始终保持着平等、公正的态度,对两位家长都给予了充分的尊重和关注,没有因为学生成绩的差异而区别对待。她耐心地倾听家长的意见和想法,共同为学生的成长出谋划策,让两位家长都感受到了老师对学生的关爱和负责,也体会到了老师公平对待每一位学生家长的态度。

(六)耐心倾听,尊重家长的意见

教师与家长由于自身角色的不同,与学生的关系不同,在教育上的出发点不同,各自施教的时间、环境不同,在教育学生的问题上,可能会有一些意见和分歧。遇到这类情况,教师要设身处地地从家长的角度思考、分析问题,在交往过程中,学会换位思考,心平气和地跟家长交流。要用一颗平静的心去聆听,听到家长或学生对自己的意见时,要冷静,不能与家长争吵。当家长讲述完后,教师可再用事实或道理向家长证明或解释自己的做法,耐心说服家长,使他们认识到自身的言行对子女的影响,帮助家长了解怎样与教师配合共同教育孩子。只有在积极工作的同时保持着自己的耐心,做到不烦不躁、温和谦恭,才会赢得家长的支持。

每一次的良好沟通,都能使家长和教师对学生的了解更进一步。为此,教师应积极、主动地关注学生,了解学生在家的具体情况,经常与学生家长保持联系,并注意沟通的方法和交流的地点,以尊重为先,耐心倾听,让他们感受到教师对他们孩子的关爱,以教师的真诚获取家长的合作。

(七) 适时家访,以表扬学生为主

家访也是教师与家长交往的重要途径。教师家访前应事先约定,不做"不速之客",以免使家长因教师的突然来访而感到不自在。另外,家访前也要明确此次家访的目的,家访谈话时要有方向、有目的,讲究艺术,切不可漫无边际地闲聊。否则,既浪费了自己的时间,也耗费了家长的热情,使家长对教师的谈话失去兴趣。在反映学生在学校的学习、行为表现情况时,要以表扬为主,从赞扬的角度切入话题,对学生或家长的缺点委婉地指出或给出建议,让家长明白自己的孩子在某方面的不足或自己某些方面做得不好,知道今后该朝哪个方向努力。这样,不仅在家长面前给学生留了脸面,拉近了师生距离,也使谈话气氛活跃,场面融洽和谐。

教师在家访中要有诚心和爱心,讲话要注意方式,要多表扬孩子的长处和进步。如果教师对家长抱有诚心,对学生拥有一颗爱心,那么,家长必然会成为教师的朋友。

(八) 与家长合作要正常化、常规化

家长若带礼物给教师,教师应婉言谢绝,或以适当的方式处理。更不能以学生为理由,向家长提出不合理要求。

与家长交谈完或家访完后,为巩固沟通效果,教师应与家长保持电话联系,与家长配合默契,互通信息,使家校联系常规化。

三、家访和家长会礼仪

家访和家长会是教师与家长沟通的最主要、最直接的方式,也是家长了解孩子在学校各方面表现的重要渠道。

(一) 家访中的做客礼仪

家访中的做客礼仪是多方面的。

衣帽应整齐。夏天再热也不能在学生家脱衣服;冬天进屋要脱帽和大衣,不要在学生家里说冷。尽可能不在学生家使用卫生间。

不要在学生家里东转西瞧,除非家长主动请你参观。但可以要求看看学生的房

间以示关心，并对学生作些了解。

进门可简要说些寒暄性的话语，夸夸主人的房间布置、养的花草等。无论学生家境贫富，教师都要表现得不卑不亢、平和自然。教师要让学生及家长知道，学生无论成绩好还是成绩一般，在教师眼中都是可爱的孩子；父母无论显赫还是平庸，在教师面前都是普通的家长。

对学生多表扬少批评，哪怕此行确因学生犯了大错要与其父母协商，也要先谈一些优点做铺垫。交谈时学生最好在场。如果需要单独与父母交流，可以预先告诉父母，不能强行让学生回到自己房中去回避，那是对学生的不尊重。

家访时间不宜过长，达到预期目的即告辞。如果与家长意见不一致，甚至家长态度不好，更不宜在学生家中僵持，要另找机会。比如，"今天我们谈到这里，大家都再想一想，下次再交流好吗？""这个问题我们有不同见解，我们可以放一段时间再解决。""无论怎样，我会对孩子负责，请你们再冷静思考一段时间。"教师与家长有分歧是最考验教师气度和修养的时候，千万不可与家长斗气，更不可对学生耍脾气。

不可借家访解决私事，例如请家长为自己帮忙。常理上来说，家长帮教师解决私人问题就算出于情谊，也是教师以权谋私。因为教师与家长之间本质上是一种业务关系，教师应明白其中的道理，严格遵守教师职业道德。

张老师要去学生李涛家家访。

张老师提前与李涛家长约好了时间，并在当天精心挑选了一套整洁得体的衣服。到达小李家时，张老师先礼貌地按响门铃。

李涛妈妈开门后，张老师面带微笑，热情地打招呼："您好，我是李涛的老师，打扰了。"接着，张老师在门口换上了自己准备好的干净鞋套。

进入客厅后，张老师在李涛妈妈的指引下，在沙发上轻轻坐下，坐姿端正。与家长交流时，张老师始终保持温和的语气和适中的语速，认真倾听李涛妈妈的每一句话。

期间，张老师没有随意走动或东张西望，而是专注于和家长的沟通。当李涛妈妈给张老师端来一杯水时，张老师起身双手接过，并诚恳地说："谢谢。"

整个家访过程中，张老师没有大声喧哗，手机也调至静音状态，避免打扰。离开时，张老师再次向李涛妈妈表示感谢，并礼貌地告别："今天真的很感谢您抽出时间交流，那我就先不打扰了，再见。"

张老师通过这些做客礼仪，展现出了教师良好的素养和对家长的尊重，也为家访的顺利进行和良好家校关系的建立打下了基础。

（二）家访中的交谈礼仪

1. 因家庭类型而异，采取不同的交谈方式

家访过程中，还要注意根据不同的家庭类型采取不同的交谈方式。

（1）对于民主型的家庭，尽可能将学生的表现如实向家长反映，主动请他们提出教育的措施，认真倾听他们的意见，充分肯定和采纳他们的合理化建议，并适时提出自己的看法，和学生家长一起，同心协力，共同做好对学生的教育工作。

（2）对于溺爱型的家庭，交谈时应先肯定学生的长处，对学生的良好表现予以真诚的赞赏和表扬，然后再适时指出学生的不足。要充分尊重学生家长的感情，肯定家长热爱子女的正确性，使对方在心理上能接纳意见。同时，也要用恳切的语言指出溺爱对孩子成长的危害，耐心、热情地帮助和说服家长采取正确的方式来教育子女，启发家长实事求是地反映学生的情况，千万不要袒护自己的子女，因溺爱而隐瞒子女的过失。

（3）对于放任型的家庭，家访时要多报喜少报忧，使学生家长认识到孩子的发展前途，激发家长对孩子的爱心与期望，改变对子女放任不管的态度，吸引他们主动参与对孩子的教育活动。同时，还要委婉地向家长指出放任不管对孩子的影响，使家长明白，孩子生长在一个缺乏爱心的家庭中是很痛苦的，从而增强家长对子女的关心程度，加强家长与子女间的感情，为学生的良好发展创造一个合适的环境。

王老师是一名经验丰富的小学五年级班主任。一天，她分别对班里的三位同学进行了家访。

在访问小明家时，王老师了解到小明的父母都是知识分子，非常重视孩子的教育。王老师在与他们交谈时，首先肯定了小明在学校的优秀表现，然后询问了他们对小明学习和成长的期望。与他们分享了一些教育理念和方法，鼓励他们继续与学校保持密切合作，共同关注小明的发展。

在访问小红家时，王老师发现小红的父母工作繁忙，平时与孩子交流较少。在与他们交谈时，强调了家庭教育的重要性，并建议他们尽量抽出时间与小红沟通，了解她的学习和生活情况。王老师还向他们介绍了一些亲子沟通的技巧和方法，帮助他们更好地与小红建立良好的关系。

在访问小刚家时，王老师了解到小刚的父母文化程度不高，对教育方法不太了解。在与他们交谈时，王老师用通俗易懂的语言向他们介绍了小刚在学校的表现和需要改进的地方。还向他们提供了一些具体的建议和指导，帮助他们更好地辅导小刚的学习。

通过不同的交谈方式，王老师很好地完成了家访任务，了解了学生的家庭环境和家长的需求，从而更好地开展教育教学工作。

2. 家访中的问话礼仪

教师在与家长交谈中要善于发问，可以从家长熟悉且愿意回答的问题入手，边问边分析对方反应，再巧妙地引出正题。对性格直爽者，不妨开门见山；对脾气倔强者，要迂回曲折；对文化较低者，要问得通俗；对心有烦恼者，要体贴谅解，问得亲切。较重要的交谈，要想好顺序，先问什么，后问什么，总体上要问清哪些事，心中要有通盘考虑,力求取得发问的最佳效果。问答是双边活动,必须使对方乐于回答。问话后要察言观色,从对方表情中获得信息反馈。对方低头不语或答非所问,可能表示他不感兴趣或不能回答,就要换个提法再问;对方面露难色或有疲劳厌倦感,就不能穷追不舍,应适时停止。不要冒昧地问家长的工资收入、家庭财产、个人履历等问题。要恰当地使用表示尊重的敬语,如"请教""请问""请指点"等;要恰当使用表示谦恭的谦语,如"多谢您提醒""您的话使我茅塞顿开""给您添麻烦了"等。在对方答话离题太远时,还要委婉地控制话题:"请允许我打断一下……""这些事你说得很有意思,今后我还想请教,不过我仍希望再谈谈开头提的问题……"自然地把话题引过来。问话时不要板起面孔,微笑着问话会使家长乐于回答。

(三) 家长会礼仪

家长会作为教师和家长沟通的重要方式,是学校工作的重要组成部分。成功的家长会有助于在家庭和学校之间建立"理解、信任、目标一致"的合作关系。教师在开家长会时要做到以下几点。

1. 做好准备工作

(1) 确定主题。家长会要有明确的目的,要确定一个中心议题,不要大事小事不分主次。主题集中容易解决问题;面面俱到,则什么问题也解决不了。

(2) 设计程序。在开家长会之前,教师要做到心中有数,想清楚家长"最想听什么""最想知道什么"以及家长发言的先后顺序等。

(3) 做好欢迎家长的准备工作。教师可以在学年初就与家庭建立联系,比如可以先送一份备忘录或计划书,让家长大致了解孩子们将要学习的内容,并让家长知道教师很高兴能在该学期中见到他们,同时附上具体的联系方法。

在家长会之前要给家长发出正式的邀请,郑重地邀请他们参与孩子的教育。邀请函应该包括会议的日期、时间、地点和回执,回执上写上家长的姓名、学生的姓名以及他们能否参加的答复。

(4) 布置好教室,营造一个宽松友好的环境。保证黑板报或公告栏的内容是最新的,在黑板上写上欢迎的话语;可以让学生在课桌上留下欢迎的字条给自己的家长,请家长坐在自己孩子的课桌旁;要留一块地方展示学生的作品或作业。

(5) 做好发言准备。开篇先致欢迎辞。然后介绍学校日常生活的概况,包括班级管理方案、课外作业情况、学年的学习计划等。要感谢家长的参与,并让他们知道,他们可以就任何一个与孩子教育有关的问题与教师取得联系,提醒他们一有问题就及早联系。最后以积极、关切的语气再次强调双方合作的重要性。教师还可以征询家长的意见,并乐于回答他们的问题,充分激发家长在教育合作中的主动性。

2. 准时开会,不拖拉

会议的召开要准时、不拖拉。班主任一定要发言。班主任的发言,要充分体现对家长的尊重和对学生的热爱,以引发家长的共鸣。这样才能取得预期的效果。

3. 注意体态仪表与谈话技巧

第一印象是建立于外形之上的。庄重、大方的着装会让家长对教师产生信任感。

语言要亲切、幽默、有趣、充满活力且富于变化。语言亲切,可以缩短和家长的心理距离;语言充满活力,表现出教师的信心和热情以及对自己职业的自豪,可以让家长知道他们的孩子是在一个负责任的好教师的班级里;语言幽默,可以让教师和家长双方都轻松一点,活跃气氛,但尽量不要开无谓的玩笑。讲话时要注意不时变化语调、语速、音高、停顿和频率,还要记住千万不要照本宣科读稿子,这样做会使家长感到教师的真诚不够、信心不足,家长会效果就会大打折扣。教师还可以在说话中穿插着称呼家长的名字,使家长感到教师对他们很熟悉。

4. 保护家长自尊心

开家长会前教师要针对自己的目的寻找好切入点,不要既批评学生又批评家长,造成两者对立的情绪。尤其是新接手一批学生后第一学期的第一个月,应该依据学生开学以来暴露出来的问题,从第二个星期开始每周举行一次小型家长会,主要谈家庭教育。家长作为孩子的第一监护人在培养孩子习惯方面起着不容忽视的作用,教师要指导家长根据教学需要对孩子进行引导与监护、鼓励与奖惩,帮助家长认识到没有原则的溺爱是危险和可怕的,训斥和责打也不利于亲子感情的培养,教师应努力为家长提供在教育孩子过程中遇到的棘手问题的解决方法。最后,教师要把自己的联系电话告知家长,以便有问题及时沟通。

5. 向家长讨教成功的教育经验

教师在家长会上要多给家长发言的机会,千万不要忽视学生身上的闪光点,向学生家长讨教成功的教育经验,让家长感到教师是真正关爱自己孩子的,以形成家长与教师之间的默契配合和友好互动,促成家长与家长之间互相交流、互相学习、互相肯定,从而促使家长发现自身家庭教育的不足之处,及时改进。

6. 尽可能让学生参与家长会

在条件许可的情况下,家长会最好让学生和家长共同参与,以强化学生的学习责任感,让学生明确自己是学习的主人,教师和父母只是学习的引路者、督导者、协助者,从而尊重父母与教师的劳动,相互理解,自主学习。

7. 重视会后的反馈

对家长会反馈的信息要及时分析、认真处理,有关意见的处理结果要尽可能反馈给家长,以增强家长对学校、教师的信任。

四、教师与家长的网络沟通礼仪

随着时代的进步,人们之间交往、交流的方式日益拓展,教育方式也与时俱进,许多学校建立了官方微信公众号,许多班级组建了微信群。甚至教师个人也有自己的微信公众号。

教师可通过自己的微信朋友圈或个人公众号,以文字、图片、视频等多媒体方式,与圈中朋友、同事交流教学方法,介绍教学经验,分享日常教学心得、教案设计、课堂实录、课件等,上传各种原创的教学理论文章、教学心得体会、教案、教学课件等;也可以畅谈教师日常工作、学习、生活。在班级微信群中,教师可利用文字、图片、视频等方式,向家长全方位地展示班级学生的风貌,交流教育孩子的经验,传达班级工作的一些计划、安排等。

这些网络交流方式搭起了教师间相互学习交流的平台,搭起了家校相互了解的桥梁,搭起了展示学生特长的舞台,有利于促进教师进行教学反思、改进教学方式方法、增进教学实效,也有利于家长更好地了解孩子所在班级的情况,更全面地了解自己的孩子,从而使家校教育有机结合,形成合力,促进孩子健康快乐成长。网络交流虽然是看不见的交流,但教师也应时刻牢记自己的教师身份,遵行必要礼仪。

(一)合法、文明使用班级微信群、个人微信及个人公众号

教师在上网时,应遵守国家有关计算机及互联网规定的法律和法规、实施办法,合法、文明地使用班级微信群、个人微信及个人公众号。严格执行安全保密制度,严禁利用网络媒体和工作之便披露个人隐私信息,发布有碍师生身心健康和学校和谐稳定的言论。不利用博客对教师、学生或家长进行人身侮辱或恶意攻击,传播有损学校、班级、教师、家长形象和团结的资料。网上网下行为一致。

(二)精心管理班级微信群及班级微信公众号

班级微信群是家长了解班级及班级学生在校情况的一个窗口,教师应以较强的责任心对其进行管理和正确使用。如若开通班级微信公众号,其中的栏目和内容应安排合理、丰富,表现形式多样,突出特色,有相对固定的几个栏目版块。整体界面安排恰当,并具有个性风格,在信息化处理方面体现创新意识。栏目内容要健康、丰富,语言要文明,思想积极健康。教育针对性强,归类要准确,便于查找或阅读。

第三节　教师与同事沟通礼仪

事成于和睦,力生于团结。

——维吾尔族谚语

教师们不仅是知识的传授者,更是团队中的一员。和谐的同事关系能让整个教育氛围更加融洽、积极。教师与同事之间的沟通,并非仅仅是言语的交流,它涵盖了尊重、理解、协作等诸多重要元素。这不仅关系到日常工作的顺利开展,更对学生的成长和学校的发展有着深远影响。

学校同事之间同样需要遵循合适的沟通礼仪,减少误解与冲突,增进信任与合作。构建积极向上的教育环境,提升教育质量。通过对沟通礼仪的重视和践行,让每一位教师都能在和谐、友善的氛围中发挥出最大的潜力,使学校成为教师乐于工作、勤于工作、开心工作的乐园。

一、同事交往礼仪原则

人是一切社会关系的总和。一个人生活在社会中,必然会与其他人打交道,竞争与合作是社会的主题。人与人之间的竞争与合作是社会生存和发展的动力,也是个人挖掘自身潜能、实现自我价值和奋斗目标的前提。善于处理同事关系、巧妙赢得同事支持的人总能使自己的工作风生水起,而自命清高,不屑或者根本不会与同事交往的人,则免不了觉得举步维艰。教师与同事之间的互助与协作,能够使工作更加得心应手,并从中获得工作的幸福感,增强职业尊严。

1. 面带微笑,真诚相待

每天到校后,对遇见的同事微笑示意,或面带微笑说声"你好"。无论是门卫、领导还是普通教师,一视同仁,尊重别人即尊重自己。

2. 平等友好,不结小圈子

跟每一位同事都保持友好的关系,不和某几个同事结成小圈子。一方面,可能会引起某些圈外人的对立情绪,无形中缩小自己的人际圈子,另一方面,同事是一起共事的人,有时难免会碰到某些利益的竞争,如果产生矛盾,平常亲密的私交可能会为自己带来麻烦。尽可能跟每一个同事友好交往,把握好感情和距离的分寸,不搬弄是非,不散布小道消息,自然能获得他人的信任和好感。

> 在阳光中学,王老师、赵老师、刘老师和孙老师来自不同的学科背景。
>
> 王老师性格开朗,经常组织一些跨学科的教学研讨活动。每次活动,他都会热情地邀请其他老师参加,无论是经验丰富的老教师还是刚入职的新老师。赵老师在教学上有独特的见解,他从不藏私,总是大方地和大家分享自己的教学方法和心得,也会认真聆听其他老师的观点。刘老师擅长组织活动,学校的各种教师活动他都积极参与筹备,在这个过程中,他平等地对待每一位同事,根据大家的特长和意愿来分配任务,而不是只找和自己关系近的人。孙老师则比较低调,但他在同事遇到困难时总是默默地伸出援手,无论是帮忙批改作业还是提供教学资源。
>
> 在日常交流中,四位老师以及其他同事之间没有小团体之分,大家一起在教师休息室交流教学经验、生活趣事,氛围轻松愉快。学校有新的任务分配下来,他们也不会相互推诿或只考虑自己所在的"小群体",而是共同协商,合理安排。在教研项目合作中,他们也是根据各自的优势和兴趣自由组合,不会因为谁和谁关系好就固定在一起。整个教师团队呈现出一种团结、平等、友好的氛围,大家都在这种和谐的环境中共同成长和进步。这种不结圈子、平等友好的交往方式,让每一位老师都能感受到尊重和关爱,也促进了学校教育教学工作的顺利开展。

3. 宽容大度,心胸开阔

生活中,人们都习惯于接近那些心理健康、乐观上进、心胸宽广的人,对那些一遇到挫折、受到委屈,就牢骚满腹、怨气冲天、逢人就诉苦的人,都唯恐避之不及。教师一定要知道工作中难免会遇到挫折、受点委屈,生活没有一帆风顺的道理,要学会自我调节,把注意力放到充满希望的未来,做一个生活的强者,才会赢得人们的尊重。

4. 修饰自己,赞美别人

教师良好的个人形象不仅能体现教师自身的素养,还能让教师有个好心情。但教师在合理装饰自己的同时,也不要忘记赞美身边的同事,但应注意态度真实、诚恳。

5. 热情大方,乐于助人

要获得真正成功的人际关系,只能用真诚去打动人心。真诚地帮助他人,帮助他人时,不要怀着某种个人目的;对别人的帮助,要落到具体的行为上,不要只停留在口头上;也要注意方法,不要挫伤他人的自尊心。

路遥知马力,日久见人心,时间是最好的检验剂。只要真诚帮助他人,自然能赢得他人的信任与尊重,为自己积累好人脉奠定良好的基础。

6. 衣着得体,言行适宜

教师穿着不是为了与同事攀比,不是为了在同事面前炫耀,而是应符合自身的特点,体现自身良好的精神风貌。与同事交往的过程中,应三思而后言、三思而后行。只有"三思",才可以将自己的观点梳理清晰,并言简意赅地表达出来;只有"三思",对方才会感觉到自己的诚意,并对自己的话给予重视;只有"三思",才不会因失言而冒犯对方;只有"三思",自己的行动才较为合理。

7. 尊重他人的私人空间

在找其他同事时,应先敲门再进入他人的办公室;未经许可不随便翻阅别人的东西;不私自阅读别人办公桌上的信件或文件。

8. 保持公共卫生

应注意保持校园公共卫生的清洁,不随地吐痰、乱丢东西,废物应准确地放入垃圾桶,如厕后谨记冲厕等。

二、教师日常交往礼仪

在工作之余,教师间的生活来往是必不可少的。在学校上班时间,一些不太熟悉的教师见了面往往会主动地相互打招呼,或点头,或微笑。随着共同工作时间的增长,各个教师在学校中建立了自己的交际圈,与一些教师的关系要比另一些教师的关系亲近。但是,上班期间的礼貌相处并不能代表工作之余也能和谐相处。因此,教师在日常生活中与同事交往时,仍需遵守一般社交礼仪原则。

(一) 相互尊重,真诚相待

尊重是礼仪的核心。相互尊重是处理好同事关系的基础。在与同事交往的时候,首先要尊重他人的观点和看法,即使自己不能接受或不完全同意,也不能当着他人的面指责对方,而是陈述己见,分析事物,讲清道理。在与人交往时,不必强调个人特殊的一面,也不能有意表现自己的优越感。其次要尊重别人的隐私。除非他人主动提及私人事宜,一般不要随意问一些不该问的问题。同事之间要真诚相待,切不可当面一套背后一套。彼此之间要相互信任,而不能互相猜疑。

(二) 遵守诺言,关心他人

同事间交往要以诚信为本,"言必信,行必果"。相约去其他教师家拜访或在其他地点见面时,一定要准时到达。如果遇到突发事件不能准时到达,也应该尽可能告知,以免对方空等一场。答应别人的事,即使遇到困难也不能食言,做出的承诺要竭尽全力去实现。一言既出,驷马难追。对别人不讲信用,就会被看成不值得信赖的人,以致在以后的交往中处于被动地位。

不论何时何地,都要对其他教师表示出关心。人都难免会遇到困难,如果在别人遇到困难时能伸出热情的双手,尽量予以同情和支持,帮助同事渡过难关,这无论对于个人修养的提高,还是对于创造良好的人际关系,都大有裨益。

(三) 亲兄弟,明算账

同事交往难免会有经济往来,再要好的同事,毕竟不是一家人。要处理好同事关系,经济往来中一定要把账目弄清,向同事借款,应及时偿还以免遗忘。否则有意无意占了别人的便宜,就会在对方心中降低你的人格。如果所借钱物,一时难以还上,要签订书面字据,并每隔一段时间向对方说明一下,才能继续保持同事间的亲密关系。

(四) 语言文明,注意分寸

同事交往时要做到语言文明,谈话有节制,不能影响工作。谈话内容应有益无害,不涉及他人长短。有些教师之间或教师家庭内部存在着一定矛盾,在与同事谈话时,不能对这些事情捕风捉影,更不能添油加醋,妄加评论。不能口出污言秽语,更不能进行人身攻击。有些教师可能有生理缺陷或其他缺点,同事不能把这些当作谈资,更不能对同事的缺陷加以嘲讽。同事间如果出现分歧,应主动缓和争论或转移话题,不因闲谈伤了和气。不要喋喋不休向别人叙述自己的苦恼、牢骚,这样易让同事为难。谈话时,要有礼貌,专心听对方说,如无心闲谈,应向对方说明,不应左顾右盼等。

三、教师与领导沟通的礼仪

教师作为知识的传播者和学生成长的引路人,与领导的沟通至关重要。它不仅影响着日常工作的开展、教学计划的推进,更关系到整个教育环境的和谐与进步。当教师以尊重和礼貌为基石,用谦逊的态度、专注的倾听、清晰的表达以及恰当的肢体语言与领导交流时,便搭建起了一座稳固的沟通桥梁。使双方能够更好地分享观点、协调工作、解决问题。与领导沟通时需注意以下礼仪。

(一) 体态端正,态度谦逊

跟领导汇报工作,站立时要挺直脊梁,展现出自信和精神风貌,不弯腰驼背或无精打采。坐着时要保持端正,不要随意晃动椅子或跷二郎腿。双手可以自然地放在腿上或桌上,不要有过多的小动作。

表达自己的观点时,要先肯定领导的看法或以往的决策,再委婉地提出自己的想法。如"领导,之前咱们的那个方案真的很不错,我在这个基础上有个小小的补充想法,不知道是否可行。"

不要急于表现自己,即使有很大的成就,也要保持低调谦逊,避免给领导留下张扬的印象。

(二)倾听为先,清晰表达

当领导说话时,要全神贯注地聆听,不东张西望或做其他事情分散注意力。可以适当地用一些表情和动作来回应,比如微微点头表示认同,皱眉表示在思考。

汇报工作时,要提前组织好语言,按照事情的重要程度或逻辑顺序依次陈述。如"领导,有三件事情向您汇报,首先是……其次是……最后是……"。

避免使用模糊、含混的词汇,要用明确、具体的语言来表达,让领导能够快速理解你的意思。

(三)眼神自信,注意场合

与领导对话时,要保持适度的、友好的眼神接触,既不要一直盯着看,也不要眼神游离。通过眼神传达出你的自信和真诚。但也要注意不要长时间直视领导的眼睛,以免让领导感到不舒服。

当领导的意见与你不同时,要先表示理解和尊重,然后再阐述自己的观点。可以说"领导,我明白您的考虑,不过从我的角度来看……"。

不要强行让领导接受你的观点,而是要通过理性的分析和讨论来达成共识。

与领导预约时间时,要严格遵守,最好提前几分钟到达,不要让领导等待。如果因特殊情况不能按时赴约,要提前通知领导并道歉。在与领导沟通时,要根据领导的时间安排来控制时长,不要滔滔不绝地说个不停,要抓住重点简洁明了地表达。

> 李老师在一次与领导的沟通中,他先是微笑着轻轻敲门进入办公室,然后礼貌地问候领导。当领导说话时,他认真聆听,不时地点头回应。在汇报自己的教学成果时,他条理清晰地从几个方面进行阐述,并且用具体的数据和案例来支撑自己的观点。期间,他始终保持着良好的眼神交流和肢体语言,让领导能够感受到他的专业和自信。最后,对于领导提出的一些建议,他完全理解和尊重,并表示会认真考虑和落实。整个过程中,他都展现出了极高的沟通礼仪和素养。

四、同事间沟通的礼仪禁忌

教师与同事间的沟通是教育生态中的重要组成部分,其顺畅与否直接影响着教学工作的质量与氛围。当不恰当的言语、态度或行为出现时,可能会引发误解、矛盾甚至冲突,这不仅会干扰日常的教学秩序,更可能对同事关系造成难以弥补的伤害。了解并避免这些沟通的礼仪禁忌,是每一位教师都应高度重视的课题。它能让教师在与同事交流时更加和谐、融洽,为学生们营造出一个积极、团结的教育环境。

(一)忌喋喋不休、滔滔不绝

在与人交谈时,不可总将自己放在主要位置,自始至终一人独唱主角,喋喋不休地推销自己,滔滔不绝地诉说自己的故事。

(二)忌尖酸刻薄、烽烟四起

言谈交际中有时免不了争辩,但善意、友好的争辩能促进彼此间的了解,活跃交际环境,起到调节气氛的作用。但是尖酸刻薄、烽烟四起的争辩会伤害人,使人对自己望而生畏、敬而远之,容易树敌。

(三)忌争强好胜、贬低他人

在与同事讨论问题或合作完成任务时,不要一味地强调自己的观点和做法,非要争个对错或胜负。要学会尊重和接纳同事的不同意见,共同寻求最佳解决方案,过于争强好胜会影响合作的顺利进行。

不要通过贬低其他同事来抬高自己,如"他教的学生成绩那么差,我比他强多了。"这种行为不仅不道德,还会引起同事们的反感和不满,破坏团队的团结。

(四)忌自以为是、到处逞能

同事间谈话的内容往往涉及天文、地理、历史、哲学等古今中外的各种话题,如果你在交谈中自以为是,表现为"万事通",到时定会搬起石头砸自己的脚。因为交谈是相互了解、相互交流的方式,而不是表现学识渊博、见识广泛的舞台。

📖 课后习题

1. 教师与学生交往应注意哪些方面的礼仪?

2. 简述同事共处的礼仪原则。

3. 教师与单个家长交往时应注意哪些方面?

4. 作为一名当代教师,谈谈良好的礼仪规范在日常工作和生活中带给你的帮助。

5. 有人说做人要像铜钱,外圆内方,你同意这种说法吗?结合实际谈谈自己的感受。

6. 有人说,与领导交谈时要直言不讳,应该当面指出领导的失误之处,这样才有利于工作的进步。对此说法你怎么看?

第九章 教师社交活动礼仪

知识导图

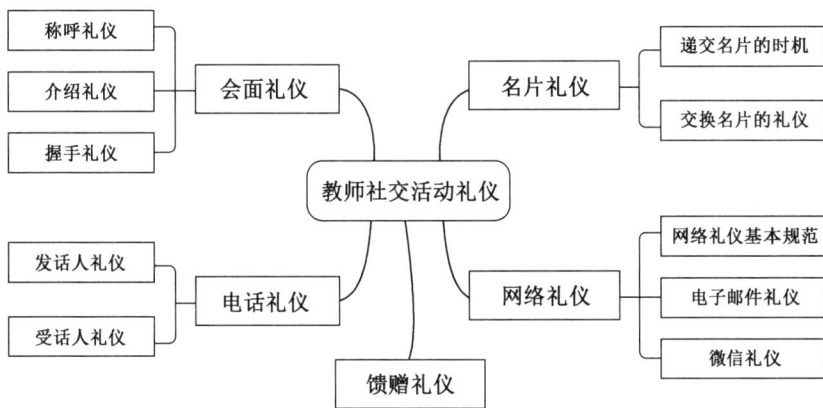

学习目标

1. 掌握称呼、介绍、握手等会面礼仪。
2. 学习并应用电话礼仪、名片礼仪和网络礼仪。
3. 知道馈赠礼仪的含义和正确做法。
4. 通过学习,自觉纠正日常行为中的不当行为,建立良好的行为习惯。

案例导入

据记载,唐朝贞观年间,回纥国为了表示对大唐的友好,派缅伯高带了一批珍奇异宝去拜见唐王,其中最珍贵的是一只罕见的白天鹅。缅伯高担心天鹅在途中出现意外,便亲自喂水喂食,不敢有一刻怠慢。

当缅伯高来到沔阳河边时,他见天鹅伸长脖子,张着嘴巴,吃力地喘息着,心中不忍,便打开笼子,把天鹅带到水边让它喝了个痛快。谁知天鹅喝足了水,合颈一扇翅膀,"扑喇喇"一声飞上了天。缅伯高向前一扑,只捡到几根羽毛,却没能抓住天鹅,眼睁睁看着它飞得无影无踪。

缅伯高捧着几根雪白的鹅毛,直愣愣地发呆,脑子里来来回回地想着一个问题:"怎么办?进贡吗?拿什么去见唐太宗呢?回去吗?又怎敢去见回纥国王呢!"思前想后,缅伯高决定继续东行,他拿出一块洁白的绸子,小心翼翼地把鹅毛包好,又在绸子上题了一首诗:"将鹅贡唐朝,山高路遥遥。沔阳湖失去,倒地哭号。上复唐天子,可饶缅伯高。礼轻人意重,千里送鹅毛。"

缅伯高带着珍宝和鹅毛,披星戴月,不辞劳苦,不久就到了长安。唐太宗接见了缅伯高,缅伯高献上鹅毛。唐太宗看了那首诗,又听了缅伯高的诉说,非但没有怪罪他,反而觉得缅伯高忠诚老实,不辱使命,就重重地赏赐了他。

> 礼尚往来。往而不来,非礼也;来而不往,亦非礼也。
>
> ——礼记

社交礼仪是在人际交往过程中,遇见他人时用来表示自己对对方的热情、尊重、致意等态度的一种行为。社交活动礼仪包括会面礼仪、电话礼仪、名片礼仪、网络礼仪、馈赠礼仪等。

教师不仅是传授知识的源泉,而且是传承文明的导师、教书育人的园丁、以身作则的楷模。"为人师表"不仅表现在课堂上,而且表现在生活中,表现在无数细节中。作为教师,掌握一定的社交礼仪知识,并能恰到好处地加以应用,必将大幅提升自己的人格魅力,从而使自己的人生闪射出不一样的光彩。

第一节　会面礼仪

> 记住别人的名字,而且很轻易地叫出来,等于给别人一个巧妙而有效的赞美。
>
> ——卡耐基

会面礼仪是人们进入交际状态实施的第一个礼节,是情感交流的开始,关系到交往双方的第一印象,是交际活动能否成功的重要一环。由于不同国家和地区的习惯不同,所以会面礼仪的要求也有不同。通常的会面礼仪包括称呼、握手、鞠躬、举手注目礼、拥抱、接吻、致意等。

一、称呼礼仪

称呼,指的是人们在日常交往应酬之中所采用的称谓语。称呼的运用标志着人际关系的实质。教师正确、适当地使用称呼,反映着教师自身的教养和对对方的评价。称呼,反映对交往对象的情感和尊敬的程度,甚至还体现着双方关系发展所达到的程度、亲疏恩怨的概貌和社会的风气,因此不能疏忽大意,随便乱用。

当然,随着社会的发展和人们观念的变化,招呼、问候的语言愈发丰富,但其中最重要的不是说什么,而是主动的态度。根据社交礼仪的规范,选择正确、适当的称呼,应当注意以下内容。

（一）称呼的原则

1. 与当时的环境相符

选择称呼的方式、语言，要考虑环境、场合因素，在工作、社交乃至国际交往中应该选用较正式的称呼方式和语言。而在生活场合、关系密切的人之间，可以运用轻松的打招呼方式和语言。应对生活中的称呼、工作中的称呼、外交中的称呼、称呼的禁忌等原则仔细掌握，认真区别。

2. 与双方身份关系相符

通常问候之后，人们会很自然地行见面礼，以示友好，这时要注意依照身份来选择是否施礼或施行哪一种礼节。如办公室的一个普通教师遇到外来宾客，则应主动招呼，称呼要合乎常规；而面对本校领导来到时，一般不需要放下手中的工作及热情上前行礼。

（二）生活中的称呼

在日常生活中，称呼应当亲切、自然、准确、合理。在现实生活中，对一面之交、关系普通的交往对象，对普通人的称呼，可酌情采取下列方法称呼。

1. 对亲属的称呼

对亲属的称呼，有常规和特例之分。

（1）常规

亲属，即与本人有直接或间接血缘关系者。在日常生活中，对亲属的称呼也已约定俗成，人所共知。例如，父亲的父亲应称为祖父，父亲的祖父应称为曾祖父，姑、舅之子应称为表兄、表弟，叔、伯之子应称为堂兄、堂弟，等等。

对待亲属的称呼，有时讲究亲切，并不一定非常标准。例如，儿媳对公公、婆婆，女婿对岳父、岳母，皆可以爸爸、妈妈相称。这样做，主要是表示自己与对方完全不见外。

（2）特例

面对外人，对亲属可根据不同情况采取谦称或敬称。对本人的亲属，应采用谦称。称辈分或年龄高于自己的亲属，可在其称呼前加家字，如家父、家叔、家姐。称辈分或年龄低于自己的亲属，可在其称呼前加舍字，如舍弟、舍侄。称自己的子女，则可在其称呼前加小字，如小儿、小婿。

对他人的亲属，应采用敬称。对其长辈，宜在称呼之前加尊字，如尊母、尊兄。对其平辈或晚辈，宜在称呼之前加贤字，如贤妹、贤侄。若在其亲属的称呼前加令字，一般可不分辈分与长幼，如令堂、令尊、令爱、令郎。对待比自己辈分低、年纪小的亲属，可以直呼其名，使用其爱称、小名，或是在其名字之前加上小字相称，如毛毛、小宝等。

2. 对朋友、熟人的称呼

对任何朋友、熟人，都可以人称代词你、您相称。对长辈、平辈可称其为您。对待晚辈则可称其为你。以您称呼他人，是为了表示自己的恭敬之意。

对于有身份者、年纪长者，可以先生相称。其前还可以冠以姓氏，如张先生、王先生。

对文艺界、教育界人士，以及有成就者、有身份者，均可称之为老师。在其前，也可以加上姓氏，如赵老师。

对德高望重的年长者、资深者，可称之为公或老。其具体做法是：将姓氏冠以公之前，如任公。将姓氏冠以老之前，如季老。若被尊称者名字为双音，则还可将其双名中的头一个字加在老之前，如可称沈雁冰先生为雁老。

3. 姓名的称呼

平辈的朋友、熟人，均可彼此之间以姓名相称。长辈对晚辈也可以这么做，但晚辈对长辈却不可如此。为了表示亲切，可以在被称呼者的姓前分别加上老、大或小字相称，而免称其名。例如，对年长于己者，可称老刘、大赵；对年幼于己者，可称小郝。

对同性的朋友、熟人，若关系极为亲密，可以不称其姓，而直呼其名。对于异性，则一般不可这样做。

对于邻居、至交，有时可采用大爷、大娘、大妈、大伯、大叔、大婶、伯伯、叔叔、爷爷、奶奶、阿姨等类似血缘关系的称呼。这种称呼，会令人感到信任和亲切。

在这类称呼前，也可以加上姓氏。例如，张大哥、李大姐、余大妈、蒋阿姨等。

4. 对普通人的称呼

在现实生活中，对一面之交、关系普通的交往对象，可酌情采取下列方法称呼。

（1）以同志相称。

（2）以先生、女士、小姐、夫人、太太相称。

（3）以其职务、职称相称。

（4）入乡随俗，采用对方所能理解并接受的称呼相称。

（三）工作中的称呼

在工作岗位上，人们彼此之间的称呼是有其特殊性的。它的总的要求，是庄重、正式、规范。

1. 职务性称呼

在工作中，以交往对象的职务相称，以示身份有别、敬意有加，这是一种最常见的称呼方法。

以职务相称，具体来说又分为三种情况。

（1）仅称职务。如"校长""书记""主任"等。

（2）在职务之前加上姓氏。如"周校长""杨处长""马委员"等。

（3）在职务之前加上姓名，这仅适用极其正式的场合。如"周佳奇校长""余正平书记"等。

2. 职称性称呼

对于具有技术职称者，尤其是具有高级、中级职称者，可以在工作中直接以其职称相称，有下列三种情况较为常见。

（1）仅称职称。如"教授""律师""工程师"等。

（2）职称前加上姓氏。如"张教授""李律师"。有时，这种称呼也可加以约定俗成的简化，如可将"吴工程师"简称为"吴工"。但使用简称应以不发生误会、歧义为限。

（3）职称前加上姓名。它适用于十分正式的场合。如"张涛教授""李金华律师""王小川主任医师"等。

3. 学衔性称呼

在工作中，以学衔作为称呼，可增加被称呼者的权威性，有助于增强现场的学术气氛。

称呼学衔，有四种情况使用最多。

（1）仅称学衔。例如，"博士"。

（2）在学衔前加上姓氏。例如，"杨博士"。

（3）在学衔前加上姓名。例如，"杨静博士"。

（4）将学衔具体化，说明其所属学科，并在其后加上姓名。例如，"史学博士杨静""工学硕士余伟""法学学士李金华"等。此种称呼最为正式。

4. 行业性称呼

在工作中，有时可按行业进行称呼。它具体又分为两种情况。

（1）称呼职业

称呼职业，即直接以被称呼者的职业作为称呼。例如，将教员称为"老师"、将教练员称为"教练"，将专业辩护人员称为"律师"，将警察称为"警官"，将会计师称为"会计"，将医生称为"医生"或"大夫"等等。在一般情况下，在此类称呼前，均可加上姓氏或姓名。

（2）称呼"先生""小姐""女士"

对于商界、服务业从业人员，一般约定俗成地按性别的不同分别称呼为"先生""女士"。在此种称呼前，可加姓氏或姓名。

5. 姓名性称呼

在工作岗位上称呼姓名，一般限于同事、熟人之间。其具体方法有三种。

（1）直呼姓名。

（2）只呼其姓，不称其名。但要在它前面加上"老""大"等。

（3）只称其名，不呼其姓。它通常限于同性之间，尤其是上司称呼下级、长辈称呼晚辈之时。在亲友、同学、邻里之间，也可使用这种称呼。

（四）称呼的禁忌

在交往中使用称呼时，一定要回避错误的做法。使用错误的称呼，主要表现为尊重不够、准备不足、知识局限、粗心大意等。常见的错误称呼有以下几种。

1. 误读

误读，一般表现为念错被称呼者的姓名。姓氏来自祖先，在中国人的心中有崇高的地位，一定不要搞错，所以接触前一定要做好先期准备，查查字典，必要时要虚心请教。

2. 误会

误会,主要指对被称呼的年纪、辈分、婚否以及与其他人的关系做出了错误判断。比如,将未婚妇女称为"夫人",就属于误会。

3. 过时的称呼

有些称呼,具有一定的时效性,已经时过境迁,若再采用,难免贻笑大方。例如,在我国古代,对官员称为"老爷""大人",若将它们全盘照搬进现代生活里来,就会显得滑稽可笑、不伦不类。

4. 不通行、不适当的称呼

有些称呼,具有一定的地域性,比如,北京人爱称人为"师傅",山东人爱称人为"伙计",中国人把配偶经常称为"爱人"。但是,在南方人听来,"师傅"等于"出家人","伙计"肯定是"打工仔",而外国人则将"爱人"理解为婚外恋、第三者。可见是南辕北辙,误会太大了。

5. 庸俗低级的称呼

有些称呼在正式场合不应使用。例如"哥们儿""姐们儿""死党""发小"等等一类的称呼,就显得庸俗低级、档次不高,而且带有黑话的风格。把学校领导称为"老板""头儿"也不合适。逢人便称"老板",也显得不伦不类。

6. 绰号

对于关系一般者,切勿自作主张给对方起绰号,更不能随意以道听途说来的对方的绰号去称呼对方。至于一些对对方具有侮辱性质的绰号,就更应禁止。例如"北佬""鬼子""鬼妹""拐子""秃子""罗锅儿""四眼儿""瞎子""菜鸟""恐龙""柴火妞儿"等等。另外,还要注意,不要随便拿别人的姓名乱开玩笑。要尊重一个人,必须首先学会去尊重其姓名。每一个正常人,都极为看重本人的姓名,在人际交往中,一定要牢记这一点。

7. 性别差异

同性的朋友、熟人,若关系极为亲密,可以不称其姓,而直呼其名。对于异性,则一般不可这样做。

（五）外国人的称呼

在改革开放中,学校的对外交往越来越多,涉外活动中,无论是出访还是接待,会遇到各种各样的外国人。对外国人如何称呼,是改革开放时期的重要常识之一。

通常情况下,对外国男子称"Mr.（先生）",对外国已婚女子称"Mrs.（夫人）",对外国未婚女子称"Miss（小姐）"。称呼外国人,一般要冠以姓名、职称等。"Sir（先生）""Madam（夫人）",是对地位较高、年龄较长者的一种尊称。"Ms.（女士）"是现代对年长而婚姻状况不明的女子的称呼,也是女权运动的产物。

在国外,对部长级以上的政府高级官员,男子可称"阁下""先生"或职衔,如"总统阁下""总理阁下""总理先生阁下"等。对有高级职衔的妇女,也可称"阁下",但不能称"先生"。对有地位的妇女可称"夫人"。对医生、教授、法官、律师以及有博士学位的人士,可单独称"医生""教授""法官""博士"等,同时可以加上姓氏,还可以加上"先生",如"卡特教授""法官先生""马丁博士先生"等。

在君主制国家,应称国王和皇后为"陛下";称王子、公主、亲王等为"殿下";对有公、侯、伯、子、男等爵位的人士既可称爵位,也可称"阁下",还可称"先生"。

在欧洲,靠努力取得的学术头衔比公司的头衔更光荣,因此可以光用学术头衔称呼,或者为了保险起见用两个头衔称呼,在用两个头衔的时候,要把学术头衔放在前面。外国人的姓名与我国汉族人的姓名大不相同,除文字区别外,姓名的组成、排列顺序都不一样,要向有关人员问清楚,确保称呼的正确性。

二、介绍礼仪

教师在社会交往的过程中,有时会碰到一些不熟悉的人,如果双方要认识交往,就需要互相介绍。或者教师在应聘其他岗位或学校时,也需作自我介绍。在礼仪中,介绍是一个非常重要的环节,是人际交往中与他人进行沟通、增进了解、建立联系的最基本、最常规的方式。通过介绍,可以缩短人与人之间的距离,帮助扩大社交的圈子,促使彼此不熟悉的人更多地沟通和更深入地了解。

(一) 介绍的分类

根据介绍的对象、场合的不同,介绍可分为以下几类。

依社交场合的方式来分,有正式介绍和非正式介绍。一般在工作场合作正式介绍为宜。

依介绍者的位置来分,分他人介绍、自我介绍、他人为自己介绍。依被介绍者的人数来分,有集体介绍和个人介绍。

(二) 自我介绍礼仪

教师如果与对方不是很熟悉,又无人引见,可向对方自报家门,自己将自己介绍给对方。

1. 自我介绍的具体形式

(1) 应酬式

适用于某些公共场合和一般性的社交场合,这种自我介绍最为简洁,往往只包括姓名一项即可。如"您好,我叫×××""您好,我是×××"。

(2) 工作式

适用于工作场合,是很正式的自我介绍。通常包括本人姓名、供职单位及部门、职务或具体学科等。如"您好,我叫×××,是×××学校××年级的数学老师""我叫×××,在×××学校教数学"。

(3) 交流式

适用于社交活动中,希望与交往对象进一步交流与沟通。它大体应包括介绍者的姓名、工作、籍贯、学历、兴趣及与交往对象的某些熟人的关系。如"您好,我叫×××,在×××学校工作。我是×××的同学,都是×××人。"

（4）礼仪式

适用于讲座、报告、演出、庆典、仪式等一些正规而隆重的场合。包括姓名、单位、职务等，同时还应加入一些适当的谦辞或敬辞。如"各位来宾，大家好！我叫×××，是来自×××学校的教师。我代表学校全体教师欢迎大家光临我校，希望大家……"。

（5）问答式

适用于应试、应聘和公务交往。问答式的自我介绍，应该是有问必答，问什么就答什么。

2. 自我介绍的基本礼仪

（1）确定自我介绍的方式

根据场合确定自我介绍的方式，自我介绍宜简短（应聘时除外）。

（2）择时介绍，坚持半分钟原则

教师在作自我介绍时，应注意挑选对方情绪较好，有兴趣、有空闲的时机来介绍自己，这样对方接受的可能性比较大。在自我介绍时应先向对方点头致意，得到回应后再向对方简洁地介绍自己的姓名、身份、单位等，一般半分钟左右为佳。一定要注意实事求是。

（3）举止大方、态度诚恳

教师在进行自我介绍时，应充满自信，举止应落落大方、彬彬有礼，既不能唯唯诺诺，又不能虚张声势、轻浮夸张。要敢于正视对方的双眼，胸有成竹。语气要自然，语速要正常，语音要清晰。自我介绍的内容需实事求是、富有特色，不可自吹自擂、夸夸其谈，让人觉得你不可信。

（三）介绍他人的礼仪

介绍他人，又称第三者介绍，是经第三者为彼此不相识的双方引荐、介绍的一种介绍方式。当教师将两个陌生人或不是那么熟悉的人引领到一块时，自然必须为他们作介绍。通常情况下，介绍人应对被介绍双方都比较了解。

1. 尊重他人

教师在介绍他人之前不仅要征求一下被介绍双方的意见，还要在开始介绍时再打一下招呼，不要一开口就介绍，让被介绍者措手不及。介绍时一定要弄清彼此的关系，明确介绍的目的。

对于被介绍者，当介绍者询问是不是要有意认识某人时，不要拒绝或扭扭捏捏，而应欣然表示接受。实在不愿意时，要委婉说明原因。

当介绍者走上前来，开始为双方进行介绍时，被介绍者双方都应该起身站立，病人和老年人除外。三方都要面含微笑，相互致意，大大方方地目视介绍者或对方。坐着打招呼与礼仪不符。

当自己被别人介绍时，如果介绍方一时想不起自己的名字或单位，要马上主动接上话自我介绍，避免介绍人和自己尴尬。

2. 姿势得体

教师在介绍他人时，应以标准姿势站立。右臂肘关节略屈并前伸，手心向上，五指并拢，手指指向被介绍者，眼睛直视被介绍者。

3. 遵守规范

介绍他人有一些基本的礼仪规范，应避免嬉皮笑脸，仪态不端。通常是将年轻者介绍给年长者，将职务低的介绍给职务高的，将学校老师介绍给来访家长，将非官方人士介绍给官方人士，将本国同事介绍给外籍同事，将主人介绍给客人，给客人优先知情权等。

如果介绍双方的年龄、职务相当、性别不同，就要遵从"女士优先"的原则，即把男士介绍给女士。当然，如果都是平辈朋友，则可随意一些。但如果男方为年长者或上司时，则应先介绍女方。不遵守以上规范，随意地介绍，也许得罪了人还不自知。

介绍很多人时根据被介绍人与介绍人的距离从较近处或较远处开始，只介绍姓名即可，也可根据情况一并介绍职业与职务。

4. 尽可能多地提供一些相关资料

在首次介绍时要准确地使用全称，不要使用容易产生歧义的简称。介绍时可适当风趣。要注意言辞有礼，遵循平等的原则。一般介绍，介绍姓名和称呼即可。正式介绍即应包括姓名、称号、单位、职务、关系、兴趣爱好等，让被介绍的双方相互之间多了解一些，便于交谈。但应避免使用推销式的介绍，如"这位是某某先生，某某公司的董事长，家产 3 亿元。"这种介绍有借朋友的身份来抬高自己的嫌疑，既失身份又欠礼仪。

5. 互致问候

当介绍者介绍完毕后，被介绍者双方应依照合乎礼仪的顺序进行握手，彼此问候一下，这时应准确记忆介绍对象的姓名。在交谈中叫出对方的姓名可以增加亲近感。如不清楚对方的姓名时，可悄悄通过其他人确认。

介绍时，如果有名片，可以先递名片再作介绍，也可以在介绍时互递名片。向对方说"你好，我是×××"，同时恭敬地将名片递给对方。收下名片后，将名片放在方便取用的地方。

（四）被他人介绍的礼仪

有时出席某些场合，教师会被介绍给其他人。除了注意上面介绍的有关礼仪外，教师还应注意以下几点。

如果自己的身份较高或是女性时，应主动伸手与对方握手。如果是一般身份，则应耐心等待。

被介绍时，一般均应起立，微笑致意，或说"认识你很高兴"之类的礼貌用语。

三、握手礼仪

握手礼是交际中最常见的礼节，但是要想恰当地握手需要注意以下几个方面：握手的时机、握手的方式、握手的次序、握手的禁忌。

（一）握手的时机

迎送时表示敬意。在办公室、家中以及其他一切以自己为东道主的社交场合，迎接或送别外宾和来访者时，要握手，以示欢迎或欢送。

拜访他人、慰问同事、进行家访后，在辞行时，要握手，以示"再会"。

在重要的社交活动表示敬意。如开学典礼、毕业典礼、年终奖励、研讨会、家长会、校友会、运动会、宴会、舞会、沙龙、生日晚会开始前与结束时，要与来宾握手，以示欢迎与道别。

表示感谢。他人给予了自己一定的支持、鼓励、祝贺、馈赠、帮助，或受邀参加活动时，要握手，以示衷心感激。

向他人表示恭喜、祝贺时，如祝贺生日、结婚、生子、晋升、升学，或获得荣誉、嘉奖时，要握手，以示贺喜之诚意。

表示高兴与问候。遇到较长时间未曾谋面的熟人，要握手，以示久别重逢而万分欣喜。被介绍给不相识者时，要握手，以示自己乐于结识对方，并为此深感荣幸。在社交性场合，偶然遇到同事、同学、朋友、邻居、长辈或上司时，要握手，以示高兴与问候。

对他人表示理解、支持、肯定时，要握手，以示真心实意。得悉他人患病、遭受挫折或家人过世时，要握手，以示慰问。

（二）握手的方式

具体来说，握手时双目应注视对方，神情专注，姿态自然，微笑点头，然后相互握手。行握手礼时，距对方约一步，上身前倾，两足立正，伸出右手，四指并拢，拇指张开向受礼者握手，并上下微动，约两三秒钟，礼毕即松开。

握手礼同时是情感流露的重要形式，在手部触摸时间感受到对方的态度。有一定力度且时间较长的握手表示的是热情和真诚，而轻轻一握即分开则表示冷淡。

教师与人握手时手位要适当，手掌垂直于地面最为适当。它称为"平等式握手"，表示自己不卑不亢。

与人握手时掌心向上，表示自己谦恭、谨慎，这一方式叫做"友善式握手"。

与人握手时掌心向下，则表示自己感觉甚佳，自高自大，这一方式叫做"控制式握手"。教师不必如此造作。

若关系亲近、密切者，则边握手边问候，甚至两人双手长时间地紧握在一起。年轻者对长者、尊者或上级应稍微向前欠身，双手握住对方的手以示尊敬。此种方式的握手不适用于初识者与异性，因为它有可能被理解为讨好或失态。这一方式有时亦称"手套式握手"。

男子与女子相见时，女方不先伸手，男方一般不可行握手礼。和女方握手时，往往只轻握一下女方的手指部分。

握手时，为了向交往对象表示热情友好，应当稍许用力。与亲朋故旧握手时，所用的力量可以稍微大一些，而在与异性以及初次相识者握手时，则千万不可用力过猛。

在与人握手时,不可以毫不用力、毫无反应,不然就会使对方感到怠慢无礼。在握手前先脱下手套,摘掉帽子、墨镜。

(三) 握手的次序

握手时应注意:行握手礼时,教师、女士、长者、尊者、上级、主人、先到者、已婚者有先伸手的义务,不然会使对方尴尬;学生、男子、年轻者、身份低者、下级、客人、后到者、未婚者只有向对方问候并在对方伸手之后再行握手礼。

有时交际的双方身份是交叉的,例如,A 是女士,同时又是下级、学生,B 是男士同时又是上级、教师,谁先伸手呢? 这就应具体情况具体分析,在本单位,校园内,身份明确,教师、上级先伸手;在社交场合,或当时双方不知道谁是上级,则应按女士优先原则,其次是长者优先的原则,由女士、长者先伸手。

多人行握手礼注意不可交叉,待别人握完再握手。个人需要与多人握手,也应讲究先后次序,由尊而卑。

握手礼仪的特例是主人与客人握手的次序。在接待来访者时,应由主人首先伸出手来与客人相握表示"欢迎"。而在客人告辞时,则应由客人首先伸出手来与主人相握表示"再见"。

(四) 握手的禁忌

1. 拒绝他人的握手

无论谁先向自己伸手,即便他忽视了握手礼的先后顺序而已经伸出了手,都应看作是友好、问候的表示,应马上伸手相握。拒绝他人的握手是很不礼貌的。

2. 用力过猛

握手时不要用力过猛,尤其是当男性与女性握手时,用力一定要适度,不要对女性采取双握式(俗称"三明治"式)握手。

3. 交叉握手

在多人同时握手时,不要交叉握手。当自己伸手时发现别人已伸手,应主动收回,并说声"对不起",待别人握完后再伸手相握。

4. 戴手套握手

无论男女,在社交活动中,与人握手时均不应戴手套,即使你的手套十分洁净也不行。女士穿晚礼服、婚礼服等套装戴纱手套时例外。

5. 握手时东张西望

握手时双目不能斜视或环视其他而应注视对方,两手相握时,双方目光应对视。

(五) 不宜握手的情况

下列情况时不宜握手:对方手部有伤;对方手里拿着较重的东西;对方忙着别的事,如打电话、用餐、主持会议、与他人交谈等等;对方与自己距离较远;对方所处环境不适合握手;当自己的手不干净时,应亮出手掌向对方示意声明,并表示歉意。

此外,会面礼仪中有时还包括鞠躬礼仪。

第二节　电话礼仪

手机是我们面对世界的镜子,也是我们展示自己的舞台。

——蒂姆·库克

电话是目前最常用的通信工具,它方便、快捷,能及时沟通,达到交流感情的目的,是目前人们交际的一种重要手段。电话是凭声音语言进行沟通的,无论是发话人还是受话人,都应注意现代通信礼仪。

一、发话人礼仪

要选择适当的通话时间,尽量避开对方休息或不宜接电话的时间。白天应在早晨 8 点以后,节假日则最好在早晨 9 点以后,晚上应在 22 点以前。但是有紧急事情时例外。与国外通话还应注意时差和生活习惯。要查准对方的电话号码再拨号,万一拨错了,应向接电话者表示歉意。

电话接通以后,寒暄的语言非常重要,说一句"喂,您好!"能马上让对方感觉到温暖和亲切。可以先询问一下对方的单位和姓名,确认以后再说要办的事情。问对方时语调要柔婉亲切,如"请问您是郝先生吗?"或"能告诉我您的尊姓大名吗?"问清了对方之后,应向对方说自己的单位和姓名,免得对方猜测。如果对方不了解你的身份,也就不便于和你交流。

打电话时口要对着话筒,说话音量不要太大,但也不要太小,吐字要清楚,语气要自然。必要时可把重要的话重述一遍,让对方记清楚。当对方对不清楚的地方发问时,要耐心地回答,认真地解释,切忌不耐烦或有厌烦的感觉。当自己心情不好与别人通话时,注意不要把情绪带进电话里,以免给对方造成误会。与人通话时,还要注意通话时间不宜过长,不要利用电话闲谈和开玩笑,这样占用别人的时间是不礼貌的。通话结束时,要礼貌地说声"再见",不要很突然地把电话挂了。

二、受话人的礼仪

听到电话铃声响了之后,应尽快拿起话筒,不要懒洋洋地漫不经心地故意拖延时间。提起听筒以后应马上和发话人答话,不能不吭声或继续和周围的人闲谈,这对发话人是不礼貌的。

受话人应先说一声"您好"。接电话后,如果是办公电话,自己不是受话人,即不是对方要找的人,应该积极热情地为对方找受话人接电话,并说"请稍候",但不能听筒未放下就大声喝叫"×××接电话",也不能语气粗暴地回答"×××不在"而不想给人寻找,显得没有教养。如果对方要找的人正在忙着,不能马上过来接电话,应该客气地给对方说"请您稍等一下,他马上就来"。或者给对方说明要找的人正在忙着,请再过一会儿打过来,征求了对方的同意再挂断电话。如果对方要找的人不在,应耐心地征求一下对方的意见:"您要找他办的事情,我能给您代办吗?"或者说:"我能转告他吗?"如果对方没有请你转告或代办的意思,应耐心将对方的姓名和电话号码记录下来,待受话人回来后立即告知。

自己是受话人时,应有礼貌地先和对方寒暄几句,表示亲热。然后问对方有什么事要办,认真地聆听对方的述说,应不时地附和对方,表示你正在认真地听他的谈话。听时就应该考虑对方所提的要求能不能满足、所托之事能不能办。若能办则要给对方一个明确的答复,给对方说明办事的程序和时间,让对方什么时候等待结果。如果不能办或根本办不成,应委婉谢绝,或让对方再寻找其他渠道办理,给其指明一条道路也可。电话打过来之后,自己忙着办事又不可中断,委婉告诉对方自己一时不好脱手,请等多长时间后再打过来,或者请对方挂断,自己处理好手头工作之后,马上给打过去。双方通话,一般由发话人先提出结束通话。如果对方没有把事讲完,受话人就挂断电话,这是极不礼貌的表现。

第三节 名片礼仪

红笺二寸书名姓,曾许怀间半刺通。

——竹枝词

名片是现代社会交往中最为经济实用的一种介绍性媒介。现在名片的使用越来越频繁,是社交的重要手段之一。初次见面,大家往往会递上名片作为自己的"介绍信"和社交的"联谊卡"。名片使用要注意以下几个方面:名片的内容,递交名片的时机,交换名片的礼仪,名片的制作,名片的存放。

一、名片的内容

现在社交名片与职业名片区别越来越小,为了交往、联系、工作方便,名片上通常载上必要的信息,一般都写上姓名、地址、电话、传真、电子信箱、邮编、单位、职务、职称、社会兼职等。它是一个人身份的展示。

二、递交名片的时机

初次登门拜访对方,需要将自己的名片递交他人,或与对方交换名片,希望认识对方,表示自己重视对方。通知对方自己的信息变更情况、打算获得对方的名片时,应先递上自己的名片。注意,不要强行索要对方的名片。

三、交换名片的礼仪

交换名片时应有正确的仪态,它体现了一个人的修养和素质。无论是递名片还是收受名片，一定要保持恭敬严谨的态度。

（一）赠送名片

一般情况下，职位低的人应先给出名片，这是基本的礼貌。不过假如对方已经先递出名片，就赶快先收下。

在双方交换名片时应起身，并面对对方，口头要先有所表示，说："您好！这是我的名片，请多指教。"或者"您好！我们来认识一下吧。"交换名片最好是双手递、双手接，除非对方是有"左手忌"的国家（有些国家和地区的传统认为左手是肮脏的）。

名片正面朝对方，如是对外宾，外文一面朝上，字母正对客方，要恭敬有礼。交换名片时的高度不能低于腰部以下。如果对方已先准备好名片，而自己因动作缓慢让对方久等，这是相当不礼貌的。当确定对方已准备就绪，应尽快将自己的名片递出。

若是拿着名片行走时，拿着名片的那只手应放于胸前。

（二）接受名片的礼仪

接过名片后应点头致谢，并认真地看一遍。最好能将对方的学位、职称、主要职务、身份轻声读出来，以示尊重，遇到不太清楚的地方可马上请教。此时不可拿着名片在对方的面孔旁边比对或是从头到脚打量对方，这是极度没有礼貌且易引起他人反感的行为。切忌接过名片一眼不看就收起来，也不要随手摆弄，这样不礼貌。应认真收好，让对方感到受重视、受尊敬。名片放在桌上时，上面不要压任何东西。事后，如有必要可在名片上注上结识的时间、地点、缘由，以免以后名片和人对不上。

在现代涉外活动中，也可以用名片作为简单的礼节性通信往来，表示祝贺、感谢、介绍、辞行、慰问、吊唁等。可以在名片上写上简短的一句话，或送礼、献花时附上一张名片。国际涉外交往中这都是很常见的。

> 某高校的周校长随团出访欧洲开展校际合作工作。出国之前她更换了办公室的电话号码，但因忙于其他工作而忘记重新印制一套名片。所以，每到送名片的时候，为了让对方能通过新的电话找到自己，都在名片上临时用钢笔加注了几个新的电话号码和地址。半个月跑下来，周校长累得筋疲力尽，却未见有外国高校与其有过实质性的接触。后来经人指点，才明白问题出在哪儿，原来是她奉送给外国高校的名片不合规范。周校长本想省事，可在外国高校看来，名片犹如一个人的"脸面"，对其任意涂改、加减内容，只能表明她在为人处世方面敷衍了事、马马虎虎。

四、名片的制作

国内最通用的名片规格为长 9 cm、宽 5.5 cm。这是制作名片时首选的规格。此外，名片还有两种常见的规格为 10 cm×6 cm 和 8 cm×4.5 cm。前者多为境外人士使用，后者则为女士专用。

如无特殊需要，不应将名片制作过大，甚至有意设计成折叠式，免得给人以标新立异、虚张声势、有意摆谱之感。

国外习惯姓名印在中间，职务用较小号字体印在姓名下面。我国则习惯将职务、单位用较小号字体印在名片左上角，姓名印在中间，一般字体稍大。如是竖排板，则职务、单位在名片右上角，姓名在中间。如同时印中外文，则一面为中文，另一面印外文，外文一面按国际习惯排印。

学校的职业名片通常还会将校徽印刷在名片的左上角，通常不宜太花哨，要体现职业特色，高雅、庄重。艺术教师的名片还可以设计得艺术化一些，更加美观大方。但是不要喧宾夺主，图案太花，以致关键信息看不清楚。

五、名片的存放

要使名片的交换合乎礼仪，并且使其在人际交往中充分发挥作用，则还应注意如下两个问题。

（一）名片的放置

在参加交际应酬之前，要提前准备好名片，并进行必要的检查。

随身所带的名片，最好放在专用的名片包、名片夹里，此外也可以放在上衣口袋之内。不要把它放在裤袋、裙兜、提包、钱夹里。在交际场合，如要用名片，则应将其预备好，不要在使用时再去瞎翻乱找。

接过他人的名片看过之后，应将其精心放入自己的名片包、名片夹或上衣口袋内，切勿放在其他地方。

（二）名片的收藏

参加过交际应酬以后，应立即对所收到的名片整理收藏，以便今后利用方便。存放名片的方法大体上有四种，它们还可以交叉使用：按姓名的外文字母或汉语拼音字母顺序分类；按姓名的汉字笔画的多少分类；按专业或部门分类；按国别或地区分类。

若收藏的名片甚多，还可以编一个索引，也可以使用专门的名片处理软件。

第四节 网络礼仪

> 互联网作为 20 世纪最伟大的发明之一,把世界变成了"地球村",深刻改变着人们的生产生活,有力推动着社会发展,具有高度全球化的特性。但是,这块"新疆域"不是"法外之地",同时要讲法治,同样要维护国家主权、安全、发展利益。
>
> ——习近平

全球互联已是当代信息传递的主要方式,很多信息,只要联网搜索,多数都能找到满意的答案。而在网络如此广泛而便捷的时代,网络礼仪也成为现代礼仪当中不可忽略的一分子。

一、什么是网络礼仪

网络礼仪是指人们在网上交流信息时被公众认可并嘉许的各种网上行为的规范和准则。

在互联网上,人与人之间的交流,由于各种环境因素的制约,只局限于就某个问题共同交换、探讨信息,求得互补或共识。当所探讨的问题结束后,也许原来两个或多个交谈甚欢的人就此分道扬镳,各奔东西,再不谋面;也许在网上相遇相知,甚至成为好朋友。网络,就是这样具有多重的不确定性。

当在网络上发表自己的见解时,很可能别人不能完全、正确地理解自己所表达的确切语义,也很容易陷入"言者无意,听者有心"的困境。但是如果能遵守网上的公共道德,注意撰文措辞和表达方式,那么很可能会达到事半功倍的效果,收获意想不到的喜悦。

网络礼仪使得网络活动有组织、讲文明。网络礼仪是互联网使用者在网上对其他人应有的礼仪。真实世界中,人与人之间的社交活动有不少约定俗成的礼仪,在互联网虚拟世界中,也同样有一套不成文的规定及礼仪,即网络礼仪,供互联网使用者遵守。忽视网络礼仪的后果,可能会对他人造成骚扰,甚至引发网上骂战或抵制等事件。

二、网络礼仪的基本规范

网络礼仪包括如下几个方面。

(一)加强自我保护意识

伴随着网络的迅速发展,网络礼仪也在逐步形成并日趋规范。网络上的交流既要注意维护个人的权益,也要做到不侵犯别人的隐私;既要抱着一颗诚心,善意地与人们交流,又要注意防范自己的个人资料泄露,给自己造成不必要的损失。因此,掌握必要的网络规范对每个人都会很有帮助。

1. 不随意公开个人情报

什么是个人情报？编写个人档案，其实就是个人情报。个人情报公开多少？请自己衡量、控制。如果想结交许多新朋友，需要在编写个人档案上下一点功夫，作一番实在但简单的介绍，使别人看到你的自我介绍就能大致了解你是个怎样的人，从而确定是否与你在网上交朋友。

同样，对于他人的个人情报，也不应该轻易地提问、打探。这样的举动会使人望而却步，不想继续交往。

对于同事、朋友的个人资料，更应该妥善保护，没有征得本人的同意，绝不能随意泄露，以免给他人带来不便甚至伤害。

2. 不轻易地表达自己的感情

现在的很多年轻人大都很直率，但凡有点高兴的或者不高兴的事情往往都会在网络上披露。如有人随着自己的心情更换 QQ 签名，让人一看就能大致猜测到其目前的情绪；还有人喜欢在 QQ 的共享空间上写日记，或者干脆在网络上建立个人博客，把自己的现实情绪，所遇之人、事，工作上的得失都一一坦陈。在此需要提醒，建个人博客，在 QQ 空间上写日记，都应该遵守适度原则，最好不要轻易地、随性地暴露个人隐私、暴露自己所处的环境、近期所遭遇的波折，无论是好是坏，都可能会给自己造成难以回避的尴尬或者麻烦。

（二）尊重、礼遇对方

网络虽然是个虚拟的世界，但是在网络中游弋的人却是鲜活的、真实的。因此，当登上网络时，首先必须想到沟通的对象是个有情绪、有感悟的人，因此必须尊重对方。也只有时时、处处注意尊重别人，才会得到别人同样的尊重和嘉许，自己的交流渴望才能得到满足，才能接近所想要达到的目标。

（三）使用正确的网络问候用语

现在的网络非常发达，人们惯用的网络联络方法主要有微信、QQ、邮箱、博客、微博等，但是人们往往在使用这些沟通工具时会忽视相互间的基本的礼貌用语。这些都是亟待规范和纠正的。

如果想在 QQ 上找某个人交流，要养成这样一个习惯：在向对方打完招呼后，先用这样的语句作为对话的开场白："能打扰一下吗？""想请教个问题。"或"允许我现在和你做个交流吗？"这些既谦虚又友好的问候或请求会得到对方的青睐和好感，会促使对方产生交流的欲望。即使是再熟悉的人，也需要在开始交流前适当问候或探问，这既表示了对对方的尊重，也向对方展示了自己的个人修养。在结束对话交流时，也请记住必须向对方道别，说声"再见"，还可以说"聊得很高兴，希望下次还能有这样的机会""今天得到很多教诲（启示），谢谢"等。

（四）以敬语联络感情

发送邮件时要遵照书面写信的格式，不要过于简单。要在邮件的主题栏目中写上该邮件的名称,这将方便对方看到邮件时即能了解该邮件的大致内容以及急缓程度。在正文中写上对方的称谓,简要地说明发送该邮件的目的,还要写上几句礼貌的联络感情的话语或必要的敬语。这段话需要包含三层意思:一是此邮件的主要内容提示,让接收人一目了然;二是表示联系对方的目的;三是表达感谢。举例说明,当想要发送一份稿件给对方并想征求对方的意见时,可以这样说:"×××:您好!我发送给您的是一份关于×××(事情或工作)的文章,希望能得到您的指点。这可能会耽搁您的时间,但您的指点将对我具有十分重要的意义,给您添麻烦了。谢谢!顺祝安康!"最后署上自己的姓名。

(五)设身处地多为别人着想

在网络交流中往往有一方会经常处于被动的状态,甚至是被强制的状态。例如有时自己并不想参加或者并不想得到的东西别人给传递过来了,当然可以拒绝,但当认真地专注于某项工作却时不时地收到一些莫名的消息时,也会感到厌烦。所以在做一件事情或发表一些言论之前,请先想一想这么做会不会影响别人或者会不会引起别人的反感。在网络上交流也同样。发出邀请者一定要学会设身处地地为别人着想,在传送消息之前先问问对方,得到对方的同意后再传送。比如,当收到一些颇为有趣的连环信息时,不要因为个人的兴趣爱好而随意地转发他人,更不要依照这些连环信息的提示而去群发给并不需要的人。当空闲时,也不要随意地邀约某人谈天说地。在发送或者邀约之前必须想一想,所想联络的人是否正在认真、紧张地工作?是否会和自己一样对这些信息或邀约感到有趣?发送的信息、邀约是否会转移别人的注意力,扰乱别人正在进行中的思绪?因此,别在上班时间轻易地发送一些游戏性质的信息,也别在上班时间随意邀约别人聊天,这样做除了会让别人对你产生不认真工作的印象外,没有任何好处。即使在业余时间,也应该首先问问别人是否需要,然后再决定是否发送或邀约。

(六)其他网络礼仪规范

1. 网上网下行为一致

在现实生活中大多数人都是遵法守纪的,在网上也同样如此。网上的道德和法律标准与现实生活中一样,不要以为在网上交流就可以降低道德和法律标准。

2. 入乡随俗

同样是网站,不同的论坛有不同的规则。在一个论坛可以做的事情在另一个论坛可能就不能做。最好是先观察一会儿再发言,这样可以知道论坛的气氛和可以接受的行为。

3. 给自己在网上留个好印象

因为网络的匿名性质,别人无法从你的外观来判断,你的一言一语将成为别人对你印象的唯一判断。如果你对某个领域不是很熟悉,找几本书看看再开口。另外,发帖之前仔细检查语法和用词。不要故意挑衅和使用脏话。

4. 分享你的知识

除了回答问题以外,还包括当你提了一个有意思的问题而得到很多回答,特别是通过电子邮件得到的信息,应该写份总结与大家分享。

5. 平心静气地争论

争论是正常的现象。要以理服人,不要人身攻击。

6. 宽容

我们都曾经是新手,都会有犯错误的时候。当看到别人写错字、用错词、问一个低级问题或者写一篇没必要的长篇大论时,不要在意。如果真的想给他建议,最好用电子邮件私下提出。

三、电子邮件礼仪

使用电子邮件进行对外联络,不仅安全保密,节省时间,不受篇幅的限制,清晰度极高,而且还可以大大降低通信费用。使用电子邮件对外进行联络时,应当遵守的礼仪规范主要包括以下几个方面。

(一) 撰写和发送

1. 主题要明确

忌使用含义不清的标题。添加邮件主题是电子邮件和信笺的主要不同之处,在主题栏里用短短的几个字概括出整个邮件的内容,便于收件人权衡邮件的轻重缓急,分别处理。回复的信件,要重新添加、更换邮件主题,最好写上自己的姓名、单位和时间,使对方一目了然又便于保存。

2. 语言要流畅

尽量避免使用生僻字、异体字。引用数据、资料时,最好标明出处,以便收件人核对。

3. 内容要简洁

电子邮件的内容应当简明扼要,愈短愈好。针对需要回复及转发的电子邮件,要小心检查写在电子邮件里的每一个字、每一句话。现在法律规定电子邮件也可以作为法律证据,所以发电子邮件时要慎重,对单位和个人不利的内容千万不要写上。

4. 合适地称呼收件者,并且在信尾署名

虽然电子邮件本身已标明了邮自何方、寄予何人,但在邮件中注明收件者及寄件者名字仍是必要的礼节,包括在信件开头尊称收件者的姓名,在信尾也注明寄件者的姓名以及通讯地址、电话,以方便收件者未来与你联系。另外,重要的机密和敏感的话题不要使用电子邮件,因为网上信息有可能泄露。

5. 发送注意事项

电子邮件的发送有如下讲究。最好不要将正文栏空着而只发送附件,除非是因为各种原因出错后重发的邮件,否则不仅不礼貌,还容易被收件人当垃圾邮件处理掉。重要的电子邮件可以发送两次,以确保发送成功。

(二) 接收和回复

应当定期打开收件箱查看邮件,以免遗漏或耽误重要邮件的阅读和回复。一般应在收到邮件后的当天予以回复。如果涉及较难处理的问题,要先告诉对方你已收到邮件,来信处理后会及时给予正式回复。

对于那些标题稀奇古怪或者干脆没有标题、发信人的,不要出于好奇而随便打开。在各种电脑病毒肆虐的今天,"中毒"的概率实在太高了。

(三)注意保存和删除电子邮件

因为邮箱空间有限,有些网站还对邮件进行了自动删除管理,所以定期整理收件箱,对不同邮件分别予以保存和删除非常重要。

有价值的邮件必须保存。和公务无关的垃圾邮件,或者已无实际价值的公务邮件,要及时删除。

四、微信礼仪

微信是一款集社交、金融、商业运营于一体的多功能软件,历经多次升级迭代,在短短六七年时间里,就已经拥有了极其庞大的用户群。据悉,截至 2024 年春节,微信在全球月活跃用户数量已超 13 亿。

微信已经越来越深地融入大众的生活,成为我们日常交际和社会活动中不可分割的一部分。它不同于以往的电话、短信、BBS、QQ 等社交工具,其独特的特质也在改变着我们的交流方式,新的社交礼仪也应运而生。

(一)建立通讯录

以往,大家初次见面时,往往会递出自己的名片作为"介绍信"和社交"联谊卡",里面包含了个人的姓名、电话、电子邮箱、社会地位等,这通常用于较为正式的场合。目前,尤其在年轻人群体中,相互之间所留的联系方式大多是微信号,微信号的组合构成了微信通讯录。微信通讯录的添加有多种方式,可以通过搜索绑定的电话号码添加,也可以通过搜索微信号添加。而面对面扫描二维码是一种更简便的方式。此时,应遵循名片礼仪的相关规范,由职位低者、年幼者、男士等向职位高者、年长者、女士等主动提供二维码,待扫描后快速同意,以示尊重。目前微信允许建立多达 5 000 人的通讯录,完全满足了一个普通人的社交需求。

(二)微信聊天礼仪

无论是一对一聊天,还是微信群交流,都可参考交谈礼仪的相关规范。那么,微信中怎样聊天才算合乎礼节?怎样的行为会造成微信交流的尴尬和不畅?

首先,确认聊天对象能够及时回复时,不必过多客套,可直入主题。

微信如同短信一样,只要网络连通,是可以随时收到信息的。在发送完"请问在吗?"之后,可以直奔主题。网络上颇具共鸣的一段说法是,"若是领导、长辈、德高望重的长者问'在吗',会回复一下。如果是平辈、朋友问'在吗',会半开玩笑地回'有事赶紧说'。如果是疏远的人问'在吗',一般都不回复"。因此,在生活节奏越来越快的今天,微信聊天虽然可以碎片化进行,但仍需节约彼此的时间。

其次,微信聊天时,能发文字时不用语音。

微信语音经过迭代升级,已经具有直接将语音转化为文字的功能。但若讲话者普通话不标准,转化之后就会错误百出,出现语句不通的现象。而听对方发来的语音,相对于直接看文字,既耗费时间,又对环境有要求。外放会暴露聊天内容,也影响周围的人,不外放需要时时把听筒置于耳朵处,不太方便。发语音的人一句话了事,省时省力,但给收信息的人造成了很多不便,把麻烦留给别人是不太礼貌的。

最后,在微信群聊天时,不可公群私聊。

公共群就像一个主题茶馆,发起人开设了一个群,给大家一个聊天喝茶的地方。但是既然是主题茶馆,就要切合主题,不要无限跑题,非常私密的话题可以私下添加好友,不要让大家围观,更不可大量刷屏。另外,一些商家或团体为了扩大影响,经常发起投票或点赞活动,这类拉票和集赞的链接也尽量少打扰群成员,更不要设置全员提醒以免引起反感。

(三) 微信朋友圈礼仪

朋友圈既是私人空间,也是小范围的公共空间。个人朋友圈发布的内容往往体现了自己的眼界和修养。尤其作为教师群体,朋友圈发布的信息对家长和学生都会产生影响,因此更应谨慎对待。一般来说,需要注意以下几个方面:

(1) 不发宗教和诅咒转发的帖子。不可强制别人转发你的作品。

(2) 不转发过分低级庸俗的内容和图片,个体关注的内容也是自身品位的客观反映,低级庸俗的内容有损教师的形象。

(3) 拒绝谣言和诈骗,能明辨是非,转发前慎重考虑。

(4) 不发带有明显政治激进色彩的内容和图片。

(5) 不可泄露他人隐私。不能随意发表未经他(她)人同意、带有个人隐私性质的内容和图片,可能涉及人权和肖像权。

(6) 多传播一些对教育教学有利的内容,如交流经验、分享一些活动反思等正能量的内容,多点热心和理解,少点消极谩骂和攻击。

(7) 不让微信群绑架了自己的现实生活,把握好尺度才能让微信更好地服务我们的工作和生活,绝不能成为"低头一族",影响工作生活和健康。

第五节　馈赠礼仪

馈赠可能是最伟大的礼物，因为它不受价值的局限。

——安德森·洛克

在学校日常活动中，礼尚往来，相互馈赠或接受礼物，是为了沟通、巩固和不断加深教育工作者的感情，创造一种良好的气氛和环境。

一、馈赠的概念

馈赠，就是指人们为了向其他人表达个人的敬意和喜爱，而将某种物品毫无代价地送给对方。馈赠礼品是人们在社会交往中经常遇到的情况。馈赠不仅是一种礼节形式，更是人与人之间诚心相待，表达尊重和友情的见证。

交往活动中相互馈赠或接受礼物，礼品应以表达尊敬和喜爱的意愿为主，以经济价值为辅，以好创意为佳。礼不在轻重，只要送礼者诚心诚意、受礼者满意，即恰到好处。恰当的馈赠可以带来良好的交际气氛和环境，加深彼此的感情，促进具体活动的开展。

二、馈赠礼仪的原则

交往活动中向对方馈赠礼物，要以他人能够接受并表示满意为前提，要恰当，要掌握决定对方接受礼物的诸因素，以达到馈赠礼物目的。

（一）目的性

送礼是为了表示你对他人的祝贺、感谢、关怀、安慰、鼓励和思念等心情，是为了使对方在接受礼物后产生愉悦和幸福的情感。每个人对礼物的需要各不相同，选择礼物的公认标准是：要了解对方的兴趣、爱好，从对方立场出发精心挑选、精心制作，价值不一定昂贵，既投其所好，又使礼物表达诚恳的心意，即"礼轻情义重"。可以随礼物写上几句祝福的话语，以表达送礼者的内在情感。

（二）针对性

礼物要使对方喜爱，就要有的放矢。选择礼物时，要考虑受礼一方的性别、年龄、婚否、职业、教养、国籍、民族、宗教信仰和兴趣等，还要考虑送礼的目的，例如结婚、乔迁、探望病人、欢迎、告别等。送给外国人的礼物要挑选具有鲜明特色或特定意义的。礼物要有一定的使用价值，有时送自己精心制作的礼物更具情意。

（三）纪律性

许多单位有廉政建设要求，制定了有关送礼和受礼的制度和政策，因此，在馈赠和接受礼物时要有纪律性。如果对方单位政策不可以接受礼物，就要无条件遵守规定。否则,不仅表示你不懂得礼节,而且会使对方处于被动地位,危害与对方的友谊。

(四) 禁忌性

送礼还要注意送礼的禁忌,避免好心办坏事。例如,安排献花时,须用鲜花,并注意保持花束整洁、鲜艳。一般情况下,忌送菊花、杜鹃花、石竹花和黄色花朵。在选择鲜花作为礼物时,至少要在其品种、色彩和数目等三个方面加以注意。

在国内外,鲜花都被人们赋予了特定的含义。在西方,玫瑰象征爱情,康乃馨则表示伤感或拒绝,单独送人时必须慎之又慎。菊、莲和杜鹃,在国内口碑甚佳,在涉外交往中却不宜用作礼品。菊花在西方系"葬礼之花",用于送人便有诅咒之意。莲花在佛教中有特殊的地位,杜鹃则被视为"贫贱之花",用于送人也难免产生误会。赠花前应更多地了解一些"花语",增加赠礼的文化品位。

三、送礼方式

西方名言说:"赠送礼品的方式比礼品本身更重要。"馈赠礼物必须有包装,美观独特的包装有时比礼物本身更给人以美的印象,礼品的精心包装又能进一步显示出馈赠的情谊。礼物用礼品纸包装,束上彩色丝带,系上花结,最好放上名片或自己做的小卡片,写上相应的祝贺词或具有一定意义的词语。馈赠礼物应当面送给受礼人,双手捧上并说几句相应的话,也可说几句介绍礼品的话。若请别人代送或寄送礼物时,要随礼物附上贺词或名片。

四、馈赠礼物的时机

礼物应当体现交往活动中的友谊,体现对朋友的感激之情。切忌把礼物当成订货、购物或其他业务工作的直接手段。在送礼时间的选择上,社会上有约定俗成的习惯。在这个时间去送礼,只要价值适当,一般对方都可以接受。其他时间送礼,一般会使对方感到为难,或容易引起别人非议,其结果会背离送礼者的初衷和愿望。一般可以掌握以下送礼的时间。

(一) 传统节日和重大纪念日

我国的传统节日有春节、元宵节、端午节、中秋节、重阳节等。重大纪念日有"六一""七一""八一""十一"。人们在这时向朋友表示美好的祝愿,同时送一些礼物,其中以传统节日送礼的为多。

(二) 喜庆之日

喜庆之日是指结婚、乔迁、生日、寿诞、晋升、获奖之时。遇到对方家中有这样的喜庆日子,一般要备送礼品以示庆贺。

(三) 临别送行

为表示自己的惜别之情,可适当送礼品,留作纪念,以示友谊天长地久。

(四) 探视病人

到医院或病人家中探视病人,可送些礼物,祝其早日康复。

（五）开业、庆典之日

在对方企业开业或举行某种庆典活动之时，可送花篮、牌匾等礼物，以示祝贺。

（六）酬谢他人

当自己在工作、生活中遇到困难时曾受过他人帮助，事后，可送些礼物酬谢。送礼时机要视实际情况灵活掌握，时机选择合适，可使馈赠礼物显得自然亲切，并达到目的。

五、送礼的注意事项

馈赠的礼物要实用、恰当。所以，一般礼物可以分为两类：可以长期保存的礼物，如工艺品、书画、照片及相册等，注重情意；保存时间较短的礼物，如鲜花、一次性消费品等，注重经济实用。

要注意不同国家、民族对颜色、数字和风俗的要求。掌握了馈赠禁忌，正确运用馈赠礼仪，送礼才能真正起到加强联系、联络感情、增进友谊的作用。

接受礼物时，中国人的习惯是双方不当面打开礼品（包），而是事后打开。所以，一般当时不知道礼品的价值，不知是否该收。只有开包查看后，才能最后确定。当你确定是否应当接受一件礼物时，主要考虑的问题是这份礼物究竟意味着什么。要考虑以下问题：礼物的价值过分吗？接受礼物会违反有关规定吗？收礼后要对送礼者承担一些责任吗？在过去三个月内，你签订过对送礼者有利的合同，或做过对送礼者有利的事吗？对以上问题，只要其中一个的答案是肯定的，就不应该收受礼物。

如果有理由认为，该礼物的意义已超过朋友之间表示友好和感谢的内容时，就不应当收下。在不能确定是否应接受礼物时，以不接受为好，以免将来发生麻烦。

当决定谢绝礼物时，可以按下面做法处理：立即采取行动，在 24 小时内把礼物退回；退回礼物时，要附有信件，既要感谢送礼者，又要清楚地表明礼物不能接受；要保存回信复印件，以便保护自己；如果学校有规定或你认为该礼物意在行贿时，要把收礼、退礼的情况及时向上级报告，或将礼品交给学校。在谢绝礼物的回信中，一定要写明收到礼物和回信的日期。在回信中，要注意用语恰当，不用侮辱性的词句，原则是退回礼物而又保持友好关系。

六、回礼

当收到他人的礼物时，必须回赠礼物，这才符合交际礼仪。回赠的时间要适当。可以在客人临走时回赠。如果刚接受了他人给你的礼物，不宜当场就回赠，这样会显得很俗气，也会令送礼者为难。也可以在接受客人礼物后，隔一段时间登门回拜时，带给对方礼物表示谢意。还可以寻找机会，如在传统节日、纪念日，或在对方喜庆的日子送上适当的礼物以表示你的谢意。

课后习题

一、判断

1. 在称呼礼仪中,可以称呼对方的学位,包括学士、硕士、博士等。 　　　　　　(　)

2. 在为会面双方进行介绍时,应把地位高的一方先介绍给地位低的一方,以示尊重。 　　　　　　　　　　　　　　　　　　　　　　　　　　　　　　　　　(　)

3. 在同女士握手时,应主动伸手,以表示热情。 　　　　　　　　　　(　)

4. 在同自己尊敬的长者握手时,可使用手套式握手,以表示对长者的敬仰之情。

　　　　　　　　　　　　　　　　　　　　　　　　　　　　　　　　　(　)

5. 在接打电话时,应由接电话一方先挂断电话。 　　　　　　　　　　(　)

6. 在接电话时,如果没有起床,可以躺着打电话,反正对方也看不到。 (　)

7. 在接受别人名片时,应双手接过,并马上放入手提包里。 　　　　　(　)

8. 在发送电子邮件时,应尽量不写内容只发附件,以节约双方时间。 (　)

二、简答题

1. 教师在社会交往中,常见的礼仪有哪些?

2. 在不同场合称呼中,应注意哪些礼仪规范?

3. 在打电话和接听电话时主要注意哪些方面?

4. 在交换名片时要注意哪些礼仪细节?

5. 请阐述馈赠礼仪的含义和正确做法。

第十章 教师涉外礼仪

知识导图

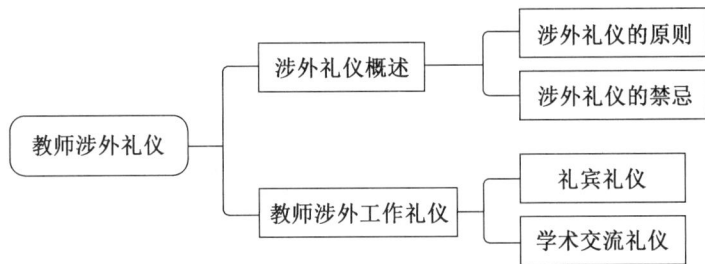

学习目标

1. 掌握涉外交往的基本原则和禁忌。

2. 知道涉外活动中的礼宾次序安排的礼仪。

3. 了解并正确使用学术交流中的礼仪规范。

4. 在对外交流过程中增强文化自信,尊重文化的多样性,以开放包容的心态对待国际交流中的文化差异。

5. 在涉外交往过程中,激发教师的爱国情怀,自觉维护国家形象和利益。

案例导入

李老师是一位中学英语教师,她有幸被学校选派到英国进行为期一个学期的交流学习。在英国期间,李老师深知自己的言行举止不仅代表着个人,也代表着学校和国家的形象,因此非常注重自己的言行举止。

在与英国同事和学生的交往中,李老师从不打探别人的个人隐私,会保持适当的距离,不会过于亲密或侵犯他们的个人空间。

在课堂上,她会提前到达教室,做好准备工作。在授课过程中,她会使用礼貌用语,鼓励学生积极参与课堂讨论和活动,并尊重他们的意见和想法。

此外,李老师还参加了一些英国的社交活动,如茶会和晚宴等。在这些活动中,她穿着得体,遵守活动的礼仪规范。她善于观察和学习,在活动中尽量做到得体和自然。

通过这次交流学习,李老师不仅提高了自己的英语水平和教学能力,也深刻体会到了涉外礼仪的重要性。她意识到,作为一名教师,不仅要传授知识,还要注重培养学生的跨文化交际能力和文明礼仪素养。

你有一个苹果，我有一个苹果，交换后每人还是一个苹果；

你有一种思想，我有一种思想，交换后每人有两种思想。

——萧伯纳

在全球化的时代浪潮中，教育领域的交流与合作日益频繁，尤其是高等院校之间的交流日益增多。当我国教师走出国门，参与国际教育研讨会，与来自世界各地的教育同仁交流时，当外国教育者走进我们的校园时，涉外礼仪的重要性便凸显出来。教师必须掌握相关的涉外礼仪，自觉加强涉外礼仪素养，以便在与境外学校交往或合作时，用以维护自身和国家形象，并向外宾表示尊重、友好、礼貌等礼节。它不仅是教师内涵修养、文化水平的集中反映，也是国家的国际形象和国际地位的客观写照。

第一节　涉外礼仪概述

海纳百川，有容乃大。

——林则徐

随着我国的国际地位的日益提升，与其他各国的交往也越来越密切，教师的国际交流活动也越来越多。教师作为教育的传播者和文化交流的桥梁，其涉外礼仪的规范性和恰当性至关重要。它不仅涵盖了语言交流、行为举止等基础方面，还涉及对不同国家文化、价值观的理解与尊重。了解涉外礼仪的共性和基本原则，确保实际工作中不犯低级错误，提升教育合作的质量与效果。

一、涉外礼仪的原则

虽然不同的国家、不同的民族有各自不同的文化和生活习惯，但互相交往时还是有很多需要共同遵循的礼仪原则。

（一）维护国家利益

这是对外交往最重要的原则。每一位涉外工作人员最基本的素养是对国家忠诚，有一颗爱国的热心，祖国和人民的利益高于一切，坚决维护国家的主权和民族的尊严。应时刻意识到，在外宾眼里，自己是国家、民族、单位组织的代表，自己的一言一行，有可能给国家带来荣誉，也可能带来耻辱。在原则问题上，要坚持不懈，绝不让步，绝不做有损国格和人格的事情。

（二）求同存异

求同存异，是指在涉外交往中为了减少麻烦、避免误会，既要对交往对象所在国的礼仪与习俗有所了解并予以尊重，更要认真遵守国际上所通行的礼仪惯例。"求同"就是遵守国际惯例，取得共识；"存异"就是了解具体交往对象的礼仪、习俗、禁忌，并予以尊重。

（三）入乡随俗

"入国而问禁，入乡而问俗，入门而问讳。"入乡随俗，指的是在涉外交往中，要真正做到尊重交往对象，首先就必须尊重对方特有的风俗习惯。根据国际惯例，当自己身在异国他乡时，应讲究"客随主便"，做到"入乡随俗"，自觉遵守该国的礼仪和习俗。而当身在自己国家，充当东道主之时，则应讲究"主随客便"，充分尊重外宾的习惯和禁忌。

入乡随俗也要注意分寸。在涉外交往中，尊重从来都是相互的，我们尊重外方人士必须不失自尊，外方人士亦必须对我们给予应有的尊重。倘若外方的某些特有习俗不合时宜，如有辱我国的国格，有悖我国社会公德，或有碍我国人员的生命安全，我们就不能无原则、无条件地盲从。

（四）不卑不亢

与外国人打交道时，教师要摆正自己的位置，端正自己的态度。不论是在正式的涉外活动中，还是在非正式的涉外交往中，自己的一言一行、一举一动，都事关大体。

具体而言，教师要在涉外交往中真正做到"不卑不亢"，不仅要在思想上有所提高，正本清源，端正态度，而且还必须在实际行动中付诸实践，对"不卑"与"不亢"二者同时予以坚持，防止矫枉过正，或者过犹不及。"不卑不亢"，就是教师在与外国人打交道时，用以考虑自身位置、端正自身态度的一项涉外礼仪的基本原则。

所谓"不卑不亢"，在涉外交往中是指，每一名教师在与外国人进行接触时，特别是在参与正式的涉外交往时，一定要明确地意识到自己在外国人眼里代表着自己的国家，代表着自己的民族，代表着自己的学校，因此，必须使自己的言行举止讲究分寸、从容不迫、雍容大气、堂堂正正，而不能肆无忌惮。因为自己表现失当会给国家、民族、学校抹黑。在外国人面前，教师的正常表现尤其应当泰然自若、一如往常。既不应该表现得畏惧自卑、低三下四，也不应该表现得自大狂傲、目空一切。

（五）女士优先

女士优先，是国际社会公认的"第一礼俗"，是指在一切社交场合，每一名成年男子，都有义务主动自觉地以自己的实际行动去尊重女士、关心女士、体谅女士、保护女士、照顾女士，为女士排忧解难。唯有这样的男士才有绅士风度，才有教养。

女士优先主要适用于社交场合，公务场合则强调男女平等，忽略性别；在许多西方国家，老年妇女讲究独立，不愿别人认为自己老，不愿别人对自己做不必要的搀扶和照顾；在尊重、照顾、体谅、关心、保护女士方面，男士们对所有的女士都应一视同仁。对女士的尊重与保护并不取决于她的长相和与自己的亲密程度。

在下述各个方面，男士有必要以自己的实际行动去表现对"女士优先"原则的遵守。

（1）问候

在需要问候其他人之时，一定要首先问候在场的女士。即使提及他人之时，亦须将女士置于首位。

（2）施礼

在见面、道别之时，如果有必要相互行礼，一般均应令女士居于尊者的位置。向多人施礼时，必须以女士为先。

（3）就座

就座时，男士应请女士首先就座，并使之在上座就座。如有可能，还须在其就座或离座之时予以照顾。

（4）交谈

与女士交谈时，男士不但需要注意基本的礼貌，而且还有必要检点辞令。无论如何，都不允许在女士面前出言粗鲁、唐突。

（5）吸烟

在女士面前吸烟之前，男士一定要首先求得对方的首肯。不论是否认识对方，都必须这么做。

（6）外出

与女士一道外出时，男士应令对方居于尊贵的位置。两人并行时，男士应当居于外侧，而请女士居于内侧。两人单行行进时，男士则应当自觉随行于女士身后。

（7）出入

出入房门时，一般要求男士为同行的女士开门、关门，并且请女士首先走进或者走出房间。

（8）携物

男女一起出行时，通常男士有义务主动帮助女士携带较为沉重或者较为难拿的行李、物品。

（六）热情有度

热情有度，是指人们在参与涉外交往，直接同外国人打交道时，不仅要热情友好，更重要的是，必须把握好热情友好的具体分寸。否则就会事与愿违，过犹不及。与外国人打交道，关心对方，应以不妨碍对方自由为度，否则可能会引起对方的误会和反感，以致造成不良后果。

做到热情有度，关键是要把握好下列五个方面的尺度。

1. 关心有度

对外宾的关心照料不能超出对方所能接受的限度，以不使他们觉得受到限制，甚至影响私事和自由为度。例如，在陪同外宾参观游览、逛街购物时，不要紧紧跟随，形影不离，使得外宾没有一点私密的空间而感到尴尬和不便。在接待外宾时须注意的是，发现自己给予外宾的关心不受欢迎时应适可而止。

2. 帮助有度

对外国朋友提供帮助，贵在掌握分寸，帮助应该两相情愿，要在对方需要帮助时我们才去帮助他。比如，遇到坐着轮椅的残障人士，按照我们国人的理解和习惯，理应义不容辞地伸出援手给予热情帮助，但是在西方国家就不同，我们要先请问对方：

"请问需要帮助吗?"得到对方肯定回答之后,再帮助他,否则有强迫服务之嫌。所以在帮助对方的时候,要先征求对方的同意。如果对方说不需要,则不要坚持去做。

3. 距离有度

与外国人打交道时,相距太近会让对方产生被侵犯的感觉,相距过远则会让对方感到被冷遇。在涉外社交中,与对方相距应在半米以上。其中,相距 0.5 米至 1.5 米之间,叫"常规距离",适用于一般性的人际交往。绝大多数情况下,与外国人都应保持这种距离。1.5 米至 3 米之间,叫"礼仪距离",适用于某些比较隆重的场合,如会见、会议等,意在向对方表示特殊的尊敬。3 米以上,叫"公共距离",是公共场合与陌生人保持的距离,也叫"有距离的距离"。如果相距不超过 0.5 米,属于亲密距离,仅适用于家人、夫妻、恋人及至交,或是对老、幼、病、残、孕给予必要的照顾时。与外国人交往时,要保持应有的距离。距离不当,都会引起他们的不悦和反感。

4. 举止有度

与外国人相处时,动作切勿过分随意。如朋友相见时,彼此拍拍肩膀;长者遇见孩子,抚摸一下他的头和脸;两名同性在街上携手而行;进餐时给对方夹菜,或逼着对方喝酒等,这些国内司空见惯的亲热之举,外国人却接受不了。

5. 批评有度

批评有度,简单地讲,就是对其日常行为"不得纠正"。在中国,亲朋好友之间讲究以诚相见,推心置腹。对他人要开诚布公,直言不讳,这样才是"真君子",才"够朋友"。外国人讲究个性自由,反对外人干涉自己的私生活。加之各国习俗不同,对同一事物的判断便大相径庭,所以在涉外活动中没有必要对外国人的所作所为妄加评判,更忌当面对其纠错。只要对方的所作所为不危及人身安全,不触犯法律,不悖于伦理道德,不有辱我方的国格、人格,一般均可听其自便。

(七) 以右为尊

依照国际惯例,多人排序时遵循"以右为尊"的原则。大到政治会晤、文化交流、商务谈判,小到社交应酬、私人交往,但凡需要排序时,都应以右为上,以左为下,以右为尊,以左为卑。

二、涉外礼仪的禁忌

禁忌是礼仪的最重要内容之一,在进行涉外交往时,了解交往对象的禁忌并尊重有关禁忌,是实行跨国有效沟通的重要前提。

(一) 数字禁忌

各民族及不同宗教信仰的人们对数字均有一些忌讳,如天主教徒、基督教徒十分忌讳"13",认为这一数字会带来厄运和灾难。在西方,这一数字常以"14(A)"或"12(B)"来代替。日常生活中,人们尽量避开这个数字,如不与 13 人同桌进餐。如果 13 日又恰逢星期五,更被认为是"凶日",被称为"黑色星期五"。在涉外活动中要避开与"13""星期五"有关的一些事情,更不要在这一天安排重要的政务、公务、商务及社交活动。日本人忌讳"4"，因为在日文中，"4"与"死"的读音相似，意味着倒霉和不幸。所以给日本友人赠礼时，礼品数不应为 4；也不要安排日本人入住 4 号、14 号、44 号等房间。另外，"9"在日语中的发音与"苦"相似，也为日本人所忌讳。

（二）颜色禁忌

有一位想打入中国市场的美国清洁剂制造商设计了一则广告，其中有这样一个场景：人们在兴高采烈地抛帽子，其中一顶绿色的帽子落到了一位男士头上。虽然其产品质量好，但在这样的广告宣传下，购买其产品的中国消费者寥寥无几，产品在中国出现严重滞销。这与制造商的设计初衷大相径庭。由于各国历史文化、民族习俗的差异，对颜色的禁忌也不一样。一种颜色，在此国是美好的，而在彼国可能被认为是不吉祥的。归纳起来，各国忌讳的颜色如下：

阿拉伯人把绿色当作生命的象征，而日本人认为绿色是不吉利的，埃及人和英国人也厌恶绿色，德国、法国和比利时人厌恶墨绿色；比利时人最忌蓝色，埃及人认为蓝色是恶魔的象征；巴西人以棕黄色为凶丧之色；欧美国家以黑色为丧礼的颜色，但新郎结婚礼服可用黑色，俄罗斯人和蒙古人都讨厌黑色；叙利亚人将黄色视为死亡之色；土耳其人认为花色是凶兆，布置房间时不用花色；埃塞俄比亚人出门做客不穿浅黄色衣服，因为他们穿浅黄色服装是表示对死者的哀悼；秘鲁平时禁用紫色，只有在 10 月份举行宗教仪式时才开禁。

（三）肢体禁忌

同一个手势、动作，在不同的国家里表示不同的意义。例如，拇指和食指合成一个圈，其余三个手指向上立起，在美国表示 OK，但在巴西，这是不文明的手势。在中国，对某一件事、某一个人表示赞赏，会竖起大拇指，表示"真棒"！但是在伊朗，这个手势是对人的一种侮辱，不能随便使用，想赞赏伊朗人忌伸大拇指。在我国摇头表示不赞同，在尼泊尔则正相反，表示很高兴、很赞同。

适当地运用手势，可以增强感情的表达。与人谈话时，手势不宜过多，动作不宜过大，应给人含蓄稳重、彬彬有礼的感觉。

（四）花卉禁忌

由于习俗不同，某些花的含义在不同的国家也有区别。如郁金香在土耳其被看作爱情的象征，但德国人却认为它是没有感情的花。

荷花在中国、印度、泰国、孟加拉国、埃及等国评价很高，但在日本却被视为象征祭奠的不祥之物。菊花是日本王室的专用花卉，人们对它极为尊重。可是菊花在西班牙、意大利和拉美各国却被认为是"妖花"，只能用于墓地和灵前。

在法国，黄色的花朵被视为不忠诚的表示，因而不能给法国人送黄色花；也不送康乃馨，因为它表示不幸。在国际交际场合忌用菊花、杜鹃花、石竹花、黄色的花献给客人，已成为惯例。因此，需要特别注意，以免引起不良后果。

（五）宗教禁忌

1. 基督教禁忌

进教堂要态度严肃,保持安静。在聚会和朝拜活动中禁止吸烟。

2. 天主教禁忌

天主教的主教、神父、修女是不结婚的。所以,同天主教人士交往时,不可问"有几个子女""爱人在哪里工作"等问题。进入教堂应严肃庄重,切忌衣着不整、大声喧哗、吃东西、抽烟等。

3. 伊斯兰教禁忌

接待穆斯林客人一定要安排清真席,特别是要尊重他们的饮食禁忌。穆斯林禁食自死的动物、血液、猪肉等。穆斯林严禁饮用含酒精的饮料,对他们是不能敬酒的。伊斯兰国家规定星期五为休息日,穆斯林晌午要到清真寺集体做礼拜。如果遇星期五,要安排时间让虔诚的穆斯林做礼拜。

4. 佛教禁忌

在信奉佛教的缅甸、泰国等东南亚国家,人们非常注重头部,忌讳别人提着物品从头上掠过;长辈在座,晚辈不能高于他们的头部;小孩子头部也不能随便抚摸,他们认为只有僧侣或父母能摸小孩的头,意为祝福,除此之外都是不吉利的。

僧侣和虔诚的佛教徒一般都是素食者,在他们面前不能杀生、吃肉、喝酒等,男女也不能做过分亲昵的举动。在有僧人的场合,女士穿着要端庄,忌过于暴露。

5. 印度教禁忌

信仰印度教(印度、尼泊尔等国)的教徒奉牛为神,他们不吃牛肉,而且也忌讳使用牛皮制成的皮鞋、皮带。

第二节　教师涉外工作礼仪

独学而无友,则孤陋而寡闻。

——《礼记·学记》

随着国际学术交流活动持续增加,我国教师在国际舞台上的身影也越发频繁。各种会见、交流、访学、赠礼等活动接连不断。鉴于此,涉外教师需要熟悉并掌握这些活动的形式及礼仪规范,确保自己在工作场所和活动进程中不失礼数,更好地促进相互沟通,实现友好合作。

一、邀约礼仪

在教师的涉外交往中,常常会因为实际工作的需要,对交往对象发出邀请,约请对方出席某项活动,或前来做客,这类性质的活动被称为邀约。邀约是一种双向的约定行为,不论邀请者还是被邀请者,都必须把邀约当成很正式的交往活动来看待。对邀请者来说,发出邀请就是发出一种礼仪规范的通知,不仅要合乎礼节,取得被邀约者的及时回应,还必须使交往活动符合双方的身份和目前的关系。对受邀者而言,受邀是一件很荣幸的事情,但不管是接受邀约还是拒绝邀约,都要注重礼仪规范,如果要拒绝邀约,也一定要在不伤害邀请者自尊的前提下直接或间接说明原因,以取得邀约者的谅解。

(一) 邀请礼仪

邀约礼仪是确保国际交流顺利进行的重要环节。具体要考虑以下几个方面。

(1) 提前规划:邀约应提前进行,以便被邀请者有足够的时间安排行程。

(2) 明确形式:可以通过书面邀请函(如信件、电子邮件)、电话或者当面邀请等方式。书面邀请函较为正式,应包含活动的时间、地点、主题、着装要求等详细信息。

(3) 尊重文化差异:不同国家和文化对于邀约的接受和回应方式可能有所不同。例如,有些文化可能更倾向于提前较长时间邀约,而有些则相对灵活。

(4) 语言恰当:使用礼貌、清晰、准确的语言表达邀请的诚意和期待。

(5) 考虑对方意愿:在邀约时,避免给对方造成压力,尊重对方是否接受邀请的决定。

(6) 回复礼仪:被邀请者应及时、礼貌地回复邀约,无论接受还是拒绝,都要表达感谢。

(7) 跟进确认:对于重要的活动,邀约者可在临近活动日期时再次与被邀请者确认出席情况。

总之,要充分了解和尊重对方的文化背景和习惯,以周到、专业的方式进行邀约,有助于活动的顺利开展和良好关系的建立。

(二) 答复礼仪

在涉外交往中,接到来自任何单位或个人的邀请,不论能不能接受对方的邀请,均要按照礼仪的规范给予明确的答复,对邀请者待之以礼。所有的回函,不管是接收函还是拒绝函,应在接到书面邀请之后三日内进行答复,而且答复得越早越好,说明受邀方对邀约方的重视。

回函的内容也是十分讲究的,在回函的行文措辞上,应当表示对邀请者的尊重和友好,对能否接受邀约这一关键性的问题,要做出明确的答复,切勿避重就轻,让人感觉模棱两可,产生误会。如果是拒绝,则要说明理由,言辞委婉即可。

二、礼宾礼仪

在涉外活动中,礼宾活动一直都是政治性较强而又敏感的问题,它能体现对不同参与者的身份、地位、年龄的特别重视,也体现对所有参与者平等相待的态度。如果安排不当或不符合国际惯例,则会引起不必要的误会,甚至还会影响两国之间的关系。礼宾礼仪,看似小事,但一旦出现问题,就是大事,正所谓"外事无小事",因此,要对礼宾礼仪给予高度重视。

礼宾活动包括会见、排序、迎送、签字、赠礼等几个方面，下面逐一介绍这些涉外活动中应当注意的礼仪规范。

（一）会见礼仪

会见是涉外活动中常见的形式之一，国际上又称为拜会。凡身份较高者会见身份较低者，或主人会见宾客，称为接见。相反，身份低者会见身份高者，客人会见主人，则称为拜见。接见和拜见的回访，都称为回拜。

会见又分为两种，一种是礼节性会见，一种是专门性会见。专门性会见简言之就是约见，即事先约定对方于某时、某地登门会见。会见大多是双方，也有可能是多方会见。会见的地点一般选择在办公室或会客室。会见双方按照身份职务的高低、宾主之别分边而坐，主宾坐在主人右侧，其他按照身份高低分别在主人和主宾一侧就座，如果有陪同翻译，则安排在主人和主宾的后方。某些高规格的会见还有其独特礼仪程序，如双方简短致辞、赠礼、合影等。

（二）排序礼仪

会见之时，多半会涉及礼宾次序，即在国际交往中对出席活动的国家、团体和各国专家的位次按照特定的规则和惯例进行排列的先后顺序，这体现着东道主对各国宾客的礼遇程度，表示各国主权平等的地位。如果礼宾次序安排不当或不符合国际惯例，将会招致其他各国的不满，引起不必要的争执和交涉，甚至会影响两国之间的友好关系。常见的礼宾次序有：

1. 身份关系不对等时的排序礼仪

当参与者的身份关系不对等时，应该按照地位高低、职务上下、年龄长幼、实力强弱进行排序，其基本原则是：上级在先，下级在后；身份高者在先，低者在后；职位高者在先，低者在后；长辈在先，晚辈在后；实力强者在先，弱者在后；女士在先，男士在后。由于各国的国家体制不同，部门之间的职务高低也不尽相同，因此，要根据各国的规定，按同等的级别和官职进行安排。

在排位置时，应按照前后排关系排列，在主席台上，前排为高、为尊、为强，后排次之；在同一排时，中间为高、为尊、为强，两边次之。在观众席上，也是前排为高、为尊、为强。同时居中时，按照右边为高、为尊、为强的原则进行排序。

如果两人同时并行，以右为尊，左为次；两人前后行时，前为尊，后为次。多人并行时，中间为尊，两侧依次排序。在上楼梯或者乘坐电梯时，前者为尊，后者次之。

2. 身份关系对等时的排序礼仪

当参与活动者的关系对等时，可采取两种方法进行排序：

（1）按字母顺序进行排序。

在多边活动中，按照国际惯例，国家都是按照 26 个拉丁字母顺序进行排序，如国际会议、奥运会等的悬挂国旗以及座位安排。有时为了避免一些国家总是占据前排席位，会采用抽签的办法决定席位的前后，这样就让各个国家都有机会排列在前。

（2）按代表团组成日期先后进行排序。

在由多个国家代表参加的国际活动中,也可以采用按代表团组成日期先后进行排序的方式安排位次。具体包括以下三种情况:

按照派遣国通知东道主代表团组成的日期先后顺序排序;

按照派遣国决定应邀派遣代表团参加活动的答复时间的先后顺序排序;

按照各国代表团抵达活动地点的时间先后顺序排序。

不管采用何种排序方法,东道主都必须在各国的邀请书上进行解释说明。实际工作中,遇到的情况往往会比较复杂,礼宾次序不能按照一种方法进行排列,要多种方法交叉并用,要综合考虑国家之间的关系、活动性质和内容、对活动的贡献大小,以及在国际社会的威望、资历等。

（三）迎送礼仪

迎送礼仪,主要包括因国事访问等公务活动而安排的迎接和送别礼仪。迎送的对象,按照其访问的性质不同分为专程前往和顺道路过;按照国别不同分为国内和涉外工作迎送;按照其来访人员级别分为领导人和普通工作人员。

1. 迎送的规格

来宾迎送规格的确定,通常是根据来访者的身份、访问性质和目的,以及两国关系和国际惯例。规格的确定决定了由哪级人员负责迎接,组织安排哪一种礼遇规格,按照何种接待要求迎送。迎送的代表方和来访者身份不能相差太大,宜以对口或对等最佳,以表示对客人的尊重。如果来宾只是过境访问,则规格可适当降低。在特殊情况下,为了两国的外交关系和政治需要,被访者可安排较大的迎送仪式,给予较高的礼遇,但要避免产生误会,造成厚此薄彼的印象。

总之,迎送的规格要遵循礼貌、实际对等的原则,既不可过分渲染夸张,又要充分表示尊重和友善。

2. 迎送的程序

迎送的程序也是迎送过程的核心部分,一般而言,迎送的程序包括时间安排、人员安排、献花仪式、相互介绍、陪同访问五个方面。

（1）时间安排

为了顺利迎接客人,通常会提前同客人联系,准确获悉客人所搭乘的交通工具的抵达时间,预计从迎接地点到送至目的地的时间,如有变化,应及时通知相关迎送人员,避免出现让客人等候的情形。

（2）人员安排

安排有关迎送人员应先取得主要迎送人的同意,并让他们互相知晓有多少人参加此次迎送。同时,还要确定各位迎送人的身份和正式官衔,以备主迎送人介绍,防止出现差错。

（3）献花仪式

在迎送仪式上安排献花,会让来宾感觉受到了重视和尊重,这也是国际交往中较为重要的仪式。献花一般由儿童或者女青年双手捧送,选择在主人与客人握手之后。

献花必须用成束的鲜花,而且要保持整洁、鲜艳。不能用假花,不能用菊花、杜鹃花或黄色花系,可以选择兰花、玫瑰花等名贵花种。

（4）相互介绍。

客人与迎送人员会面后,先由主迎送人将参与迎送的人员介绍给来访宾客,然后再由来宾的主介绍人依次介绍陪同来访的人员。

被介绍的人当介绍到自己的时候,应主动微笑并点头致意,还可以说声"您好"或"Hello"等问候语。眼睛应该注视对方,切勿面无表情,左顾右盼。有时也可递送名片,涉外工作人员使用的名片最好能使用两种语言印刷,这样可以方便对方通过他熟悉的文字了解你的情况,也方便今后更加快捷地找寻你的信息,有助于关系的发展和友谊的加深。

（5）陪同访问。

不论何种规格的迎接,都应该安排陪同,有的安排主人陪同,有的安排其他熟悉路况的人员陪同。如果是主人陪车,应该先请客人从右后门上车,然后自己从另一侧上车。在车内应当坐在客人的左侧,翻译人员坐在加座上,也可以坐在司机旁。如果客人已自行坐下,就不要让他更换座位了。

在迎送过程中,所有的程序都应该事先妥善安排,不要临阵调遣或更换,这样容易给人仓促之感。客人的住处和膳食要事前准备好,在客人抵达之前将住房地点、房号房卡、用膳地点、日程安排、联系方式、联络人等内容做成文字材料分发给客人或者对方的联络秘书,使客人心中有数,主动配合。另外,客人刚抵达目的地时,不宜安排太多活动,应以客人休息为主,避免客人因舟车劳顿得不到休整而对主人的安排产生反感情绪。

（四）签字礼仪

签字仪式是指会谈双方就某一问题或某一类问题已达成共识,最终形成文件后而举行的一种较为隆重、正式的确认仪式。因此,签字双方需要在事前做好充分准备,在签字过程中严格遵守礼仪规范。

签字之前,首先要协商好双方参加签字仪式的人数,双方人数应大体相同,身份相符。为表现对该仪式的重视,还可邀请更高层的领导人和有关人员出席见证签字仪式。

签字场所的摆台、位次安排都应符合相关的礼仪要求。通常情况下,应选择长方形条桌作为签字台,签字台前放置两把椅子给签字人就座,客人在主人的右边。台上放好文本和相关文具,双方签字人的侧前方摆放好两国的小国旗。

签字时,参加签字仪式的人员按主宾各一方,并按照身份的不同站在签字人的座位后方。协助签字的人员分别站在各自签字人的外侧,协助翻揭文件,指明签字处。在本方保存的文件上签字后,由协助签字的人员传递文件,再让签字人在对方保存的文件上签字,之后,由签字人握手并互换文件完成签字仪式。

（五）赠礼礼仪

在涉外活动中,为表示友善、促进友谊,为赢得更多公众的支持和了解,组织方常常会向对方代表团或公众馈赠礼物。馈赠和接受礼品，对双方来说，都是件愉快的事情。可是，由于地域不同、文化差异以及宗教等因素的影响，涉外赠礼活动常常会触及一些敏感的礼节问题，所以，涉外赠礼要非常慎重。既要在选择礼品时充分考虑送礼的目的，选择合适的礼品；也要顾及受礼人的爱好以及当地的习俗和忌讳。

三、交流礼仪

在教师的涉外活动中，交流是指针对规定的课题，由相关专业的研究者、学习者参加，为了交流知识、经验、成果，共同分析讨论解决问题的办法而进行的探讨、论证和研究活动。学术交流可以更好地传播我们的文化，提高我们的能力，拓宽我们的视野。

（一）交流前的准备

1. 确定交流的形式、时间和地点

学术交流的形式可有座谈、讨论、演讲、展示、实验、发表成果等，在涉外学术交流活动中，不同的交流形式有不一样的礼仪规范。在进行交流之前，应首先确定好交流的形式，其次是时间和地点。交流的时间和地点应双方事先约定，并在经双方协商确定都认为合适的时间、地点进行。通常，学术交流会在主办高校的学术报告厅或会议室举行，也有的学术交流会在涉外宾客下榻酒店的会议室内举行。

2. 确定参加交流的人员和规格

确定了交流的形式、时间和地点之后，要求参加学术交流的教师，应提前将自己的姓名、职务、研究课题等信息提供给对方，接到要求的一方应根据接收到的信息提前做好会务安排，确定参加交流的人员和规格。

3. 准备交流的资料

在交流过程中，应充分了解课题背景、各与会人员的研究成果，准备好演讲稿、论义等，认真对待学术交流活动。当然，除此之外，还应了解各与会代表的习俗、禁忌、礼仪特征等。参加交流还应在文字资料方面做好准备，如需提供外方参阅的，还要准备好外文资料。

4. 布置安排交流的场所

在涉外交流活动中，安排人员应对场所进行精心布置，坚持以宽敞明亮、整洁舒适为原则，这不仅是对外宾的礼貌和尊重，也是向外宾展现自身形象的良机。

会客室的陈设与装饰应简洁、实用、美观、整洁。会议现场要事先安排好座位表，现场每一个座位的醒目位置要放置中外文座位卡，上用主方国文字，下用客方国文字。字迹应工整、清晰，方便与会者对号入座。会谈场地正门口应安排专人迎送，对于级别高的客人，应有专人将其引导至座位，并安排入座。会客室应安排足够的座位，不可临时又去加座椅。

此外，还应备有茶具、茶水、饮料、纸巾以及必要的文具等，为使会谈室显得温馨，可用鲜花装点，营造氛围。

（二）交流中的礼仪

主方应提前到达交流场所,当外宾抵达时,主人应在门口迎接,与客人握手、致意或由专门迎宾人员迎接,主人在主宾左侧,陪伴客人步入会谈厅。

交流开始,除陪同人员和必要的翻译人员、记录员外,其他工作人员安排就绪后均应退出。如允许记者采访,也只是在正式谈话开始前采访几分钟,然后全部离开。谈话过程中,旁人不可随意进出。

学术交流应本着友善礼貌的态度进行交流沟通,即使意见不一致,也应克制自己的情绪,尊重对方的观点,再谋求达成共识的途径。不可随意发脾气,甚至拂袖而去。

四、访学礼仪

目前,国外许多的大学或研究机构会面向全球学者提供一些访学的机会,使得其他国家的教师、学生都有机会参与到他们的研究当中,极大地促进了国与国间的学术交流与合作。我国越来越多的教师开始利用这一机会出国访学,学习国外先进的教学方法、科研成果,既提升了教师个人的科研能力,也推进了我国教育水平的整体提高。教师访学过程中,其言行举止不仅代表了个人形象,更是代表了我国整体教育行业的形象,精通访学礼仪至关重要。

（一）访学前的准备

教师出国访学前,应当做足准备,要根据自我需求,找到适合自己个人能力提升的目标院校,并充分了解出访院校的背景资料、学习出访国家的语言、熟悉出访国家的风土人情等。

1. 了解出访院校的背景资料

教师出国访学是为了学习国外先进的科研成果、科研方法,但每位教师的研究领域不同,需求也不同,要找到合适自己的访学项目,才能使个人能力得到有效提高。所以,教师访学前应当首先了解自身的需求,根据自身需求寻求目标院校。确定目标院校后,要对目标院校的背景资料做充分的考察,包括其历史由来、科研成果、讲师团队等,做到有备无患。了解得越多,就越能让自己在访学中更快地适应环境,进入角色。

2. 学习出访国家的语言

教师出国访学,必须学会使用出访国家的语言,语言不通就无法起到学术交流的效果,这就要求教师在出国访学之前做好语言上的储备,至少应达到日常交流水平。

3. 熟悉出访国家的风土人情

入乡随俗、入乡问俗,在出国访学之前,必须充分了解出访国家的风土人情,尊重并遵守对方的礼仪规范,使短期的访学生活得以顺利进行。

4. 撰写访学申请书

目前我国出国访学的教师,一部分是国家或学校项目资助,另一部分是个人自主选择的,后者在访学准备中需撰写访学申请书。访学申请书的撰写需要严格按照目标院校规定的格式,使用目标国语言,使用尊称、谦辞等。

(二)访学中的礼仪

在教师出国访学过程中,要学会入乡随俗,充分了解尊重对方风俗习惯,"客随主便"。同时,在访学工作中,应当采用国际化标准的工作方式,如接电话时要先自报家门等,只有符合国际通用惯例,才能促使双方的合作、交流更加高效快捷。另外,在访学中,教师的身份变成学者、辅助研究者,应当谦卑,礼貌、尊敬地跟导师相处,尊重对方的科研成果、虚心请教。越尊重对方,就越能得到对方的尊重,才能真正学有所获,达到访学的目的。

课后习题

1. 举例阐述涉外交往的基本原则和禁忌。
2. 简要叙述涉外活动中的礼宾次序安排。
3. 教师参加对外交流活动时,需要做哪些准备?

主要参考文献

[1] 刘霄. 教师礼仪实务[M]. 北京:北京大学出版社,2015.

[2] 袁涤非. 教师礼仪[M]. 北京:中国人民大学出版社,2018.

[3] 李黎. 师德与教师礼仪(第二版)[M]. 北京:高等教育出版社,2020.

[4] 安瑞霞,代建军. 教师礼仪[M]. 南京:南京大学出版社,2017.

[5] 万爱莲. 新编教师礼仪训练教程[M]. 武汉:华中科技大学出版社,2013.

[6] 龙景云. 教师礼仪实务[M]. 北京:清华同方光盘电子出版社,2011.

[7] 金正昆. 教师礼仪规范[M]. 北京:中国人民大学出版社,2010.

[8] 金正昆. 现代礼仪[M]. 北京:北京师范大学出版社,2006.

[9] 刘维俭,王传金. 现代教师礼仪教程[M]. 南京:南京师范大学出版社,2010.

[10] 陈福义,覃业银. 礼仪实训教程[M]. 北京:中国旅游出版社,2008.

[11] 东方晓雪. 社交礼仪[M]. 郑州:中原农民出版社,2005.

[12] 关彤. 社交礼仪[M]. 海口:海南出版社,2003.

[13] 金秀美. 教师礼仪实训教程[M]. 北京:科学出版社,2012.

[14] 李莉. 实用礼仪教程[M]. 北京:中国人民大学出版社,2004.

[15] 李兴国,田亚丽. 教师礼仪[M]. 上海:华东师范大学出版社,2005.

[16] 刘连兴,等. 大学生礼仪修养[M]. 济南:山东大学出版社,2004.

[17] 吕艳芝. 教师礼仪的 99 个细节[M]. 上海:华东师范大学出版社,2010.

[18] 舒静庐. 教师礼仪[M]. 上海:上海三联书店,2014.

[19] 孙乐中. 实用日常礼仪[M]. 南京:江苏科学技术出版社,2005.

[20] 吴蕴慧. 现代礼仪实训[M]. 镇江:江苏大学出版社,2013.

[21] 杨狄. 社交礼仪[M]. 北京:高等教育出版社,2005.

[22] 尹雯. 礼仪文化概说[M]. 昆明:云南大学出版社,2004.

[23] 赵惠岩. 实用礼仪[M]. 北京:科学出版社,2012.

[24] 约翰·洛克. 教育漫话[M]. 杨汉麟,译. 北京:人民教育出版社,1957.

[25] 樊登. 可复制的沟通力[M]. 北京:中信出版社,2020.